Das Wasser des Lebens

Von einem Neuanfang in Gottes- und in Menschenliebe

Eugen Drewermann

Das Wasser des Lebens

Von einem Neuanfang in Gottes- und in Menschenliebe

Grimms Märchen tiefenpsychologisch gedeutet

Patmos Verlag

DR. EUGEN DREWERMANN ist Theologe, Psychoanalytiker und Schriftsteller mit internationaler Reichweite; er gehört zu den erfolgreichsten theologischen Autoren. Für sein friedenspolitisches Engagement wurde er 2007 mit dem Erich-Fromm-Preis ausgezeichnet, 2011 erhielt er den internationalen Albert-Schweitzer-Preis, 2019 den Preis der Internationalen Hermann-Hesse-Gesellschaft. Der gefragte Referent hat sich viele Jahre lang intensiv mit der Weisheit der Märchen beschäftigt, insbesondere mit den Hausmärchen der Brüder Grimm.

Zu den Veröffentlichungen des Autors:
www.verlagsgruppe-patmos.de/autor/eugen-drewermann-516

MIX
Papier | Fördert gute Waldnutzung
FSC® C014496
www.fsc.org

Klimaneutral
Druckprodukt
ClimatePartner.com/14549-2003-1001

Die Verlagsgruppe Patmos ist sich ihrer Verantwortung gegenüber unserer Umwelt bewusst. Wir folgen dem Prinzip der Nachhaltigkeit und streben den Einklang von wirtschaftlicher Entwicklung, sozialer Sicherheit und Erhaltung unserer natürlichen Lebensgrundlagen an. Näheres zur Nachhaltigkeitsstrategie der Verlagsgruppe Patmos auf unserer Website www.verlagsgruppe-patmos.de/nachhaltig-gut-leben

Verlagsgruppe Patmos in der Schwabenverlag AG, Ostfildern
www.verlagsgruppe-patmos.de

Umschlaggestaltung: Finken und Bumiller, Stuttgart
Umschlagabbildung: Jason Loing/unsplash.com
Gestaltung, Satz und Repro: Schwabenverlag AG, Ostfildern
Druck: GGP Media GmbH, Pößneck
Hergestellt in Deutschland
ISBN 978-3-8436-1532-7

»Vielleicht darf man sagen, Märchen sind in Bildern gegebene Heilsgeschichte, Verkündigung vom Reiche Gottes und dadurch Brücke zur Gottes-Kindschaft.«

EDZARD STORCK
Alte und neue Schöpfung in den Märchen der Brüder Grimm, S. 12

»Ist es möglich, daß die ganze Weltgeschichte mißverstanden worden ist? Ist es möglich, daß die Vergangenheit falsch ist, weil man immer von ihren Massen gesprochen hat, gerade, als ob man von einem Zusammenlauf vieler Menschen erzählte, statt von dem einen zu sagen, um den sie herumstanden, weil er fremd war und starb?
Ja, es ist möglich.«

RAINER MARIA RILKE
Die Aufzeichnungen des Malte Laurids Brigge, in: Sämtliche Werke, Bd. VI, S. 727

»Glitt er nicht mitten im Königtum unter die Letzten? Er, der statt aufzusteigen hinabsank bis auf den Grund. Es ist wahr, ich habe zuzeiten an die anderen Könige geglaubt … Aber es ist Nacht, es ist Winter, ich friere, ich glaube an ihn. Denn die Herrlichkeit ist nur ein Augenblick, und wir haben nie etwas Längeres gesehen als das Elend. Der König aber soll dauern.«

RAINER MARIA RILKE
A. a. O. S. 905–906

Inhalt

Das Wasser des Lebens (KHM 97)

Es war einmal ein König, der war krank, und niemand glaubte, daß er mit dem Leben davonkäme. Er hatte aber drei Söhne, die waren darüber betrübt, gingen hinunter in den Schloßgarten und weinten. Da begegnete ihnen ein alter Mann, der fragte sie nach ihrem Kummer. Sie sagten ihm, ihr Vater wäre so krank, daß er wohl sterben würde, denn es wollte ihm nichts helfen. Da sprach der Alte: »Ich weiß ein Mittel, das ist das Wasser des Lebens, wenn er davon trinkt, so wird er wieder gesund; es ist aber schwer zu finden.« Der älteste sagte: »Ich will es schon finden«, ging zum kranken König und bat ihn, er möchte ihm erlauben auszuziehen, um das Wasser des Lebens zu suchen, denn das könnte ihn allein heilen. »Nein«, sprach der König, »die Gefahr dabei ist zu groß, lieber will ich sterben.« Er bat aber so lange, bis der König einwilligte. Der Prinz dachte in seinem Herzen: »Bringe ich das Wasser, so bin ich meinem Vater der liebste und erbe das Reich.«

Also machte er sich auf, und als er eine Zeitlang fortgeritten war, stand da ein Zwerg auf dem Wege, der rief ihn an und sprach: »Wo hinaus so geschwind?« »Dummer Knirps«, sagte der Prinz ganz stolz, »das brauchst du nicht zu wissen«, und ritt weiter. Das kleine Männchen aber war zornig geworden und hatte einen bösen Wunsch getan. Der Prinz geriet bald hernach in eine Bergschlucht, und je weiter er ritt, je enger taten sich die Berge zusammen, und endlich ward der Weg so eng, daß er keinen Schritt weiter konnte; es war nicht möglich, das Pferd zu wenden oder aus dem Sattel zu steigen, und er saß da wie eingesperrt. Der kranke König wartete lange Zeit auf ihn, aber er kam nicht. Da sagte der zweite Sohn: »Vater, laßt mich ausziehen und das Wasser suchen«, und dachte bei sich: »Ist mein Bruder tot, so fällt das Reich mir zu.« Der König wollt ihn anfangs auch nicht ziehen lassen, endlich gab er nach. Der Prinz zog also auf demselben Weg fort, den sein Bruder eingeschlagen hatte, und begegnete auch dem Zwerg, der ihn anhielt und fragte, wohin er so eilig wolle. »Kleiner Knirps«, sagte der Prinz, »das brauchst du nicht zu wissen«, und ritt fort, ohne sich weiter umzusehen. Aber der Zwerg verwünschte ihn, und er geriet wie der andere in eine Bergschlucht und konnte nicht vorwärts und rückwärts. So geht's aber den Hochmütigen.

Als auch der zweite Sohn ausblieb, so erbot sich der jüngste, auszuziehen und das Wasser zu holen, und der König mußte ihn endlich ziehen lassen. Als er dem Zwerg begegnete und dieser fragte, wohin er so eilig wolle, so hielt er an, gab ihm Rede und Antwort und sagte: »Ich suche das Wasser des Lebens, denn mein Vater ist sterbenskrank.« »Weißt du auch, wo das zu finden ist?« »Nein«, sagte der Prinz. »Weil du dich betragen hast, wie sich's geziemt, nicht übermütig wie deine falschen Brüder, so will ich dir Auskunft geben und dir sagen, wie du zu dem Wasser des Lebens gelangst. Es quillt aus einem Brunnen in dem Hofe eines verwünschten Schlosses, aber du dringst nicht hinein, wenn ich dir nicht eine eiserne Rute gebe und zwei Laiberchen Brot. Mit der Rute schlag dreimal an das eiserne Tor des Schlosses, so wird es aufspringen; inwendig liegen zwei Löwen, die den Rachen aufsperren, wenn du aber jedem ein Brot hineinwirfst, so werden sie still, und dann eile dich und hol von dem Wasser des Lebens, bevor es zwölf schlägt, sonst schlägt das Tor wieder zu und du bist eingesperrt.« Der Prinz dankte ihm, nahm die Rute und das Brot und machte sich auf den Weg. Und als er anlangte, war alles so, wie der Zwerg gesagt hatte. Das Tor sprang beim dritten Rutenschlag auf, und als er die Löwen mit dem Brot gesänftigt hatte, trat er in das Schloß und kam in einen großen schönen Saal; darin saßen verwünschte Prinzen, denen zog er die Ringe vom Finger, dann lag da ein Schwert und ein Brot, das nahm er weg. Und weiter kam er in ein Zimmer, darin stand eine schöne Jungfrau, die freute sich, als sie ihn sah, küßte ihn und sagte, er hätte sie erlöst und sollte ihr ganzes Reich haben, und wenn er in einem Jahre wiederkäme, so sollte ihre Hochzeit gefeiert werden. Dann sagte sie ihm auch, wo der Brunnen wäre mit dem Lebenswasser, er müßte sich aber eilen und daraus schöpfen, eh es zwölf schlüge. Da ging er weiter und kam endlich in ein Zimmer, wo ein schönes frischgedecktes Bett stand, und weil er müde war, wollt er erst ein wenig ausruhen. Also legte er sich und schlief ein; als er erwachte, schlug es dreiviertel auf zwölf. Da sprang er ganz erschrocken auf, lief zu dem Brunnen und schöpfte daraus mit einem Becher, der daneben stand, und eilte, daß er fortkam. Wie er eben zum eisernen Tor hinausging, da schlug's zwölf, und das Tor schlug so heftig zu, daß es ihm noch ein Stück von der Ferse wegnahm.

Er aber war froh, daß er das Wasser des Lebens erlangt hatte, ging heimwärts und kam wieder an dem Zwerg vorbei. Als dieser das Schwert und das Brot sah, sprach er: »Damit hast du großes Gut gewonnen, mit dem Schwert kannst du ganze Heere schlagen, das Brot aber wird niemals all.« Der Prinz wollte ohne seine Brüder nicht zu dem Vater nach Haus kommen und sprach: »Lieber Zwerg, kannst du mir nicht sagen, wo meine zwei Brüder sind? sie sind früher als ich nach dem Wasser des Lebens ausgezogen und sind nicht wiedergekommen.« »Zwischen zwei Bergen stecken sie eingeschlossen«, sprach der Zwerg, »dahin habe ich sie verwünscht, weil sie so übermütig waren.« Da bat der Prinz so lange, bis der Zwerg sie wieder losließ, aber er warnte ihn und sprach: »Hüte dich vor ihnen, sie haben ein böses Herz.«

Als seine Brüder kamen, freute er sich und erzählte ihnen, wie es ihm ergangen wäre, daß er das Wasser des Lebens gefunden und einen Becher voll mitgenommen und eine schöne Prinzessin erlöst hätte, die wollte ein Jahr lang auf ihn warten, dann sollte Hochzeit gehalten werden, und er bekäme ein großes Reich. Danach ritten sie zusammen fort und gerieten in ein Land, wo Hunger und Krieg war, und der König glaubte schon, er müßte verderben, so groß war die Not. Da ging der Prinz zu ihm und gab ihm das Brot, womit er sein ganzes Reich speiste und sättigte: und dann gab ihm der Prinz auch das Schwert, damit schlug er die Heere seiner Feinde und konnte nun in Ruhe und Frieden leben. Da nahm der Prinz sein Brot und Schwert wieder zurück, und die drei Brüder ritten weiter. Sie kamen aber noch in zwei Länder, wo Hunger und Krieg herrschten, und da gab der Prinz den Königen jedesmal sein Brot und Schwert, und hatte nun drei Reiche gerettet. Und danach setzten sie sich auf ein Schiff und fuhren übers Meer. Während der Fahrt, da sprachen die beiden ältesten unter sich: »Der jüngste hat das Wasser des Lebens gefunden und wir nicht, dafür wird ihm unser Vater das Reich geben, das uns gebührt, und er wird unser Glück wegnehmen.« Da wurden sie rachsüchtig und verabredeten miteinander, daß sie ihn verderben wollten. Sie warteten, bis er einmal fest eingeschlafen war, da gossen sie das Wasser des Lebens aus dem Becher und nahmen es für sich, ihm aber gossen sie bitteres Meerwasser hinein.

Als sie nun daheim ankamen, brachte der jüngste dem kranken König seinen Becher, damit er daraus trinken und gesund werden sollte. Kaum aber hatte er ein wenig von dem bittern Meerwasser getrunken, so ward er noch kränker als zuvor. Und wie er darüber jammerte, kamen die beiden ältesten Söhne und klagten den jüngsten an, er hätte ihn vergiften wollen, sie brächten ihm das rechte Wasser des Lebens, und reichten es ihm. Kaum hatte er davon getrunken, so fühlte er seine Krankheit verschwinden und ward stark und gesund wie in seinen jungen Tagen. Danach gingen die beiden zu dem jüngsten, verspotteten ihn und sagten: »Du hast zwar das Wasser des Lebens gefunden, aber du hast die Mühe gehabt und wir den Lohn; du hättest klüger sein und die Augen aufbehalten sollen, wir haben dir's genommen, während du auf dem Meere eingeschlafen warst, und übers Jahr, da holt sich einer von uns die schöne Königstochter. Aber hüte dich, daß du nichts davon verrätst, der Vater glaubt dir doch nicht, und wenn du ein einziges Wort sagst, so sollst du noch obendrein dein Leben verlieren, schweigst du aber, so soll dir's geschenkt sein.«

Der alte König war zornig über seinen jüngsten Sohn und glaubte, er hätte ihm nach dem Leben getrachtet. Also ließ er den Hof versammeln und das Urteil über ihn sprechen, daß er heimlich sollte erschossen werden. Als der Prinz nun einmal auf die Jagd ritt und nichts Böses vermutete, mußte des Königs Jäger mitgehen. Draußen, als sie ganz allein im Wald waren und der Jäger so traurig aussah, sagte der Prinz zu ihm: »Lieber Jäger, was fehlt dir?« Der Jäger sprach: »Ich kann's nicht sagen und soll es doch.« Da sprach der Prinz: »Sage heraus, was es ist, ich will dir's verzeihen.« »Ach«, sagte der Jäger, »ich soll Euch totschießen, der König hat mirs befohlen.« Da erschrak der Prinz und sprach: »Lieber Jäger, laß mich leben, da geb ich dir mein königliches Kleid, gib mir dafür dein schlechtes.« Der Jäger sagte: »Das will ich gerne tun, ich hätte doch nicht nach Euch schießen können.« Da tauschten sie die Kleider, und der Jäger ging heim, der Prinz aber ging weiter in den Wald hinein.

Über eine Zeit, da kamen zu dem alten König drei Wagen mit Gold und Edelsteinen für seinen jüngsten Sohn: sie waren aber von den drei Königen geschickt, die mit des Prinzen Schwert die Feinde geschlagen und mit seinem Brot ihr Land ernährt hatten und die sich dankbar bezeigen wollten. Da dachte der alte König: »Sollte mein Sohn unschuldig gewesen sein?« und sprach zu seinen Leuten: »Wäre er noch am Leben, wie tut mir's so leid, daß ich ihn habe töten lassen.« »Er lebt noch«, sprach der Jäger, »ich konnte es nicht übers Herz bringen, Euern Befehl auszuführen«, und sagte dem König, wie es zugegangen war. Da fiel dem König ein Stein von dem Herzen, und er ließ in allen Reichen verkündigen, sein Sohn dürfte wiederkommen und sollte in Gnaden aufgenommen werden.

Die Königstochter aber ließ eine Straße vor ihrem Schloß machen, die war ganz golden und glänzend, und sagte ihren Leuten, wer darauf geradeswegs zu ihr geritten käme, das wäre der rechte, und den sollten sie einlassen, wer aber daneben käme, der wäre der rechte nicht, und den sollten sie auch nicht einlassen. Als nun die Zeit bald herum war, dachte der älteste, er wollte sich eilen, zur Königstochter gehen und sich für ihren Erlöser ausgeben, da bekäme er sie zur Gemahlin und das Reich daneben. Also ritt er fort, und als er vor das Schloß kam und die schöne goldene Straße sah, dachte er: »Das wäre jammerschade, wenn du darauf rittest«, lenkte ab und ritt rechts nebenher. Wie er aber vor das Tor kam, sagten die Leute zu ihm, er wäre der rechte nicht, er sollte wieder fortgehen. Bald darauf machte sich der zweite Prinz auf, und wie der zur goldenen Straße kam und das Pferd den einen Fuß daraufgesetzt hatte, dachte er: »Es wäre jammerschade, das könnte etwas abtreten«, lenkte ab und ritt links nebenher. Wie er aber vor das Tor kam, sagten die Leute, er wäre der rechte nicht, er sollte wieder fortgehen. Als nun das Jahr ganz herum war, wollte der dritte aus dem Wald fort zu seiner Liebsten reiten und bei ihr sein Leid vergessen. Also machte er sich auf und dachte immer an sie und wäre gerne schon bei ihr gewesen, und sah die goldene Straße gar nicht. Da ritt sein Pferd mitten darüber hin, und als er vor das Tor kam, ward es aufgetan, und die Königstochter empfing ihn mit Freuden und sagte, er wär ihr Erlöser und der Herr des Königreichs, und ward die Hochzeit gehalten mit großer Glückseligkeit. Und als sie vorbei war, erzählte sie ihm, daß sein Vater ihn zu sich entboten und ihm verziehen hätte. Da ritt er hin und sagte ihm alles, wie seine Brüder ihn betrogen und er doch dazu geschwiegen hätte. Der alte König wollte sie strafen, aber sie hatten sich aufs Meer gesetzt und waren fortgeschifft und kamen ihr Lebtag nicht wieder.

BRÜDER GRIMM: *Kinder- und Hausmärchen, Göttingen 1857. Ausgabe letzter Hand mit den Originalanmerkungen der Brüder Grimm. Mit einem Anhang sämtlicher, nicht in allen Auflagen veröffentlichten Märchen und Herkunftsnachweisen, hg. v. Heinz Rölleke, 3 Bde., Stuttgart (RUB 3191–3193), 1980, 2022; KHM 97, in: Bd. 2, S. 69–75.*

Vorwort

Das Märchen vom »Wasser des Lebens« sollte man nicht zu den »Zaubermärchen« rechnen[1], trotz all des Zauberhaften, davon es berichtet; die Gattung, der es wirklich zugehört, kommt in der Germanistik zwar nicht vor, doch müßte sie dort einen eigenen Platz einnehmen als *»Erlösungsmärchen«*. Denn diese Frage stellt das Märchen sich, und darauf möchte es uns eine Antwort geben: Wie läßt die tödliche Erkrankung unseres Daseins in den Fesseln permanenter Angst und Aggression, in stetem Geltungsstreben und Gewalt, im Wechselspiel von Machtwillen und ohnmächtiger Willkür sich heilen durch Wahrhaftigkeit und Güte? Wie ist Erlösung möglich?

Die Psychologie des Persönlichen wie des Politischen verschmelzen in dieser Problemstellung des Märchens, miteinander verbunden existentiell durch die Sehnsucht, religiös durch die Verheißung, es möchte in der Wirklichkeit der Welt wahr werden, was sich als Wahrheit unseres Herzens hier erzählt.

In der Zuversicht, daß es trotz allen Widerstands und Widerspruchs doch möglich sei, in Wesenstreue zu sich selbst zu finden,

1 Vgl. WALTER SCHERF: Lexikon der Zaubermärchen, S. 423–426. – Zur *Herkunft* des Märchens vgl. HANS-JÖRG UTHER: Handbuch zu den »Kinder- und Hausmärchen« der Brüder Grimm, 212. Die Grimms selber geben eine hessische und eine paderbörnische Fassung als Quelle ihrer Geschichte an. »Die paderbörnische Fassung hat WILHELM GRIMM am 25.7.1813 in Bökendorf (bei der Familie von Haxthausen) gehört.« Als »Beiträgerin« ist MARIE HASSENPFLUG zu vermuten. »JACOB GRIMM kannte den Typus vom kranken König und den drei Söhnen schon recht früh. Am 4.1.1811 hatte er eine Erzählung von der Suche nach einem Heilmittel (*Der treue Fuchs* motivisch ähnlich mit KHM 3–7) sowie eine sehr weiträumig erzählte Variante zu KHM 97 (*Die Königin Wilowitte mit ihren zwey Töchtern*) in den *Kindermärchen* (1787) des Hofpredigers CHRISTOPH WILHELM GÜNTHER gefunden … und von letzterem ein Exzerpt angefertigt.«

gründet ausdrücklich auch das Christentum, das religionsgeschichtlich sich entschieden als Erlösungsreligion versteht, im Unterschied zu jeder Gesetzeslehre oder Vernunftreligion. Die Symbole und Bilder, in denen es sich kultisch wie dogmatisch darstellt, sind ganz die nämlichen, die auch das Grimmsche Märchen dem gemeinsamen Schatz der menschlichen Seele entnimmt. Zwischen unbewußtem Verlangen und bewußter Entscheidung, zwischen Hoffnung und Erfüllung, zwischen Traum und Tat muß deshalb eine Deutung sich bewegen, die der Ahnung wie dem Anspruch von Erlösung gleichermaßen gerecht zu werden sucht.

Bei der Interpretation eines Märchens wie das »Wasser des Lebens« ist es daher nicht nur möglich und empfehlenswert, sondern unerläßlich und notwendig, den Weg des jüngsten der drei Königssöhne zur Rettung seines Vaters Stufe für Stufe mit entsprechenden Aussagen und Bilderzählungen der Bibel, insbesondere des Neuen Testamentes, in Verbindung zu bringen und von ihnen her und auf sie hin zu kommentieren. Erst dann nämlich begreift man das Grundsätzliche in der Problemstellung und Lösung jener so sonderbaren königlichen Krankheit, die tödlich ist, wofern sie nicht durch einen radikalen Neuanfang geheilt wird. Als Verzweiflung deutete der Däne SÖREN KIERKEGAARD in seiner Synthese aus Existenzphilosophie, Psychologie und christlicher Lehre das Dasein des Menschen jenseits von Eden, im Exil[22], und er erblickte darin die eigentliche »Krankheit zum Tode«. Es wäre unsere Erlösung, wir könnten unser Leben gründen in einer Macht, die möchte, daß wir sind, die gesamte Botschaft Jesu will und kann uns solch ein Vertrauen wiederschen-

2 ALBERT CAMUS: Das Exil und das Reich, Hamburg 1958, ist eine Erzählsammlung von Darstellungen des Kontrastes zwischen Wahrheit und Wirklichkeit, zwischen Sehnsucht und Selbstentfremdung, zwischen Freiheit und Versklavung als der Grundthemata der menschlichen Revolte gegen die Unmenschlichkeit von Natur wie Kultur. – Im Vorwort zu »Licht und Schatten«, in: Literarische Essays, 7–74, schreibt CAMUS, S. 22–23: »So steht im Traum des Lebens der Mensch, der seine Wahrheit entdeckt und sie auf der Erde des Todes verliert, um durch Krieg, Geschrei, das wahnwitzige Verlangen nach Gerechtigkeit und schließlich durch den Schmerz zu jener stillen Heimat zurückzufinden, wo selbst der Tod glückhaftes Schweigen ist.«

ken; jedoch die Wirklichkeit der Welt verfolgt fanatisch ganz konträr das gegenteilige Konzept von Krieg und Kampf des »Königseins« in Konkurrenz um Macht und Selbstdurchsetzung.

Wie solch ein »Königs«-Dasein psychisch und politisch sich gestaltet, läßt exemplarisch sich verdeutlichen an SHAKESPEARES Drama »Richard III.« Diesen seelisch auf den Tod hin erkrankten König gab es historisch wirklich, und er wird geschichtlich stets von neuem wiederkommen, wenn wir die Gründe nicht begreifen, die in uns selbst und im Zusammenleben die grausige Mechanik der Selbsterhöhung und der Selbstzerstörung in immer weiteren Wendungen vorantreibt. Ihr ist nicht zu entrinnen mit den Mitteln militärischer Gewalt und staatlich ausgrenzender Strafe, dafür aber durch die Einstellung zum Dasein, die in dem Märchen der Gebrüder Grimm der jüngste Königssohn verkörpert. Wohl, man wird ihm das Lebenswasser wegnehmen, das er vom Schloß einer verwunschenen Prinzessin mit nach Hause bringt; man wird, weil er die Machtgier überwindet, ihn selbst als Königsmörder diffamieren und seine Hinrichtung in aller Heimlichkeit in Auftrag geben. Gleichwohl erzählt das Grimmsche Märchen, daß dieser Königssohn sein Wesen beibehält in Treue zu sich selbst und im Vertrauen in die Macht der Liebe und der Güte im Hintergrund unserer Existenz.

Wiedergeburt und Heilung – davon träumt das Märchen; doch jeder, der die eigene Not darin geschildert findet, muß seinen vorgestellten Lösungsweg als Lebensweg zu der Erlösung seiner selbst beschreiten. Dann braucht und findet er Rettung und Hilfe wesentlich in der befreienden Botschaft des Christentums, die das Symbol des Lebenswassers in Gestalt des Sakraments der Taufe zum Schlüssel eines grundlegenden Neubeginns erhebt; es ist dabei kein Zufall, daß Jesus mit seiner so ganz anderen Art zu leben in ähnlicher Weise abgelehnt und angefeindet wurde wie das Königskind im Märchen: als wahrer »König«, als Messias Israels, schrieb er die menschliche Geschichte neu, indem er gegen die Verzweiflung unserer Endlichkeit den Glauben an die Ewigkeit unseres Daseins setzte. Die Krankheit zum Tode endet in der Auferstehung zum Leben.

An »verwunschenen Schlössern« mit »verwunschenen« Prinzessinnen und Prinzen haben wir jedoch in unserer Zeit so viele, daß KAFKAS Antimärchen »Das Schloß«[3] in seiner Darstellung von Selbstentfremdung und Verlorenheit uns fast erscheint wie ein normaler Zustand; das nachstehende Märchen der Gebrüder Grimm lädt ein, das Schloß eines erlösten Königtums zu suchen, in dem das Lebenswasser unserer Daseinsumkehr zur Rettung und zur Heilung aufzufinden ist.

In einem ersten einleitenden Abschnitt werden wir deshalb nichts weiter tun, als das Motiv von dem todkranken »König« in seiner psychologischen Wirklichkeit und in seiner politischen Auswirkung bewußtzumachen. Die notwendige Sehnsucht nach Erlösung kann nur entstehen aus dem drückenden Gefühl der Unerträglichkeit der Welt, in der wir leben, und je deutlicher wir ihre Zusammenhänge begreifen, desto intensiver werden wir versuchen, sie zu überwinden: die »*Richard*s« haben ausgespielt, wenn wir uns selbst zurückgewinnen, – so wollen und so müssen wir nicht länger sein! Das wahre Königreich, in dem das Lebenswasser quillt, endet den Fluch von Unfreiheit und Angst, die uns gefangen halten. Erst wenn wir darüber uns Klarheit schaffen, können wir in den beiden folgenden Abschnitten an die Auslegung des Märchens vom »Wasser des Lebens« gehen und es als Propädeutik zum Verständnis auch der christlichen Erlösungsbotschaft nutzen.

3 Vgl. FRANZ KAFKA: Das Schloß, 1. Kap., S. 7: »Es war spätabends, als K. ankam. Das Dorf lag in tiefem Schnee. Vom Schloßberg war nichts zu sehen. Nebel und Finsternis umgaben ihn, auch nicht der schwächste Lichtschein deutete das große Schloß an.« Der »Nebel« und die »Finsternis«, die diese Festung eines Existierenmüssens im Absurden einhüllen, gilt es nach Möglichkeit zu lichten.

I Der König stirbt oder: Verzweiflung als Krankheit zum Tode

»Es war einmal ein König.« Mit diesen Worten fängt das Grimmsche Märchen an. Was aber will es damit sagen? Wer war »einmal« ein »König«?

A. Der »König« – ein Leben zwischen Macht und Gnade oder: Wir müssen uns entscheiden

Auf diese Frage ist die Antwort im Geschichtsbuch eindeutig: egal, in welch einer Kultur, egal, zu welcher Zeit – ein »König« war (und ist) ein Mann mit Macht, nicht »einmal«, sondern allemal. Ein solcher weiß, was er zu tun hat: Verliert er seine Macht, ist auch sein Königtum dahin. Er herrscht als Souverän. Vor allem: Die Art, wie er die Macht ausübt, bestimmt nicht seine königliche Amtsbefugnis, sie bestimmt lediglich, ob er im Urteil seiner Untertanen und in der Meinung seiner Nachbarn als ein guter oder schlechter König gilt. Freilich, in der üblichen Sicherheit des nachträglichen Rückblicks traut sich dann auch wohl das Geschichtsbuch darüber ein selbstgewisses Urteil zu.

Wer aber soll denn »König« sein? Wer sollte Macht haben, über uns zu herrschen?

Das ist die Frage, die, jenseits aller Historie, für alle Zeiten gültig, *wesenhaft,* die Märchen stellen und mit eigenen Erzählungen paradigmatisch zu erläutern suchen. Für sie sind allenfalls symbolisch »Könige« Personen, die auf Thronen sitzen und mit der Weltenkugel in der einen und mit dem Szepter in der andren Hand ihr Wissen und ihre Befehlsgewalt vor aller Augen demonstrieren. Was sie zu sagen haben, sollte der Vernunft entstammen; was sie verordnen, sollte sich auf Güte gründen, in dem Bewußtsein eigener Fehlbarkeit, Gefährdung und Verantwortung. Doch wie kann man dahin gelangen?

Märchen vertreten und vermitteln die Meinung und die Mahnung, die *Porzia,* als Richterin verkleidet, in SHAKESPEARES »Kaufmann von Venedig« an den Juden *Shylock* richtet:

> Die Art der Gnade weiß von keinem Zwang:
> Sie träufelt wie des Himmels milder Regen
> Zur Erde unter ihr, zwiefach gesegnet:
> Sie segnet den, der gibt, und den, der nimmt;
> Am mächtigsten in Mächt'gen, zieret sie
> Den Fürsten auf dem Thron mehr als die Krone!
> Das Zepter zeigt die weltliche Gewalt,
> Das Attribut der Würd und Majestät,
> Worin die Furcht und Scheu vor Kön'gen sitzt.
> Doch Gnad ist über dieser Zeptermacht,
> Sie thronet in dem Herzen der Monarchen,
> Sie ist ein Attribut der Gottheit selbst,
> Und ird'sche Macht kommt göttlicher am nächsten,
> Wenn Gnade bei dem Recht steht! Darum, Jude,
> Suchst du um Recht schon an, erwäge dies:
> Daß nach dem Lauf des Rechtes unser keiner
> Zum Heile käm; wir beten all um Gnade,
> Und dies Gebet muß uns der Gnade Taten
> Auch üben lehren.[4]

Ein König, der Gnade walten läßt, indem seine »Gewalt« die Gnade selber ist, thront nicht in einem prachtvollen Palais, er herrscht allein in unseren Herzen; er ist ein Teil unserer Seele und steht für die Empfindungen und Gefühlsregungen, die uns regieren sollten, indem sie unser Denken regulieren und unser Handeln regeln, – unser Gewissen und Bewußtsein finden ihr Portrait geradewegs in einem solchen Märchenkönig.

Wie aber nun, wenn gerade dieser »König«, unser Ich und unser Selbst, aufs tödliche erkrankt? wenn wir zuinnerst irritiert sind und

4 WILLIAM SHAKESPEARE: Der Kaufmann von Venedig, III. Akt, 5. Szene, in: Sämtliche Werke, S. 182.

uns selber zu entgleiten drohen? wenn wir uns bei uns selbst nicht länger auskennen und keinen Ausweg mehr erkennen können?

Auf diese Lage einer tiefen Selbstinfragestellung, in der bei allem Überlegen uns nichts mehr einfällt, was wir noch zu tun vermöchten, gibt uns das vorliegende Märchen den Hinweis eines Neuanfangs und Umdenkens im ganzen.

B. Vom Mißverhältnis zu sich selbst oder: SÖREN KIERKEGAARDS Analyse der religiösen Dimension des Daseins

Das Bild bereits vom »Wasser des Lebens« verrät als Heilmittel von tödlicher Erkrankung ein durchaus religiöses Motiv, wie es in Joh 3,1–13 in dem nächtlichen Gespräch Jesu mit dem Pharisäer *Nikodemus* zum Ausdruck kommt[5], handelt es doch ebenfalls von der Notwendigkeit einer Wiedergeburt und Lebenserneuerung (aus Geist). »Kann denn ein Mensch noch geboren werden, wenn er schon alt ist? Kann er denn wieder in seiner Mutter Leib zurück?« fragt *Nikodemus*, dieser »Lehrer Israels« (Joh 3,10); er ahnt nicht entfernt die Umkehrung in allem, die Jesus vom Himmel auf die Erde zu bringen gekommen ist und für welche das Wasser der Taufe (Joh 1,26; 3,23), verbunden mit dem Geiste Gottes (Joh 3,5), als das sakramentale Zeichen eines vollkommenen Neuanfangs gilt; nur ein solcher vermag zur Heilung des menschlichen Daseins von der Erkrankung der Angst inmitten einer nur irdischen bzw. einer nur weltlichen Daseinsauslegung (Joh 14,27) zu führen; und eben deshalb ist die Taufe nach christlicher Überlieferung das Bild und der Ausdruck einer Auferstehung vom Tod. Doch warum ist ein solcher Neuanfang, eine solche Wiedergeburt aus dem Geiste überhaupt nötig, um von einer offenbar tödlichen Erkrankung des Daseins gerettet zu werden? Worin besteht diese, wenn es sich so verhält?

5 Vgl. E. DREWERMANN: Das Johannes-Evangelium, I 141–155: Joh 3,1–13: Das Nachtgespräch mit Nikodemus oder: Der Wind weht, wo er will.

Als »Die Krankheit zum Tode« hat der dänische Religionsphilosoph SÖREN KIERKEGAARD (1813–1855) die *Verzweiflung* des menschlichen Bewußtseins bezeichnet und sie damit abgesetzt von dem physischen Schicksal des Sterbens, das Jesus etwa im Falle des *Lazarus* als eine Krankheit kennzeichnete, die in eigentlichem Sinne »nicht zum Tode« führt (Joh 11,4). Anders kann es nicht sein. Denn christlich betrachtet, ist ja das Dahinsiechen unseres Körpers und sein endliches Ableben keineswegs das Letzte von allem, sondern »nur eine kleine Begebenheit innerhalb dessen, was da Alles ist, nämlich des ewigen Lebens«[6]. Der Christ bringt von daher den Mut auf, das Elend der Endlichkeit unseres Lebens sich einzugestehen, an dem zutiefst ein jeder leidet, von dem aber niemand etwas wissen will, solange er in den Bestimmungen eines rein naturhaften Denkens gefangen bleibt. KIERKEGAARD nannte eine solche Geisteshaltung »ungeistig«; denn Geist war für ihn dasselbe wie Selbstsein: was wir *selbst* sind, ergibt sich aus der *Stellungnahme* zu dem, was wir sind. Wir sind, meinte er, »eine Synthese von Unendlichkeit und Endlichkeit, von Zeitlichem und Ewigem, von Freiheit und Notwendigkeit«. Doch so betrachtet, »ist der Mensch noch kein Selbst«, sondern einfach das, was gemeinhin mit »Seele« gemeint ist; das »Selbst des Menschen« hingegen ist ein Verhältnis zu dieser Synthese, und die Art dieses Verhältnisses gründet wesentlich darin, daß die »Synthese« sich nicht »selbst gesetzt« hat, sondern »durch ein anderes gesetzt« ist. Die Stellungnahme, das Verhältnis zu eben diesem abgeleiteten Verhältnis, ist das Selbst: »das Selbst«, definierte KIERKEGAARD deshalb, ist »ein Verhältnis, das sich zu sich selbst verhält und, indem es sich zu sich selbst verhält, sich zu einem anderen verhält«, der es gesetzt hat und in dem es gründet[7].

6 SÖREN KIERKEGAARD: Die Krankheit zum Tode, Einleitung, S. 11.

7 A. a. O., 1. Abschn.: Die Krankheit zum Tode ist Verzweiflung. A. Daß Verzweiflung Krankheit zum Tode ist. *A.* Verzweiflung ist eine Krankheit im Geist, im Selbst, S. 13–14. – Die Krankheit des Königs, stellt EDZARD STORCK: Alte und neue Schöpfung in den Märchen der Brüder Grimm, 251, zu Recht in einen geistig-religiösen Zusammenhang: »In der Gestalt des alten Königs, der so krank ist, daß niemand mehr glaubt, daß er noch mit dem Leben davonkommt, verkörpert sich die Not des in der Vergänglichkeit

Ist das der Fall, befindet sich das Dasein mit sich selbst im Einklang als die Ausprägung eines wahren und eigentlichen Selbst. Verzweifelt aber ist das Selbst, wenn es in einem Mißverhältnis zu sich selber steht, indem es *nicht* gründet in dem, der es gesetzt hat. Was eine Synthese sein sollte »von Unendlichkeit und Endlichkeit, von Zeitlichem und Ewigem, von Freiheit und Notwendigkeit«, zerfällt dann und läßt die aufeinander verweisenden Spannungspole seiner Selbstkonstitution als isolierte Fluchtpunkte vereinseitigter Selbstsuche zurück: in dem Bewußtsein, unentrinnbar der Endlichkeit, mithin der Vergänglichkeit und Vergeblichkeit von allem ausgesetzt zu sein, muß man jetzt versuchen, etwas Endgültiges und Unvergängliches aus seinem Dasein herauszupressen; in dem Empfinden der eigenen Nichtnotwendigkeit muß die Freiheit als Auftrag verstanden werden, die quälende Zufälligkeit und Überflüssigkeit der individuellen Existenz durch eigenes Tun in etwas Unentbehrliches und Unverzichtbares zu verwandeln[8], und angesichts des Abgrunds der Zeitlichkeit, in den alles als das stets schon Vergangene und Vergessene versinkt, verbleibt als scheinbarer Ausweg einzig das Streben nach bleibender Dauer im Gedächtnis der Mit- und der Nachwelt.

Allein schon die selbstzerstörerische Last derartiger Selbstentwürfe könnte ein Hinweis sein auf den Verzweiflungscharakter eines solchen »Mißverhältnisses zu sich selbst«; doch wie jede Flucht endet die uneingestandene Sinnlosigkeit solcher Bestrebungen erst, wenn es gar nicht mehr weitergeht; erst dann kommt das über alle Selbstzweifel hinweghastende Verlangen nach Bestätigung und Erfolg zu einem erzwungenen Stillstand und gebietet das überanstrengte Bemühen

der alten Schöpfung befangenen Menschentums. Die Auszehrung göttlicher Lebenskräfte ist sein Leid, und damit führt uns das Märchen zum Urbild aller Krankheiten überhaupt; man könnte sagen, daß die Seele, dieses Instrument, auf dem das Geistige erklingen soll, verstimmt ist. Die Disharmonie der Sünde macht sie zum Träger unreinen, getrübten Tons.« Die »Verstimmtheit« des Daseins ist das, was, tiefer reflektiert, KIERKEGAARD als Verzweiflung analysiert.

8 Vgl. JEAN-PAUL SARTRE: Das Sein und das Nichts, 724; 770; vgl. E. DREWERMANN: Strukturen des Bösen, III 218–222: Die existentielle Psychoanalyse (SARTRES).

um einen kompensatorischen Ausgleich des spürbaren Mangels im Untergrund der Existenz sich selber Einhalt.

Die gesamte Palette seelischer Erkrankungen als Formen geistiger Selbstverfehlung infolge der fehlenden Daseinsbegründung von etwas Geschaffenem ohne seinen Schöpfer ist in dem Konzept KIERKEGAARDS von der »Krankheit zum Tode« enthalten, und sie erläutert klarer und verbindlicher als alle Erwägungen aus Psychologie und Soziologie, was es besagen mag, wenn das Grimmsche Märchen vom »Wasser des Lebens« mit den Worten beginnt: *»Es war einmal ein König, der war krank und niemand glaubte, daß er mit dem Leben davonkäme.«*

Märchen selbstredend sind keine theologischen Abhandlungen, doch beginnen ihre symbolhaltigen Erzählungen nicht selten ihre Bedeutung erst zu enthüllen, wenn man sie in die Weite des Lichts hält, das, wie die Sonne durch die Glasfenster eines Domes, vom Himmel her durch sie hineinscheint. Erst die Diagnose der »Krankheit zum Tode« als Form von Verzweiflung offenbart die ganze Tragweite des Motivs vom sterbenden König im Leben des Einzelnen wie im Zusammenleben der Öffentlichkeit.

1. Die Ebene des Einzelnen oder: Selbstsein und Kindwerden statt Stärkezeigen in Konkurrenz und geistiger Verformung

Individualpsychologisch verkörpert der »König« diejenige Instanz, die innerpsychisch unser Verhalten programmiert und dirigiert, – unser Ich, unser Bewußtsein, unseren Verstand[9]. Diesem »Herrscher« über unsere Entschlüsse und Pläne kommt eigentlich die Aufgabe zu, in realistischer Einschätzung der praktisch relevanten Gegebenheiten rational vertretbare pragmatische Programme zur erfolgreichen Durchsetzung der eigenen Bedürfnisse zu ersinnen und sie in über-

9 C. G. JUNG: Mysterium Coniunctionis, Ges. Werke 14, II, Kap. IV: Rex und Regina, 3. Die königliche Wandlung, S. 9–19 meint: »der König entspräche der gesteigerten Ichsucht, die bald ihrer Kompensation begegnen wird.« (S. 17) 6. Der König als Anthropos, S. 96–109: »Der ›wahre Mensch‹ drückt den Anthropos im Individuum aus« (101) S. 109–121: Kap. 7: Die Beziehung des Königssymbols zum Bewußtsein, S. 112: »Unser König stellt das Ich-Bewußtsein, das Subjekt aller Subjekte, als Objekt dar.«

legtem Abwägen möglicher Folgen zum Handeln zuzulassen. Deutlich unterscheidet diese Ebene unserer Psyche sich von den triebhaften Affekten und Bedürfnissen, die sich im Es zu Wort melden, jedoch von den im Überich verinnerlichten Bewertungen nach »richtig« und »falsch« durch die erlernten Erwartungsautomatismen von Lohn und Strafe in die Richtung der gesellschaftlichen Moral gelenkt werden; entscheidend bleibt allerdings auch dabei die willentliche Befehlsausgabe des Ich, das als das zentrale Steuerorgan für unser Tun verantwortlich zeichnet.

a) Formen der Rechtfertigung des eigenen Daseins aus Angst vor Bedeutungslosigkeit und Nichtbeachtung oder: Der Zwang zum »Königsein«

Wie aber nun, wenn unser Selbst auf den Tod hin erkrankt, – wenn es infolge des völligen Fehlens der Dimension der Unendlichkeit, der Ewigkeit und der (inneren) Notwendigkeit in seinem Dasein derart *verzweifelt* ist, daß ihm ein Weiterleben in dieser Weise definitiv undenkbar scheint? Es bedarf eines Umdenkens im Ganzen, so viel ist klar. Doch jeder, der sich in einer solchen Lage befindet – die im Grunde einen jeden betrifft, um ihn aus der Oberflächlichkeit des Mitmachens und Dabeiseins nach der fremden und entfremdenden Maßgabe anderer herauszureißen –, wird sich genötigt sehen, als erstes dem Schmerz nachzugehen, der sich als Hauptsymptom seiner Fehleinschätzung zu sich selber am aufdringlichsten meldet.

»Ich habe selbst überhaupt nicht gelebt«, wird er vielleicht jetzt erkennen müssen; »ich wähnte mich als Souverän und war doch nur der Sklave derer, um deren Wohlgefallen und Bestätigung ich unaufhörlich buhlte; ich hielt mich selbst für groß durch die Bedeutung, die ich in den Augen anderer vermutete; ich spielte mich als ›Herrscher‹ auf, der anderen erklärt, was sie zu fühlen und zu denken und zu machen hätten, doch ich merkte nicht, wie ich von ihnen selber beherrscht wurde, indem es mir in Wahrheit nur um mich, nicht um sie ging, wenn ich ihnen mit meinen Weisungen und ›Weisheiten‹ zu Leibe rückte. Weil ich nicht selber lebte, lebte ich in ihnen; weil ich selbst keine eigene Berufung kannte und in mir heimaltlos mich fühlte, rief ich die anderen herbei, um ihnen heimzuleuchten. Ich war ein Blinder, der als Blindenführer auftrat und nun mit den Verführten selber in der Grube sitzt (Mt 15,14; 23,16–26). Ich hielt mich für berechtigt und unentbehrlich, wenn ich mein Nicht-Sein durch ein Alles-Sein und -Können zu kaschieren wußte: ich war der Chef, der CEO (Chief Executive Officer), der Magnat und Manager, wenn ich die Landkarte für das Gelände fertigstellte, das ich als mein Besitztum deklarierte; und in diesem meinem Terrain gab ich schon mal die Straßen, Schienen und Verkehrsmittel in Auftrag, mit denen man sich zu bewegen hatte. Ich fühlte mich nur wohl als Wohltäter von allen. Mein Nichts blähte sich auf zu einer Blase, groß wie die ganze Welt. – Jetzt merke ich: mehr ist nicht möglich! Aufgewacht von einem lauten Knall beim Platzen meines Blasen-Daseins, erkenne ich mit schreckgeweiteten Augen das ganze Ausmaß meines Selbstbetrugs: um nicht als schwächlich zu erscheinen, mußte ich ›*power*‹ demonstrieren; um nicht als ›*loser*‹ dazustehen, mußte ich als ›*winner*‹ auftreten; um nicht als ›*sissy*‹ (Schwesterchen) und ›*chicken*‹ (Hühnchen) zu gelten, schlüpfte ich in die Rolle eines ›Machos‹ und ›Brutalos‹. Ich haßte mich für das, was ich war, und ich liebte mich für das, was ich nicht war. Ich wollte nicht sein, der ich war, und war nicht der, der ich sein wollte. Also: ich belog mich selbst und alle anderen. – Ja, ich stand in einem ›Mißverhältnis‹ zu mir selbst. Das ist sogar noch schonend ausgedrückt. Klarer sagt es das Neue Testament: Ich suchte die ganze Welt zu gewinnen, litt aber Schaden an meiner Seele (Mt 16,26). Jetzt empfinde ich mein Leben in Lüge als eine unerträgliche Belastung. Ich weiß nicht mehr weiter. Ich kann nicht mehr.«

Es mag in den konkreten Biographien einzelner recht verschiedene Wege geben, die zu einem solchen Urteil führen, doch die Krankheit selbst, die Verzweiflung als die wahre »Krankheit zum Tode«, besteht stets in dem gleichen Dilemma: in dem Empfinden, unwert, unbeachtet, abgelehnt zu sein, und in dem Zwang, sich als etwas besonders Wertvolles, Beachtenswertes, Angesehenes in eigener Regie selbst neu erfinden zu müssen. Wenn die »Sündenfallgeschichte« der Bibel (Gen 3,1–7) es als das Kernproblem des menschlichen Daseins betrachtet, ohne den Hintergrund der absoluten

Bejahung durch Gott als Schöpfer selber »wie Gott sein« zu wollen und sich zum Schöpfer seiner selbst zu entwerfen[10], so ist dieser Anspruch: ich bin der »König«, in sich bereits als eine krankhafte Reaktionsbildung auf ein abgrundtiefes Minderwertigkeitsgefühl zu erkennen: Aus Furcht, ein Nichts zu sein, muß man alles werden, sein und können.

»Aber so machen's doch alle!« – Ja! Doch eben darin besteht das Problem des gesamten menschlichen Daseins entlang seiner Geschichte: weil jeder aus dem Kohlenstaub, der er ist, einen Diamanten meint hervorbringen zu müssen, steht jeder dem anderen als Konkurrent und Rivale gegenüber, – die Geschichte von *Kain* und *Abel*, von dem Brudermord aus Neid und Eifersucht, hebt mit den ersten Kindern *Evas* an (Gen 4,1–12)[11]: Wen von den Brüdern hat der Vater lieber? Diese Frage entscheidet über alles. Aber: auf der Suche nach Bestätigung und Anerkennung wird man immer jemanden finden, der größer oder geringer dasteht als man selbst, und stets wird man geneigt sein, sich oder den anderen zu verachten.

b) Die Wandlung des Daseins durch das Vertrauen in eine unbedingte Seinsberechtigung oder: Von der Erlösung eines falschen Königtums im Bild der Taufe

In einer bezeichnenden Szene des Markus-Evangeliums weist Jesus seine Jünger einmal darauf hin, was sich in ihnen wandeln müßte, um dieser Form der Selbstzerspaltenheit zu entkommen (Mk 10,35–45)[12]. Soeben noch, selbst an der Seite Jesu, debattieren *Jakobus* und *Johannes*, die Söhne des *Zebedäus*, über die Erfüllung ihres Lieblingswunsches, in der zukünftigen Welt zur Rechten und zur Linken des Thrones zu sitzen, auf welchem Jesus in seiner Herrlichkeit Platz nehmen wird, um über die Menschheit Gericht zu halten; sie selber, so träumen sie, werden auf immer teilhaben an dem Königtum Jesu;

10 E. DREWERMANN: Strukturen des Bösen, I 53–78: Im Getriebe der Angst (Gn 3,1–7), S. 75–78: Rückblick.

11 A. a. O., I 117–134: Der Streit um Gottes Segen (Gn 4,1–8).

12 Vgl. zur Stelle E. DREWERMANN: Das Markus-Evangelium, II 129–147: Mk 10,32–45: Das Leid des Menschensohnes oder: Die Regenten der Völker und die Diener Gottes.

was sie auf Erden vermissen mußten, worauf sie in der Nachfolge Jesu Verzicht üben sollten, genau das verlegen sie als Hoffnung und Erwartung in den Himmel zur Belohnung für das große Opfer, sich dem »König« der Juden, dem Messias Israels, angeschlossen zu haben. Doch in dieser Gesinnung ist das Entscheidende in ihrer Fehleinstellung nur verschoben, nicht überwunden: Immer noch sind sie abhängig von ihren Größenphantasien als Gegenbesetzung des quälenden Eindrucks ihrer Geringfügigkeit, und gerade an dieser Stelle verweist Jesus auf das Wasser des Lebens, auf die »Taufe«, mit der er getauft werden wird, und auf den Kelch des Leidens, den er trinken muß, – Worte sind das, die unmittelbar an das Geschehen im Garten Gethsemane erinnern, das im Lukas-Evangelium ebenfalls mit dem vorhergehenden Rangstreit der Jünger verknüpft ist (Lk 22,39–46)[13].

Deutlicher läßt sich nicht sagen, was das Bild der »Taufe« für Jesus selber bereits bedeutet: es markiert einen Neuanfang der gesamten Lebensauffassung. Ein für allemal geht es nicht mehr um die Pflege des Königs-Ichs in den narzißtischen Angst- und Wunschträumen von Macht und Pracht, von Pomp und Triumph, sondern um das Eintauchen in ein Leben voller Vertrauen und Geborgenheit. Wer sich in seinem Denken und Fühlen wesentlich auf Gott hin verhält, lernt eine tiefe Dankbarkeit für das Geschenk seines Daseins; er sieht sich selbst als Kind des ewigen Königs und muß nicht länger mehr mit möglichst spektakulären Leistungsnachweisen und Selbstdarstellungen sich den Mantel königlicher Würde als Poseur auf der Bühne des Lebens umlegen. Im Gegenteil.

Im Galater-Brief schildert *Paulus* eindrücklich, was er von dem Mann aus Nazareth, dessen Hinrichtung als Ketzer er nach Maßgabe des Gesetzes (Gal 3,13!) vormals leidenschaftlich begrüßt hatte (Apg 7,58; 9,1–4)[14], in dem Zusammenbruch vor den Toren von Damaskus durch die Erscheinung Jesu für sich selbst und für alle

13 Vgl. zur Stelle E. DREWERMANN: Das Lukas-Evangelium, II 798–815: Lk 22,39–53: Die Vollmacht der Finsternis oder: Die Angst am Ölberg und die Verhaftung.

14 Vgl. zur Stelle E. DREWERMANN: Die Apostelgeschichte, 355–366: Das Ende des Tempels oder: Die Tötung des Stefanus; 405–414: Die »Bekehrung« oder: Die Erscheinung Jesu; 414–424: Psychogenese der Epilepsie

Menschen der Erde als allesentscheidende Wahrheit erfahren hat: Menschen, die ihren Selbstwert identisch setzen mit der peinlich genauen Einhaltung der Gebote und Gesetze Gottes, leben womöglich in dem Gefühl, in Zuverlässigkeit und Pflichttreue alles richtig zu machen, in Wirklichkeit aber existieren sie persönlich gar nicht; sie sind auf der Flucht vor ihrer Individualität und Freiheit und ziehen es in Angst vor eigener Verantwortung vor, als »allgemeine Individuen«, als Seriennummern des Offiziellen und Institutionellen, sich zu gebärden. Was sie selber fühlen und möchten, tritt zurück hinter dem Zwang, das Tun und Verhalten bei sich selbst und bei anderen ständig und streng zu beurteilen; wer derjenige als Person ist, der da handelt und sich verhält, tritt so gut wie gänzlich zurück hinter dem moralischen Bewertungsschematismus und -mechanismus. Nicht mit Personen in kindlicher Angstfreiheit und Vertrautheit hat man es in diesem System eines an sich selber kränkelnden Königtums zu tun, sondern mit Sklaven angstvoller Abhängigkeit, die ihre Daseinsberechtigung unter der Knute ihrer fiktiven und wirklichen Zwingherren durch den Ertrag ihrer Arbeitsleistung und den Nutzen ihrer Korrektheit sich allererst haben erschaffen müssen.

c) Personsein im Gegenüber eines väterlichen »Königs« oder: Ein jeder ist ein Gotteskind

Ganz anders und revolutionär neu ist deshalb, nach der Auffassung *Pauli*, das, was Jesus mit seiner Person und Botschaft in diese Welt gebracht hat: Durch ihn, sagt er, haben wir, die wir unter dem Gesetz waren, den Geist der Kindschaft empfangen, der in unseren Herzen im Gebet zu Gott ruft: »Abba, lieber Vater.« So sind wir im Vertrauen auf Gott nicht länger mehr Knechte, sondern Kinder, – *Königs*kinder mit der durch Adoption verliehenen Würde von Prinzen und Prinzessinnen (Gal 4,1–7)[15]. So zu denken wie Jesus, seinen

oder: Die Wahrheit einer Krankheit; 425–436: Vom »Licht« des Dasein-Dürfens oder: Die Entdeckung der Liebe.

15 Vgl. zur Stelle HEINRICH SCHLIER: Der Brief an die Galater, 188–200: Apg 4,11: Die Lage der Erben vor und nach der Sendung Christi, a) 4,1–7: Die Unmündigen und die Mündigen.

Geist in sich aufzunehmen, läßt sich von daher nur erleben als ein absoluter Neuanfang, ganz so, als käme man noch einmal auf die Welt, gleich einem Kind, welches das Leben in völligem Gegensatz zu allem bisher Gelernten sich schenken und ermöglichen läßt. Was da umgelernt und umgelenkt wird, ist die fundamentale Negiertheit der eigenen Existenz, – sie zentral wird umgeprägt im Gegenüber Gottes in eine unverdiente und unverdienbare Bejahung und Zuwendung. Es gibt mich und es darf mich geben, nicht weil ich so notwendig und unverzichtbar wäre oder mich derart zu präsentieren wüßte, sondern weil Gott so ist und weil er möchte, daß ich bin.

Was Jesus mit seiner Art des Vertrauens zu Gott als geistige Grundhaltung in unser Leben gebracht hat, ist eben diese Umformung unserer unüberwindlich scheinenden, als Naturgegebenheit wie etwas Selbstverständliches anmutenden Daseinsangst im Felde der Gottesferne zu dem Gnadengeschenk eines bedingungslosen Vertrauens, wie es ein neugeborenes Kind in den Armen seiner Mutter instinktiv sucht und zu finden hofft, doch, wie in allen menschlichen Beziehungen, nicht ohne Ambivalenzen, Widersprüche und störende Erfahrungen erleben wird: Was Menschen einander an Zuwendung und Begleitung bereitstellen können, ist wie ein Versprechen und wie eine Verheißung von etwas, das inmitten der Begrenzungen der Endlichkeit und der Zeitlichkeit des irdischen Daseins in seiner Endgültigkeit nur erst erahnbar wird und damit doch bereits als Bestätigung der Grundlage unseres Daseins dazu beiträgt, unser Selbstbewußtsein und Selbstverständnis entscheidend zu entängstigen; eben dadurch aber erübrigen sich die ebenso unheilvollen wie vergeblichen Versuche einer Seinsbegründung im Nichts. Alle Liebe, die dem Geliebten versichert, er sei erwünscht und ersehnt, indem er so ist, wie er ist, lädt ein zu dem Aufbruch einer solchen Wanderung ins Unendliche.

d) Von der Erlaubnis eines ursprünglichen Kindseins oder: Vom Ende der Verstandeseinseitigkeit

Psychologisch zeichnen sich vor diesem religiösen Hintergrund deshalb eine Reihe von Veränderungen ab, die auf dem Weg ihrer Heilung die tödliche »Krankheit« des »Königs« im eigenen Erleben als wesentliche Stufen der Wandlung begreifen lassen. Wer sich in seinem Bewußtsein als Herrscher im eigenen Lande betrachtet, muß notgedrungen im Umgang mit sich selbst auf rationale Selbstkontrolle, willentliche Selbstbeherrschung und weitgehende Planungssicherheit in seinen Unternehmungen Wert legen; er kann sich nicht erlauben, den eigenen Wünschen und Bedürfnissen wenigstens manchmal und in gewissem Umfang freien Lauf zu lassen. Was in der analytischen Psychotherapie einer neurotischen Erkrankung mühsam nachgelernt werden muß, ist einer solchen Lebensanlage ursprünglich wesensfremd: da soll und darf man den eigenen Gefühlsregungen Berechtigung und Wahrheit zuerkennen, der Bilderwelt der Träume als einer unbewußten Diagnose und Prognose unserer Situation Aufmerksamkeit entgegenbringen und insbesondere all jene Seelenkräfte und Seiten der eigenen Persönlichkeit zum Leben zulassen, die bislang als unbrauchbar, störend, verführerisch oder als geradezu gefährlich verdrängt beziehungsweise abgespalten werden mußten.

So ändert sich alles. Mit einem Male scheint es wieder möglich und erstrebenswert, wie in Kindertagen Dinge zweckfrei und spielerisch anzugehen, statt einem fertigen Leistungsprogramm im Kalkül von Kosten und Nutzen nachzugehen; mit einem Mal kehrt nunmehr auch die Fähigkeit und Freude an den eigenen Phantasievorstellungen zurück, begleitet etwa von der Lust am Lesen lyrischer Literatur, novellistischer Erzählungen und sogar umfangreicher Darstellungen gewisser Bereiche des menschlichen Zusammenlebens, – was ehedem vorwurfsvoll als sinnlose Zeitvergeudung gemieden und abgelehnt wurde, zugunsten eines solchen »vernünftigen« Umgangs mit der nutzbaren Ressource Zeit, das erweist sich jetzt als ein Residuum von Regeneration und Rekonvaleszenz. Wann zum letzten Mal erlebte man etwas wirklich Beglückendes, Begeisterndes, Mitreißendes, Motivierendes, und wie glaubte man, all dessen über so lange Zeit hin entbehren zu können und zu sollen?

Das gesamte Dasein wird im Umgang mit sich selber in einer solchen »Wiedergeburt« und »Taufe« integraler, authentischer, identischer – stimmiger, selbstbestimmter, freier und froher. Eine Menschwerdung auf dem Hintergrund des Sein-Dürfens statt des Sein-Müssens vollzieht sich da, des Zusammenwachsens statt des Abspaltens der verschiedenen Seelenkräfte, des Zu-sich-selbst-Findens und Selbstannehmens statt des ständigen Sortierens nach brauchbar und unbrauchbar, erfolgversprechend und unnütz, stromlinienförmig passend und ärgerniserregend »schräg«. Die Frage: »Was ist wahr?« ist ab sofort wichtiger als die Frage: »Was kommt besser an?« »Wer bin ich selbst?« ausschlaggebender als: »Wer bin ich in den Augen anderer?« »Was entspricht in Eigenverantwortung meiner Persönlichkeit?« richtungsweisender als: »Wie füge ich mich ein in den Marsch der Masse?«

Sind dies die Veränderungen, die nötig sind, einen todkranken »König« ins Leben zurückzubegleiten, so mag man den Krankheitszustand der Verzweiflung des Bewußtseins im Getto der Angst psychologisch im Sinne von LUDWIG KLAGES (1872–1952) mit der »Geist als Widersacher der Seele« bezeichnen[16] oder mit C. G. JUNG (1875–1961) als »Verstandeseinseitigkeit«[17] charakterisieren. In beiden Beschrei-

16 Vgl. LUDWIG KLAGES: Der Geist als Widersacher der Seele, in: Sämtliche Werke, Bd. I, Philosophie 1, 1. Buch: Sein und Wirklichkeit, S. 70–76: 9. Kap.: Die Gegensätzlichkeit von Seele und Geist; 2. Buch: Geist und Leben, S. 98–106: 12. Kap.: Vergegenständlichung und Entfremdung; 3. Buch: Bewußtsein und Erlebnis, S. 379–394: 36. Kap.: Symbolisches und begriffliches Denken; S. 395–412: 37. Kap.: Die Vergesellschaftungsmechanik.

17 Vgl. C. G. JUNG: Was Indien uns lehren kann, in: Ges. Werke X, 575–580, S. 577–578: »Unsere westliche Entwicklung von einem primitiven Stand aus wurde plötzlich unterbrochen durch das Eindringen einer Psychologie und Geistigkeit, die einer viel höheren Kulturstufe zugehörten ... Wir wurden mitten in einem barbarischen Polytheismus gestoppt, der ausgerottet oder unterdrückt wurde ... Unsere geistige Existenz wurde in etwas verwandelt, was sie noch nicht erreicht hatte ... Und das ließ sich nur bewerkstelligen durch eine Dissoziation zwischen dem bewußten Teil der Psyche und dem Unterbewußten. Es war eine Befreiung des Bewußtseins von der Last der Irrationalität und Triebhaftigkeit, auf Kosten der Ganzheit des Individuums. Der Mensch wurde in eine bewußte und eine unbewußte Persönlichkeit aufgespalten. Die bewußte Persönlichkeit konnte domestiziert werden, weil sie vom naturhaften und primitiven Menschen getrennt war. So wurden wir einerseits höchst diszipliniert, organisiert und rational, die andere Seite aber blieb ein unterdrückter Primitiver, abgeschnitten von Erziehung und Kultur. – Dies erklärt unsere vielen Rückfälle in die erschreckendste Barbarei ... man denke an die Bombenangriffe moderner Kriegsführung! ...

bungen malt sich das Bild eines Menschen, der möglichst prägnant und präzise die Dinge und Vorgänge, mit denen er ringsum konfrontiert wird, objektiv, am besten naturwissenschaftlich, zu erfassen sucht. Seine persönlichen Gefühle, Bedürfnisse und Sinnerwartungen muß er bei seiner Suche nach rationaler Erkenntnis als zu subjektiv ausklammern; was er persönlich möchte und macht, ist unwichtig gegenüber der Frage, was ist. Doch um einen Sachverhalt exakt zu erfassen, muß das Beobachtungsmaterial, wie unter dem Mikroskop, isoliert, fixiert und auf einen einzigen Aspekt reduziert werden; nicht etwas Lebendiges, in Bewegung Befindliches, sich mit anderen Austauschendes wird auf diese Weise untersucht, sondern etwas in künstliche Starre Versetztes, methodisch Abgetötetes, dem Leben Entrissenes. Als Erklärung der so erhobenen Befunde dient ein exklusiv kausales Denken, das zum Beispiel Tieren, wie in der »Psychologie« des Behaviorismus, jegliche Gefühle und subjektiv motivierte Verhaltenssteuerungen als unbeweisbare Spekulationen abspricht, – als beobachtbar gelten allein die äußerlich feststellbaren Verhaltensweisen[18]. Gewiß haben sich die Forschungs- und Erklärungsmethoden seit den Tagen von KLAGES erheblich verfeinert, und ihre computergestützte Mathematik erlaubt durchaus auch die Analyse komplexer Vorgänge, doch geblieben ist, die Betrachtungsweise in der Es-Perspektive: man kann heute die Stellen der neuronalen Prozesse im Gehirn punktgenau angeben, die so etwas wie Einfühlung und emotionales Verstehen ermöglichen[19], doch das Wissen darum erfordert nicht, es erübrigt eher, was man als Empathie sich vorstellen und vornehmen könnte und müßte. Doch was geschieht da?

Wie gefährlich die von JUNG beschriebene Auslieferung des Bewußtseins reinweg an die Ratio ist, mag in krasser Weise deutlich

Führt es nicht … den überzeugenden Beweis für die Tatsache vor Augen, daß, als unser Geist zur Eroberung des Himmels auszog, unser anderer Mensch, dieses unterdrückte, barbarische Individuum, zur Hölle fuhr?«

18 Vgl. E. DREWERMANN: Richtet nicht!, Bd. III 715–725: Erfolge und Gefahren der Verhaltenstherapie.

19 Vgl. E. DREWERMANN: Atem des Lebens, I 614–618: Jenseits der Sexualität oder: Ein bißchen Liebe, bes. S. 617, die Entdeckung der Spiegelneuronen als Ermöglichung von Mitgefühl.

werden an der gefühllosen Kaltschnäuzigkeit, mit der zum Beispiel im August 1945 die ersten beiden Atombombeneinsätze auf Hiroshima und Nagasaki geflogen wurden: der Massenmord an zweimal 100.000 Menschen berührte die Piloten nicht im mindesten, – sie waren gerade für diese Aufgabe gedrillt und ausgebildet worden[20]. Doch was mit den Gefechtsübungen des Militärs beim Töten von Menschen für gewöhnlich nach wie vor als eine leider noch notwendige Ausnahme für Soldaten gerechtfertigt wird, erzeigt seine fatalen Folgen längst auf allen Ebenen auch und gerade des zivilen Lebens: Menschen, denen man die Gefühle zugunsten eines mathematisch-logischen Denkens, zugunsten einer höheren Leistungseffizienz pädagogisch abtrainiert hat, werden später auch selber agieren und reagieren wie algorithmisch gesteuerte Roboter; sie haben aufgehört, Menschen zu sein, und sind zu jeder befohlenen Unmenschlichkeit, die ihnen als vorteilhaft vorgegaukelt wird, zu *ge*-, das heißt zu *miß*-brauchen. Sie sind allseits und allezeit verwertbar als die Träger und Begleiter einer »Kultur« der »künstlichen Intelligenz«, – sich selbst entfremdet, der Pragmatik und Propaganda gewisser Thinktanks gehorsam ausgeliefert und gewissenlos im eigenen Verhalten. In ihrem Mißverhältnis zu sich selbst sind sie moralisch zutiefst verzweifelt: »Könige« mit einem unerhörten Macht- und Herrschaftsanspruch gegenüber der umgebenden Natur, rational diszipliniert sich selber gegenüber in den Bereichen, die auch nach außen hin ihre Leistungsansprüche realisieren sollen, und privat getrimmt auf optimale Durchsetzungsfähigkeit in Konflikt und Konkurrenzsituationen: kein »König« überlebt in dieser Welt eine Niederlage, – nur als Krieger und Sieger behauptet er sich. Schuldgefühle, Schwächegefühle, Selbstzweifel können da nur wirken wie die störenden Relikte und Requisiten einer vergangenen Zeit.

Die tödliche Krankheit eines derart »königlichen« Selbstentwurfs ist, so betrachtet, keinesfalls ein nur privates Problem; als Bedingung für die Funktionsfähigkeit einer Gesellschaft, deren Zusammenleben

20 Vgl. E. DREWERMANN: Nur durch Frieden bewahren wir uns selber, 73–81: Selbst Atombomben sind nicht genug; S. 119–124: Der desaströse Drill soldatischen Gehorsams.

durch die Begriffe Stärke, Erfolg, Besitz und Ansehen als den idealen Zielvorstellungen aller Bemühungen bestimmt ist, weitet sich die Krankheit zum Tode des Königseins als Verzweiflung des Einzelnen zu dem Kollektivzustand ganzer Kulturen und Staatengemeinschaften aus[21]. Die Individualpsychologie geht über in eine Gefahr der Gesellschaft für sich selbst.

2. *Die Ebene der Sozialpsychologie am Beispiel von* SHAKESPEARES *»Richard III.« oder: Die Typologie einer monströsen Geschichte in Gestalt eines geschichtlichen Monsters*

Die Frage stellt sich unmittelbar: wer in einem freien Spiel der Kräfte im Kampf um die Macht hat eigentlich das Zeug dazu, unter solchen Voraussetzungen den Thron eines »Königs« zu besetzen und zu besitzen?

Den psychologischen Übergang persönlicher Verzweiflung in Gestalt von Selbsthaß und Selbstverachtung zu der Position eines machtbesessenen, ebenso furchtbaren wie fürchterlichen Herrschers in der realen Geschichte hat erneut WILLIAM SHAKESPEARE an der für die Historie des englischen Königtums berühmt-berüchtigt gewordenen Persönlichkeit *Richards III.* (1452–1485) exemplarisch dargetan. Um zu verstehen, wovon da die Rede geht, sollten wir vorweg die

21 Vgl. C. G. JUNG: Mysterium Coniunctionis, Ges. Werke 14, II, Kap. 7, S. 118: »Sind die Symptome einmal draußen in Form einer politisch-sozialen Geisteskrankheit, dann kann niemand mehr davon überzeugen, daß der Konflikt in der Seele jedes Einzelnen sei, denn jetzt weiß jeder, wer sein Feind ist. Dann ereignet sich eben jener Konflikt, der in der Seele des Einsichtigen ein innerpsychisches Phänomen bleibt, auf dem Niveau der Projektion aber zur politischen Spaltung und zur mörderischen Gewalttat wird. Um solche Folgen hervorzurufen, muß man den Menschen nur recht gründlich von der Unbedeutendheit und Nichtswürdigkeit seiner Seele und der Psychologie überhaupt überzeugen. Man muß ihm von allen Autoritätskanzeln herab klarmachen, daß alles Heil von außen komme und sein Daseinssinn in der ›Volksgemeinschaft‹ bestünde, um ihn leicht dahin zu bringen, wohin er sowieso schon von Natur wegen am liebsten geht, nämlich ins Kinderland, wo man Ansprüche ausschließlich an andere stellt, und wenn irgendwo ein Unrecht geschieht, so hat es immer der andere getan. Wenn einer nicht mehr weiß, wovon seine Seele gehalten ist, dann erhöht sich das Potential des Unbewußten, und dieses übernimmt die Führung.«

Wirren jener Zeit ein Stück weit uns vor Augen stellen, – sie kehren ähnlich immer wieder, solange wir unsere »Krankheit zum Tode« als Verzweiflung im Geiste nicht wirklich begreifen und durch einen Neuanfang im ganzen enden.

a) Der historische Hintergrund oder: Vom Machtwahn menschlicher Geschichte

In den Tagen *Richards*, zwischen 1455 und 1485, tobt ein erbitterter Bruderkrieg unter den verwandten Häusern der Plantagenets, dem Hause Lancaster im Zeichen der roten Rose und dem Hause York im Zeichen der weißen Rose, und er führt zu der fast völligen Ausrottung des Hauses Lancaster; sein verworrener Ablauf und Anlaß ergab sich aus den chaotischen Machtverhältnissen auf Grund der Niederlage Englands nach dem 100jährigen Krieg mit Frankreich.

»In dem bis 1485, also einunddreißig Jahre lang, tobenden Kampf aller gegen alle zerfleischte sich der angelsächsisch-normannische Adel in selbstmörderischer Wut und hinterließ ein verwüstetes und armes Land. Die aus Frankreich zurückgekehrten Söldner schlossen sich, wie es gerade kam, der einen oder anderen Partei an, plünderten Städte und Dörfer und brachten jeden um, der sie an diesem Geschäft zu hindern suchte. Herzog *Richard von York* fiel in der Schlacht bei Goldsmiths Wakefield (1460); sein Sohn, Graf *Eduard von March*, führte den Krieg erbarmungslos weiter und ließ alle Gefangenen, mit und ohne Stammbaum, niedermachen, während *Margarete von Anjou*, des sanften *Heinrich* (sc. VI., d.V.) tatkräftige Gemahlin und Führerin der Gegenpartei, mit nicht geringerer Grausamkeit vorging. Bei Towton (1461) bereitete der Sieg *Marchs* dem Hause Lancaster ein Ende, und der Sieger bestieg als erster König aus dem Hause York den Thron (sc. als *Eduard IV.*, d.V.). – Englands wahrer Regent in den nächsten sechs Jahren war jedoch nicht *Eduard IV.*, sondern *Richard Neville* Graf *von Warwick*, das Haupt einer ebenso zahlreichen wie reichen Sippe und ein glänzender Diplomat und hervorragender Feldherr, der als ›Warwick der Königsmacher‹ in der Geschichte fortlebt. Während sich der neue König (sc. *Eduard IV.*, d.V.) in der milderen Gesellschaft der Damen von den Mühsalen des Kampfes erholte, regierte der ebenso willensstarke wie liebenswürdige *Warwick* mit solcher Geschicklichkeit, daß ihn ganz England ... als den eigentlichen König betrachtete, bis ihm *Eduard IV.*, dieses Zustands überdrüssig, seine Gunst entzog. Der Graf vereinigte sich prompt mit *Margarete,* jagte den König aus dem Land, setzte den abgesetzten *Heinrich* (sc. *VI.*, d. V.) wieder auf den Thron (1470) und regierte neuerdings. Aber *Eduard* brachte mit Hilfe Burgunds ein neues Heer auf die Beine, landete in Hull, besiegte und erschlug *Warwick* bei Barnet, um nach einem weiteren Sieg über *Margarete* bei Tewkesbury (1471), *Heinrich VI.* im Tower zu ermorden und bis ans Ende seiner Tage in Freuden zu leben.«[22]

Eduard IV., damals kaum 31 Jahre alt, verbrauchte seine Kraft fortan im Frönen mit Frauen und Luxus; er starb 1483. – Als sein Gegenbild darf der von ihm ermordete *Heinrich VI.* gelten, der bereits mit neun Monaten an die Macht gekommen war. Seine Minister und Generäle zerrütteten die Staatskasse vollkommen, und *Heinrich,* »ein zarter und wissensdurstiger Neurastheniker, den Büchern und religiösen Dingen zugetan,« war »von einer krankhaften Abneigung gegen den Krieg erfüllt, so daß die Engländer melancholisch klagten, sie hätten einen König gegen einen Heiligen eingetauscht«.[23] Als *Heinrich VI.* 1452 den Verstand verlor, mußte Herzog *Richard von York* Englands Niederlage im Hundertjährigen Krieg mit Frankreich in einem Friedensvertrag unterzeichnen. Doch weil *Heinrich* den Herzog 1454 entließ, warf sich dieser als direkter Nachkomme *Eduards III.* zum Thronprätendenten auf, – das eigentlich war der Auslöser des verbissenen und erbitterten Streits um die Macht, der einen Mann wie *Richard III.* hervorbringen sollte.

Wie, wenn in dieser Weise Gewalt und Tod die Welt regieren, soll es möglich sein, »König« zu werden, ohne Gewalt und Tod als Machtmittel einzusetzen? Jedoch: die Welt, die diese »Könige« zu lenken oder zu beherrschen wähnen, lenkt und beherrscht sie selber, sie erkranken geistig und seelisch an dem, was sich im Wahnsinn des Glaubens an die Durchsetzungsfähigkeit brutaler Rücksichtslosigkeit beim Abschlachten beliebig vieler Menschen als Realität behauptet, oder sie sind von vornherein wahnsinnig genug, diese »Realität« als ihre eigene mitgestalten und mitbestimmen zu wollen. – Letzteres ohne Zweifel war der Fall in SHAKESPEARES monströser Dramengestalt *Richard III.*, bei der Psychologie und Politik auf unheilvolle Art miteinander verschmolzen.

22 WILL DURANT: Das Zeitalter der Reformation (Kulturgeschichte der Menschheit, Bd. 9), S. 120–121.

23 A. a. O., 120.

Richard war als Herzog von *Gloster* ein Bruder von König *Eduard IV.*, dem Sohn *Heinrich*s *VI.* und seiner Frau *Margarete*, und um dessen Nachfolge anzutreten, ermordete er als erstes seinen eigenen Bruder *George*, den Herzog von *Clarence*. Nach *Eduard*s *IV.* vorzeitigem Tod infolge seiner Völlerei und Ausschweifung – bei SHAKESPEARE auf Betreiben *Richards* – proklamierte sich dieser »unter allgemeiner Zustimmung zum Regenten. … Aber: sei es, daß ihm die Macht zu Kopf stieg, sei es, daß er berechtigterweise eine Verschwörung argwöhnte: auf jeden Fall ließ er einige prominente Edelleute festnehmen, einen davon hinrichten und sich selbst am 4. Juli 1483 als *Richard III.* zum König krönen. Wenige Tage später, am 15. Juli, läßt er die zwei Söhne *Eduard*s *IV.* und seiner Frau *Anna*, der Tochter *Warwicks*: den neunjährigen Herzog *Richard von York* und den zwölfjährigen Thronerben *Eduard V.*, im Tower ermorden, unbekannt von wem, – *Richard*s Vetter, der Herzog von *Buckingham*, *Heinrich Stafford*, kommt bei SHAKESPEARE als Täter in Frage. Jedoch: wer zum Schwert greift, kommt durch das Schwert um (Mt 26,52).

»Wieder einmal erhoben sich die Großen des Reiches, diesmal unter der Führung *Heinrich Tudors*, des Grafen von *Richmond*.«[24] Kaum hat *Richard III.* als letzter Plantagenet auf dem Thron von England Platz genommen, fällt er am 22. August 1485 in der Schlacht von Bosworth unter den Schwert- und Axthieben seines Widersachers *Heinrich*s *VII.* (1485–1569), der nach der Heirat mit *Elisabeth von Lancaster* zum Gründer der Dynastie der Tudors wurde, »auf denen letztlich die Thronansprüche der modernen Windsors gründen.«[25]

Um so aufsehenerregender war es deshalb, daß 2012 »unter dem Asphalt eines Parkplatzes in Leicester« das Skelett *Richards III.* gefunden wurde. Tausende von Engländern geleiteten am 26.3.2015 den ehedem verhaßten König in dem mit einer Krone geschmückten Sarg in die Kathedrale des mittelenglischen Leicester, um ihn in einem würdigen Grab beizusetzen. Die *Richard III.*-Gesellschaft gab

24 A.a.O., 121.

25 Westfalenblatt, 26.3.2015: Endlich Totenruhe. 530 Jahre nach seinem Ableben wird Richard III. in Leicester bestattet.

und gibt sich alle Mühe, den schlechten Ruf des Königs nach dem Erscheinen von SHAKESPEARES Drama im Jahre 1593 aufzubessern; Königin *Elizabeth II.* indessen hielt sich während der drei Jahre, in denen *Richards* Gebeine genetisch untersucht wurden »demonstrativ von allen geplanten Feierlichkeiten« fern; vier Tage nach der Beisetzung *Richards* zur letzten Ruhe, enthüllte sie allerdings in Capel-le-Ferne in Kent »ein neues Denkmal zur Luftschlacht um England«; andererseits verfaßte sie eine »als ›herzlich überraschend und süß‹ beschriebene Eloge auf Englands letzten König, der in einer Schlacht fiel.«[26] Der Massenmörder auf dem Thron verstarb als Held, soll man wohl denken, – ganz so benötigt es die Geschichtsdarstellung royaler Macht.

b) Die ewige Tragödie von Minderwertigkeit und Menschenverachtung oder: Verbrechen mit dem Ziel, geliebt zu werden

SHAKESPEARE hingegen machte mit seiner Tragödie von *Richard III.* die Bühnen der Theaterwelt zu Eingangstoren in die Abgründe der menschlichen Seele: Warum will jemand wie *Richard III.* partout an die Macht gelangen, außer er leidet unerträglich an dem Gefühl seiner Ohnmacht? Solch ein Machtwille ist die krankhafte Antwort auf lebenslange Zurückweisung, Ablehnung und Mißachtung.

Kann man einen Menschen wie den Herzog von Gloster lieben? Die Frage scheint absurd. Sein Bruder *Eduard IV.* galt als jemand, »so schön wie kein Mann, der in seiner Zeit gelebt hat. Nichts anderes hatte er im Sinn … als Damen, und zwar mehr als vernünftig«.[27] In absolutem Kontrast dazu betritt *Richard* die Bühne. Als Miß- und

26 A. a. O. – Inzwischen geht die Diskussion weiter. Nachdem die Hobby-Historikerin *Philippa Langley* 2012 zur Entdeckung des Skeletts in Leicester unter dem Druck der sog. Ricardianer den Anstoß gegeben hatte, wurde die Dokumentation »The King in the Car Park« 2013 zu einer Sensation für das britische TV-Publikum. *Philippa Langley* aber glaubte nicht an das bucklige Monster, das *Richard III.* bei SHAKESPEARE darstellt; ihr Streit mit arroganten Akademikern zur Ehrenrettung *Richards* ist Thema in dem Film von STEPHEN FREARS (Regie): The Lost King, GB 2022. Vgl. HOLGER RÖMERS: Armer Richard, in: junge Welt, 6. Okt. 2023, Nr. 232, Feuilleton, S. 10.

27 WILL DURANT: Das Zeitalter der Reformation, 121.

Frühgeburt zur Welt gekommen, hinkend und bucklig, auf Rache und Revanche schon für sein Äußeres versessen, begabt dazu mit einem scharfsichtig beobachtenden lauernden Verstand, der die Stärken wie die Schwächen seiner Entourage eiskalt zu seinem Vorteil kalkuliert, als hätte er es nicht mit Menschen, sondern mit Schachfiguren zu tun, von denen man immer mal wieder einige auf dem Spielfeld »opfern« muß, um einen Stellungsvorteil im Kampf gegen den feindlichen König zu erringen, verfolgt er einen einzigen Gedanken: Wen muß man aus dem Wege räumen, um den Gegner mattzusetzen und hernach allein als König das Feld zu behaupten?

So viel steht fest: ein Krieg, selbst wenn er noch so viele Tote kostet, wird in der menschlichen Geschichte zum Triumph des Siegers. Als beneidenswert steht *Richard* das Prunkleben *Eduards IV.* vor Augen, der, nachdem er seinen Konkurrenten *Warwick* erschlagen hat, durch seine äußere Gestalt wie durch die kriegerische Größe grenzenlos die Gunst der Hofdamen genießt; wie also, wenn man seine Gattin *Anna*, *Warwick*s jüngste Tochter, für sich gewinnen könnte? Was *Richard* dabei antreibt, ist freilich nicht die Verlockung eines triebhaften *savoir-vivre* nach *Eduards* Vorbild, sondern das dringende Bedürfnis, den Eindruck seiner schicksalhaften Unterlegenheit und Minderwertigkeit vor aller Augen, nicht zuletzt den seinen, durch den Beweis des Gegenteils zu widerlegen. *Eduards IV.* Sieg über *Warwick* beweist den Wert einer gewonnenen Schlacht; jetzt aber kommt es darauf an, das strahlende Licht seiner Erscheinung auf sich selber zu versammeln und in eigener Person seine Stelle einzunehmen. Denn dies sind *Richards* (des Herzogs von Gloster) erste Worte, mit denen er bei SHAKESPEARE seine düstere Person und seine finstere Planung zur Beseitigung seines Bruders *Clarence* dem Zuschauer gleich in der 1. Szene des 1. Aktes vorstellt:

> Nun ward der Winter unsers Mißvergnügens
> Glorreicher Sommer durch die Sonne Yorks!
> Die Wolken all, die unser Haus bedräut,
> Sind in des Weltmeers tiefem Schoß begraben.
> Nun zieren unsre Brauen Siegeskränze,

Die schart'gen Waffen hängen als Trophän:
Aus rauhem Feldlärm wurden muntre Feste
Aus furchtbarn Märschen holde Tanzmusiken!
Der grimm'ge Krieg hat seine Stirn entrunzelt,
Und statt zu reiten das geharn'schte Roß,
Um drohnder Gegner Seelen zu erschrecken,
Hüpft er (sc. Eduard, d. V.) behend in einer Dame Zimmer
Nach üppigem Gefallen einer Laute ...
Doch ich, zu Possenspielen nicht gemacht,
Noch um zu buhlen mit verliebten Spiegeln:
Ich, roh geprägt, entblößt von Liebes-Majestät,
Vor leicht sich drehnden Nymphen mich zu brüsten,
Ich, um dies schöne Ebenmaß verkürzt,
Von der Natur um Bildung falsch betrogen,
Entstellt, verwahrlost, vor der Zeit gesandt
In diese Welt des Atmens, halb kaum fertig
Gemacht, und zwar so lahm und ungeziemend,
Daß Hunde bellen, hink ich wo vorbei –
Ich nun, in dieser schlaffen Friedenszeit,
Weiß keine Lust, die Zeit mir zu vertreiben,
Als meinen Schatten in der Sonne spähn
Und meine eigne Mißgestalt erörtern:
Und darum, weil ich nicht als ein Verliebter
Kann kürzen diese fein beredten Tage,
Bin ich gewillt, ein Bösewicht zu werden
Und feind den eitlen Freuden dieser Tage! ...
Anschläge macht ich, schlimme Einleitungen,
Durch trunkne Weissagungen, Schriften, Träume,
Um meinen Bruder (sc. *George*, d. V.) *Clarence* und den König
In Todfeindschaft einander zu verhetzen.[28]

28 WILLIAM SHAKESPEARE: König Richard III., I. Akt, 1. Szene, in: Sämtliche Werke, S. 489.

Wie also spielt man den einen gegen den anderen aus, den König gegen seinen potentiellen Thronerben, wie räumt man beide beiseite, um selbst die Königswürde einzunehmen? Es relativiert nicht, es totalisiert die tödliche Krankhaftigkeit eines solchen Königtums, wenn man feststellt, daß im Kampf um die Macht die krasse Anormalität des Inhumanen in der Geschichte aller Staaten als ganz normale Praktik gilt.

Das Ungeheuer *Richard* ist in der Art des Vorgehens durchaus nicht aus der Art geschlagen, er gibt, unter dem Druck der eigenen psychischen Belastung, der Unart des Normalen nur ein noch größeres Format. Die Natur, klagt er, hat ihn mißgebildet in die Welt geworfen, so daß er, häßlich wie er ist, die Huld der heiß ersehnten »Nymphen« nicht erhoffen kann; *die* wenden sich den Wendigeren zu und schenken ihre Gunst dem von Natur Begünstigten, nicht dem Verkrüppelten, Verzwergten und Verstümmelten. Wie aber soll jemand, der sich, wie *Richard,* dafür haßt, rein körperlich nicht liebenswert zu sein, nicht all die andren hassen aus Herzenslust, weil sie wie mühelos geschenkt bekommen, was sich mit aller Anstrengung weder erringen noch erzwingen läßt: Zuneigung, Liebe, Hochachtung, Respekt …? Dem allseits Abgelehnten bleibt allein noch die Option, den häßlichen Cordon des Hasses aufzusprengen, kost' es, was es wolle.

Die Morde, die ein *Richard* zielstrebig verübt, dienen letztlich dem Zweck, mit Macht sich jene Achtung zu verschaffen, die der Verachtete als Liebe nicht erhält. Erst als Beherrscher aller, wenn er allein ganz oben steht, kann er sich sicher fühlen, daß niemand mehr von oben her auf ihn herabschaut. Doch um »ganz oben« anzukommen, steht ihm infolge seiner körperlichen Schwäche nicht mal das Mittel physischer Gewalt noch zur Verfügung. Er muß seine Gedanken, seine Wahrnehmungen, seine Überlegungen zu Waffen schmieden: List, Intrigen, Lügen, Heimtücke, Verrat, Verdächtigungen, Falschaussagen – geistige Mordgeräte sind das, die schärfer schneiden als das schärfste Schwert, und *Richard* wird sich ihrer zu bedienen wissen.

Ich, ich, ich – in dem Stakkato der Verzweiflung, dreifach unterstrichen, geht es dem herrschsüchtigen Herzog von Gloster allein und ausschließlich um sich: er hat kein Ich, dem er vertrauen könnte, drum muß er, voller Mißtrauen zu sich und allen, als Königs-Ich sich neu zur Welt gebären. Die Mißgeburt des Daseins sucht sich als Neugeburt selbst zu negieren: nur wenn sie nicht ist, was sie ist, glaubt sie, wirklich zu sein, – ein Selbstentwurf im quälenden Selbstwiderspruch. – So will und muß man leben, wenn man und weil man so nicht leben kann.

Wie solch ein Mensch sich menschliche Beziehungen vorstellt, offenbart *Richard* in der Zusammenfassung des Gesprächs mit *Eduards IV.* Frau, mit der begehrten *Anna.* Obgleich die den Vollzug der Hinrichtung ihres Schwiegervaters *Heinrichs VI.* dem »Teufel« *Richard* voller Abscheu vorwirft und ihm ein gleiches Schicksal an den Hals wünscht, wie sie es durch ihn selbst erleidet, hat dieser doch die Stirn, um ihre Hand sie anzuhalten. Verständlicherweise fährt sie ganz empört ihn an:

> Um Gotteswillen, schnöder Teufel, fort
> Und stör uns ferner nicht! Du machtest ja
> Zu Deiner Hölle die beglückte Erde,
> Erfüllt mit Fluchgeschrei und tiefem Weh:
> Wenn deine grimm'gen Taten dich ergötzen,
> Sieh diese Probe deiner Metzelei'n!
> ...
> Denn deine Gegenwart braucht dieses Blut
> Aus Adern, kalt und leer, wo kein Blut wohnt!
> Ja, deine Tat, unmenschlich, unnatürlich,
> Ruft diese Flut hervor, so unnatürlich!
> Du schufst dies Blut, Gott, räche seinen Tod!
> Du trinkst es, Erde, räche seinen Tod!
> Laß, Himmel, deinen Blitz den Mörder schlagen!
> Gähn, Erde, weit und schling ihn lebend ein,
> Wie jetzo dieses guten Königs Blut,
> Den sein der Höll ergebner Arm gewürgt!

Darauf gibt *Richard*, in der für ihn typischen Meisterschaft der Vortäuschung christlicher Frömmigkeit, ihr zur Antwort:

> Herrin, Ihr kennt der Liebe Vorschrift nicht,
> Mit Gutem Böses, Fluch mit Segen lohnen.[29]

Von großer Einfühlung war die Feststellung, die 1849 bereits KIERKEGAARD in seiner Darlegung über die »Krankheit zum Tode« als Verzweiflung traf: sie erfährt eine qualitative Steigerung, sobald man sich ihrer bewußt wird. Die »Hölle«, in der *Richard* haust, tritt ihm sichtbar entgegen in den Vorwürfen und Vorhaltungen all derer, die er für sein eignes Leid mutwillig hat leiden lassen, doch auch in all dem, was er bei sich selbst glasklar und überdeutlich in dem grellen Lichtschein seines funkelnden Verstandes wahrnimmt und für das er sich, fast stolz in seinem Imponiergehabe, lobt; und dann muß man nur hören, wie er durch zwei Morde und durch eine Zwangsheirat den Weg zu seinem Königtum sich freizuschaufeln trachtet:

> Er (sc. Lord *Hastings*, d.V.) kann nicht leben, hoff ich; darf nicht sterben,
> Eh *George* (sc. Herzog von *Clarence*, d .V.) mit Extrapost zum Himmel fährt!
> Ich will hinein und ihn auf *Clarence* hetzen
> Mit wohlgestählten Lügen, trift'gen Gründen;
> Und wenn mein tiefer Plan mir nicht mißlingt:
> Hat *Clarence* weiter keinen Tag zu leben.
> Dann nehme Gott in Gnaden König *Edward* (sc. *IV.*, d.V.)
> Und lasse mir die Welt, zu hausen drin!
> Denn dann heirat ich *Warwick*s jüngste Tochter (sc. *Anna*, d.V.),
> Ermordet ich schon ihren Mann (sc. *Eduard IV.*) und Vater:
> Der schnellste Weg, der Dirne gnug zu tun,
> Ist, daß ich selber werd ihr Mann und Vater!
> Das will ich denn, aus Liebe nicht sowohl

29 A.a.O., I. Akt, 2. Szene, S. 491.

Als andrer tiefversteckter Zwecke halb,
Die diese Heirat mir erreichen muß!
Doch mach ich noch die Rechnung ohne Wirt:
Noch atmet *Clarence*, *Edward* herrscht und thront!
Sind sie erst hin, dann wird die Müh belohnt.[30]

Präziser läßt sich die perverse Logik des politischen Planspiels von Machterwerb und Machterhalt nicht auf den Punkt bringen als in diesen Worten *Richards:* Nur wer nicht scheut, sich über Leichenhaufen weg den Weg zum Königsein zu bahnen, wird in der Welt, wie wir sie kennen, seinen Mann zu stehen vermögen. – Krieg im Irak 2003 zum Beispiel: er wird mit einer Lüge eingeleitet, er wird – erneut – vermutlich Hunderttausende von Toten kosten, doch wenn nur so die Vormachtstellung der Amerikaner im Mittleren Osten sich behaupten läßt, wär man ein Schwächling, nicht energisch zuzugreifen.

Richard III. spukt als Nachtgespenst in den Beratungszentren all der allzu klein geratenen Großen dieser Welt! Wie viele Teufeleien werden sie begehen im Wahn, gerade dafür einer Frau wie *Anna* schließlich doch als liebenswert sich zu empfehlen? Wie viel an Zwang und an Gewalt, an Seelenmord und an Zerstörung gehört dazu, Menschen, die sich von Grund auf fürchten, mißtrauen und von Herzen hassen, als Mann und Frau so zu verkuppeln, daß man in das Geschichtsbuch eine neue Königshochzeit schreiben kann? *Richard III.* weiß sehr wohl, wie dünn und glatt das Eis ist, darauf er seine Pirouetten dreht. Denn so fragt er sich selbst:

Ward je in dieser Laun ein Weib gefreit?
Ward je in dieser Laun ein Weib genommen?
Ich will sie haben, doch nicht lang behalten ...
Wie? ich, der Mörder ihres Manns und Vaters,
In ihres Herzens Abscheu sie zu fangen,
Im Munde Flüche, Tränen in den Augen,
Der Zeuge ihres Hasses blutend da:

30 A. a. O., I. Akt, 1. Szene, S. 490.

Gott, ihr Gewissen, all dies wider mich,
Kein Freund, um mein Gesuch zu unterstützen,
Als Heuchlerblicke und der bare Teufel,
Und doch sie zu gewinnen! Alles gegen nichts!
Ha!
Entfiel so bald ihr jener wackre Prinz,
Edward, ihr Gatte, den ich vor drei Monden
Zu Tewksbury in meinem Grimm erstach?
Solch einen holden, liebenswürd'gen Herrn,
In der Verschwendung der Natur gebildet,
Jung, tapfer, weis' und sicher königlich,
Hat nicht die weite Welt mehr aufzuweisen:
Und will sie doch ihr Aug auf mich erniedern,
Der dieses Prinzen goldne Blüte brach
Und sie verwitwet' im betrübten Bett?
Auf mich, der nicht dem halben *Edward* gleichkommt?
Auf mich, der hinkt und mißgeschaffen ist?
Mein Herzogtum für einen Bettlerpfennig!
Ich irre mich in mir die ganze Zeit:
So wahr ich lebe – kann *ichs* gleich nicht finden –
Sie findt, ich sei ein wunderhübscher Mann!
...
Doch schaff ich den Gesellen erst ins Grab
Und kehre jammernd dann zur Liebsten um:
Komm, holde Sonn, als Spiegel uns zustatten
Und zeige, wenn ich geh, mir meinen Schatten![31]

Von Löwenmännchen weiß man, daß sie beim Eindringen in einen fremden Harem die Kinder ihres Vorgängers ausrotten bis zum letzten, um mit dem Weibchen eigenen Nachwuchs zu erzeugen, – als Egoismus der Gene gilt dieses Verhalten[32]; was *Richard* tut – und alle,

31 A. a. O., I. Akt, 2. Szene, S. 492.
32 Vgl. E. DREWERMANN: ... und es geschah so, 357–408: Aufopferungsvoller Eigennutz oder: Vom Egoismus der Gene, bes. S. 369–386: Löwen und andere Tiere zum Beispiel.

die ihm gleichen –, ist nichts als der pure Egoismus einer quasi genetischen Ungerechtigkeit, die er zu rächen sucht, indem er auf den Grabstätten der Gegner seine Größe glaubhaft zu erweisen hofft. Das wirklich Quälende dabei ist nicht einmal das Minderwertigkeitsgefühl als Ursache der tödlichen Erkrankung seiner Machtgier, das eigentlich Entsetzliche an seinem Zustand ist die geradezu fanatische Identifikation mit seinem negativen Ich, dem »Schatten«, den er im Sonnenlicht der Witwe seines Mordopfers zu sehen meint. Es klingt wie ein ganz fest gefaßter und endgültiger Entschluß, wenn *Richard* die Verlogenheit all seines Treibens offen eingesteht:

> Ich tu das Bös und schreie selbst zuerst:
> Das Unheil, das ich heimlich angestiftet,
> Leg ich den andern dann zur schweren Last!
> *Clarence*, den ich in Finsternis gelegt,
> Bewein ich gegen manchen blöden Tropf –
> Ich meine *Stanley*, *Hastings*, *Buckingham* (sc. die ihm ergebenen Lords, d .V.)
> Und sage, daß die Kön'gin und ihr Anhang
> Den König wider meinen Bruder (sc. *Clarence*, d. V) reizen! ...
> Nun glauben sies und stacheln mich zugleich
> Zur Rache ...
> Dann seufz ich ... und nach einem Spruch der Bibel
> Sag ich: Gott heiße Gutes tun für Böses! ...
> Und so bekleid ich meine nackte Bosheit
> Mit alten Fetzen, aus der Schrift gestohlen,
> Und schein ein Heil'ger, wo ich Teufel bin![33]

Mit diesen Worten überreicht er den genannten Spießgesellen seinen Mordauftrag an *Clarence* …

33 WILLIAM SHAKESPEARE: König Richard III., I. Akt, 3. Szene, in: Sämtliche Werke, S. 495.

C. Die Erlösung vom »Bösen« oder: Wiedergeburt aus Geist

Was ist zu tun mit einem solchen »Teufel« auf dem Thron? Diese Frage stellt sich jedem, der in die Geschichte auch nur der jüngsten Gegenwart hineinschaut: wer wohl war da nicht alles *Richards* Wiedergänger? *Hitler*, natürlich; aber dann auch *Stalin*; gleich nach 1989 im Irak *Saddam Hussein*, in Serbien *Slobodan Milošević*, in Rußland endlich *Putin*, in China für die Zukunft *Xi* – so wird es weitergehen, und weitergehen wird und soll die kriegerische Kampfbereitschaft in dem Aberglauben, mit militärischen Mitteln die Welt vom Bösen erlösen zu können. Jeder könnte wissen, daß es so nicht geht. Die Wahrheit liegt in dem, was *Richard,* leider zynisch spottend, *Anna*s Zorn entgegenhält: man überwindet, lehrt die Bergpredigt, das Böse nicht mit Bösem, – auf diese Weise wird es einzig bis ins Ungemessene vermehrt. Nur durch das Gute ist das Böse zu besiegen; das heißt: es geht gar nicht darum, es zu besiegen, es geht darum, die Gründe zu begreifen, aus denen es entstanden ist, und es in Durcharbeitung dieser Gründe von sich selber zu befreien; ja, es kommt ganz wortwörtlich darauf an, »mit Gutem Böses, Fluch mit Segen« zu beantworten (Mt 5,39; 5,44–47).[34]

»Aber *Richard* ist der Teufel!« – Ja, das weiß er und das sagt er von sich selber; doch wir werden »*Richard*« niemals los, indem wir mit Gewalt ihn »auszuschalten« suchen. Im Gegenteil: wir nehmen damit lediglich das Böse, das wir in ihm zu bekämpfen trachten, in unser eigenes Herz und in die eigene Handlungsweise auf; wir glauben, daß wir ihn, als wären wir Sankt *Michael*, wie er den Drachen aus dem Himmel auf die Erde warf (Apk 12,7–12)[35], jetzt von der Erde in die Hölle hetzen könnten, und merken scheinbar immer erst zu spät, daß wir gerade so die ganze Welt zur Hölle pervertieren. In einer »Wirklichkeit«, in der wir, kaum »erwachsen«, im Staatsauftrag als Bürger-

34 Zur Stelle vgl. E. DREWERMANN: Das Matthäus-Evangelium, I 500–509: Mt 5,43–48: Die wahre Gottesherrschaft ist die Feindesliebe.

35 Zur Stelle vgl. E. DREWERMANN: Tiefenpsychologie und Exegese, II 568–576: Apk 12,1–17: Die Vision von der gebärenden Frau und dem Drachen.

pflicht das Töten anderer Menschen üben und trainieren, ausüben und exekutieren sollen[36], leben wir längst schon in der Hölle, immer indessen in dem Wahn, im Kampfmodus das Böse zu besiegen. Wir selbst sind *Richard,* wenn wir so verfahren.

»Aber der Mann *ist* böse, man *kann* ihn nicht ändern, man kann ihn nur beseitigen.« – Ein solches negatives Menschenbild ist stets die Rechtfertigung zum Einsatz von Gewalt. »Ein böses Kind muß man mit Strenge *mores* lehren, man kann es bessern nur durch Prügelstrafe, – wer nicht hören will, muß fühlen …!« – Ach ja, in der Pädagogik sind derartige Denkweisen, Gott sei Dank, inzwischen obsolet, sie stehen gar juristisch unter Strafe; doch in der Politik belehren uns die »Könige« von heute immer noch oder schon wieder, daß es genau so richtig sei, und ihre Hofberater machen glauben, daß es anders auch gar nicht gehen könne, denn *»Richard«* ist ja keine Ausnahme, – *der* Mensch, *die* Menschen, alle sind sie so.

Und auch die Theologen pflichten ihnen bei. Selbst Gott muß züchtigen und strafen; die Hölle ist die Strafe, die er selbst am Jüngsten Tag verhängt; und wenn jemand, wie *Richard,* sich wissentlich und willentlich entscheidet für das Böse, dann sperrt er selbst sich in die Hölle ein[37] – für immer und auf ewig, unrettbar, sei er so verloren.

Hier allerdings besteht ein wesentlicher Unterschied. Wenn Theologen derart lehren, geben sie in eigener Regie Menschen verloren. Daß Jesus kam, die Spaltungen in Gut und Böse im Namen eines Gottes aufzuheben, der seine Sonne über alle scheinen läßt (Mt 5,45), der niemanden verloren gibt noch gehen läßt, haben diese Theologen scheinbar nie gehört; es ist für sie denn auch schier derart unerhört, daß sie es als gefährliches, anarchisches, zum Chaos führendes, närrisches »Schwärmertum« brandmarken und als Vermessenheit und Sünde abstempeln; wollte jemand ernsthaft im Sinne Jesu glauben, die Welt sei ganz allein durch Güte noch zum Guten hin zu bessern, so wird man ihn belehren, daß das Gottesreich, das Jesus uns zu brin-

36 Vgl. E. DREWERMANN: Nur durch Frieden bewahren wir uns selber, 124–128: Die Züchtung spezieller Killerprofis.

37 Vgl. E. DREWERMANN: Richtet nicht!, Bd. III 474–489: Die Art, wie Gott straft, oder: Die Hölle überlieben.

gen kam, noch nicht gekommen sei; wie aber soll es jemals kommen, wenn sogar Kirchentheologen der menschenverachtenden politischen Pragmatik zustimmen, man müsse Kriege führen, um seinem Gegner eine »Lehre« zu erteilen.

Politiker, gewiß, sind keine Psychologen; sie sehen Menschenmassen und nicht Einzelne als Menschen; sie treffen Maßnahmen aus Machtinteressen und nehmen nicht erst Maß an den Interessen derer, die am meisten Hilfe bräuchten. Mag das so sein, so bietet es doch nicht schon die Erlaubnis, einen Menschen – wie *Richard III.* – auf das Bild festzuschreiben, das er selber von sich malt und von sich gibt. Es ist in jedem Fall zu einfach, in die Behauptung auszuweichen: »Er ist halt so,« – als könnte man ihn wie ein paßgenau geschnittenes Stück Holz in ein schon vorgefertigtes Konstrukt einfügen. Freilich, auch Psychologen neigen zu der Ansicht, der Charakter, die Person eines Menschen sei das kaum noch veränderbare Resultat der Prägungen aus frühen Kindertagen, – vieles spricht in der Tat dafür, daß es sich weitgehend auch so verhält. Aber: Wenn jemand an sich selber leidet, wenn er, wie *Richard,* zu sich selbst in einem Mißverhältnis steht, wenn er ein König ist, der auf den Tod erkrankt ist an Verzweiflung, kommt es nicht länger darauf an, was Theologen oder Psychologen von ihm halten oder was eine bestimmte Art von Politik mit ihm bezweckt; entscheidend ist dann, wie er auf sich selber reagiert. Ein schwerwiegender Fehler ist es allemal, jener »Verstandeseinseitigkeit« Folge zu leisten, die das Ich einer Person mit der Totalität ihrer Psyche identifiziert; denn dann ist wirklich nicht zu sehen, wie ein *Richard* seinem selbstgeschaffenen Gefängnis je entrinnen könnte; Heilung, Erlösung, Besserung, Befreiung – alles das ist unvorstellbar innerhalb des Dogmas, Menschen seien nun mal, wie sie sind.

Von daher aber zeigt sich paradoxerweise jetzt in ihrem ganzen Ausmaß die Bedeutung eines Märchens wie der Geschichte vom »Wasser des Lebens«. Denn ohne Zweifel: es ist und will sein ein Erlösungsmärchen, und dies in dem so wichtigen Doppelbereich von Persönlichem und Politischem: in der Zentralfigur des kranken Königs und der Frage seiner Heilung. »Ach ja«, mag man abweisend antworten: »Märchen! Wunschdenken! Irreale Phantasien!« – Doch ist mit derlei Einwänden jetzt nicht mehr durchzukommen. Im Gegenteil: Phantastische, durch und durch krankhafte, psychotische Gedanken sind es, die in immer neuen Anläufen die ständige Gewaltanwendung in der Politik bis hin zu Mord und Krieg damit rechtfertigen, es lasse sich das Böse effizient nur mit Gewalt bekämpfen, und Menschen, die in ihrer eigenen Bosheit andere gefährden, müsse man halt so rasch wie möglich »kaltstellen« oder gleich »kaltmachen«, – als lasse sich rein rechnerisch die simple Gleichung aufstellen, je mehr der Bösen man vernichte, desto mehr werde die Zahl der Guten sich erhöhen. Nun aber: wenn die »reale« Welt, erläutert von Theologie, Psychologie und Politologie, derart als ein hermetisch abgeschlossenes Irrenhaus nicht endender Gewalt erscheint, was bleibt dann andres übrig, als einen Standpunkt *außerhalb* dieses Gefängnisses des Geistes aufzusuchen, der eine grundlegende Änderung ermöglicht und verheißt[38]?

Exakt das tut die Botschaft Jesu mit der Möglichkeit, die Angst im Hintergrund von Aggression und Destruktion durch die Vermittlung von Vertrauen im Gegenüber Gottes nach und nach zu überwinden, und als das Zeichen dafür steht das Bild der Taufe, eines Neubeginns, welcher die Selbsthervorbringung zum Dasein wie bei *Richard* durch eine wahre Wiedergeburt aus Wasser und aus Geist zu widerlegen wagt (Joh 4,13–14)[39]. Ein ähnliches beschreibt indessen auch das Märchen vom »Wasser des Lebens«: Es weist den Weg zurück zu einem Werden in der Wahrheit seiner selbst. Dafür greift es die gleiche Chiffre auf, die auch die Bibel wählt, indem sie spricht von einem Wasser, das den Tod besiegt (1Kor 15,25–26.29; 15,54–55). Das Märchen, wohlgemerkt, ist selbst nicht religiös, doch wird man es in der Symbolik der Geschichte einer wunderbaren Heilung durch ein wunderbares »Wasser« nur verstehen können, wenn man seine pro-

38 Vgl. E. DREWERMANN: Das Markus-Evangelium, I 376–389: Mk 6,1–6: Jesus in Nazareth oder: Die Provokation des Ungewöhnlichen; DERS.: Nur durch Frieden bewahren wir uns selber, 152–161: Passiver Widerstand als Haltung Jesu im Widerspruch zur Staatenwelt.

39 Vgl. zur Stelle E. DREWERMANN: Das Johannes-Evangelium, I 187–203: Joh 4,1–42: Die Frau am Jakobsbrunnen oder: Stufen der Wahrheit.

fane Psychologie in Mitberücksichtigung der religiösen Dimension der von ihm aufgeführten Problemstellungen und aufgezeigten Lösungswege Stelle für Stelle aus der Psychoanalyse in die Daseinsanalyse übersetzt.

Das zu tun ist äußerst wichtig, redet das Märchen doch von nichts Geringerem als von der Rettung des Scheinkönigtums all dieser *Richards*, in der Erkrankung ihrer eigenen Person wie in der Kränkung und Zerstörung ihres Wirkens in der Welt. Der Weg, der sich hier zeigt, entscheidet über alles. – Hören wir also zu, wie ein so schwieriges und schwerwiegendes Thema in der tiefsinnigen Schlichtheit eines Grimmschen Märchens abgehandelt wird, auf daß sich unser eignes Handeln und Verhalten wandle.

II Wenn nichts mehr zu machen ist oder: Die Suche nach einem anderen Leben

Märchen sind (manchmal) dadurch bereits heilsam, daß sie gewisse menschliche Konflikte und Probleme nicht begrifflich, wie von außen, analysieren, sondern in Bildsequenzen typisieren und als inneres Erleben konzentrieren. Dadurch laden sie zu dem Gespräch mit anderen ein, denen es ähnlich geht, und imgleichen mit sich selber bei der Suche nach einem gerade noch begehbaren rettenden Ausweg.

A. Die Ahnung eines neuen Seins oder: Eine tiefe Traurigkeit

Klar ist: man muß aus den alten Gewohnheiten aufbrechen in ein Neues, Unbekanntes, Abenteuerliches, Phantastisches, das man nie noch bislang sich hat ausdenken oder vorstellen können. Das ganze Ausmaß der bevorstehenden Umkehrung und Wandlung des vormals Gewohnten wird man nicht einmal von ferne ahnen, – zum Glück!, denn sonst würde man furchtsam sich in sich selbst verkriechen und im voraus resignieren. Es liefe auf eine idealistische Vereinfachung des Seelenlebens hinaus, wenn man die Rettung aus dem Abgrund der Verzweiflung des Daseins als eine freie »Entscheidung« des Bewußtseins sich ausmalte oder als einen willentlichen Entschluß zu einem »richtigen« »Selbstentwurf« erklären würde; in Wahrheit geht es als erstes um die Preisgabe des »königlichen« Souveränitätsanspruchs. Man muß realisieren, daß man nicht einmal »Herr« im eigenen Hause ist!

Denn so stellt sich jetzt die Lage dar: Wer ist man selbst? – Man weiß es nicht; man weiß nur, daß man nicht ist, was man glaubte, sein zu müssen oder zu sein sich aufgezwungen hat. Das »Königsein«

entlarvt sich in der tödlichen Erkrankung der Verzweiflung als Trug, als Selbstbetrug.

Was also soll man tun? – Ein Leben lang hat man gemeint, es anderen vorschreiben zu können und zu sollen, – auch diese Einbildung entpuppt sich jetzt als schiere Anmaßung. Man weiß nicht ein noch aus, *das* ist die Wahrheit; die Einsicht dämmert, daß jetzt überhaupt nichts mehr zu »machen« ist; der Pragmatismus des »ich weiß schon« und »ich kann schon« und »ich werde es schon hinbekommen« ist und war, wie sich jetzt zeigt, in der Gesamtanlage irrig; nicht eine neue »Maßnahme« führt in die Freiheit, einzig eine neue Formung des Lebens nach Maßgabe der eigenen Persönlichkeit. – »Und wie, bitte, soll das geschehen?« – Wie es geschehen *kann*, wenn man nach und nach lernt, es geschehen zu lassen, beschreibt eben diese Geschichte vom »Wasser des Lebens«.

Es war der Theologe PAUL TILLICH, der die Erlösung des Menschen durch die Botschaft Jesu als solch ein »neues Sein« bezeichnete und damit die Einsichten der Psychoanalyse und der Existenzphilosophie (FREUD und KIERKEGAARD) zu einem heilsamen Sprechen von Gott zusammenführte[40]. Menschen können aus ihrer Verlorenheit nur zu sich selber zurückfinden, wenn sie sich bedingungslos, im Absoluten, angenommen fühlen. Wohl alle Menschen werden davon irgendwie aus eigener Erfahrung Kenntnis haben; und doch werden sehr viele, mutmaßlich die meisten, sich weigern, die notwendigen Konsequenzen für ihr Selbstverständnis und für ihre Lebensführung daraus zu ziehen, liefen solche Einsichten doch auf eine totale Selbstentmächtigung hinaus, ganz entgegen der bisherigen Selbstermächtigung in *Richard*schem Format. Kein Wunder, daß zu Anfang einer

40 PAUL TILLICH: Das neue Sein, in: Die neue Wirklichkeit, 1962. Es ist an sich zutreffend, für unser Märchen aber zu wenig, mit JOSEPHINE BILZ: Menschliche Reifung im Sinnbild, in: Märchenforschung und Tiefenpsychologie, 162, das Krankheits- und Todesthema als ein mögliches Reifungssymbol zu deuten, indem »im Unbewußten das Hintersichlassen einer Lebensstufe als ein Sterben verbildert werden kann.« Dieser König ist ja nicht »todkrank«, weil er sich weiterentwickelt, sondern er muß durch »Weiterentwicklung« oder richtiger: durch eine radikale Umkehr seiner Lebenseinstellung ein ganz anderer werden, um seinem Unleben zu entkommen.

derartigen Neuwerdung alles widersprüchlich wird; es spricht insofern für die Menschenkenntnis vieler Märchen, daß sie ihre Erzählung mit eben solchen Widersprüchen einleiten, verteilt gern, wie zum Beispiel in der verwandten Geschichte vom »Goldenen Vogel« (KHM 57)[41], auf drei Brüder, die im Zwiespalt ihrer Grundeinstellung zusammengehören.

Allein schon dies ist der Betrachtung wert: kein Mensch, am wenigsten jemand, der sich als »König« aufführt, kann nur »König« sein; seine Person weist viele Seiten auf, die nach Art von psychischen Komplexen relativ unabhängig voneinander auftreten und sich einer zentralen Steuerung durch den »monarchischen« Machtanspruch des Ichs tunlichst entziehen. Wohl bleiben sie als »Söhne« dieses »Königs« dem Ich zugehörig und agieren irgendwie in dessen Auftrag, doch wie sie diesen ihren Auftrag ausführen, entscheiden sie entsprechend ihrer Eigenart in eigenwilliger Selbstständigkeit. Nur: woher sollten sie wohl wissen, was ihr Auftrag sei, wenn es der »König« selbst nicht weiß? Er droht zu sterben; man muß etwas finden, was ihn retten könnte; doch was soll das sein?

Vieles kommt jetzt zusammen: Hilflosigkeit, Todesahnungen, Endzeitgefühle, nebst dem Empfinden, es entgleite alles, unwiderruflich und endgültig; – das Bündel einer solchen Gefühlsmischung macht sich bei den drei Söhnen als tiefe Traurigkeit bemerkbar: sie gehen in den Schloßgarten und weinen.

Tränen sind stets ein Ausdruck tiefer Gefühle, gleich, ob von Freude oder von Leid; sie sind in jedem Falle das Signal einer starken emotionalen Erschütterung, die sich beim besten Willen nicht wegdrücken läßt. Wenn es *Söhne* sind, die bei der Nachricht von der tödlichen Erkrankung ihres Vaters in Tränen ausbrechen, ist man geneigt zu glauben, daß sie aus Mitleid um ihn weinten. Ganz falsch ist eine solche Annahme wohl auch nicht, doch ist sie auch nicht ganz richtig. Genau betrachtet, weint niemand über jemand anderen, sondern stets über sich selbst. Der Vater tut unzweifelhaft mit seiner Krank-

41 Vgl. E. DREWERMANN: Der goldene Vogel. Märchen Nr. 57 aus der Grimmschen Sammlung, Solothurn – Düsseldorf 1982, [9]1993; in: Landschaften der Seele oder: Wie uns die Liebe verzaubert, 171–314.

heit seinen Söhnen leid, doch mehr noch tun sie sich selber leid bei dem Gedanken, ihn womöglich bald schon und für immer verlieren zu müssen. Gleichviel wie sie zu ihrem Vater bisher standen, – sein Ableben bedeutet für sie allemal so etwas wie einen Schicksalseinbruch, der ihr ganzes Dasein von Grund auf verändern wird: die Zeit des sorglosen, beschützten Prinzendaseins mit all den Vorzügen einer ererbten Würde ohne die Last besonderer Verantwortung, droht nunmehr abgelöst zu werden von der abrupten Forderung, fortan ohne den Vater auskommen zu sollen, ja, mehr noch, ihn ersetzen und irgendwie auch seine Rolle übernehmen zu müssen. Auf diese plötzliche Nötigung zu einer jähen Progression ihrer psychischen Entwicklung reagieren die »Söhne« verständlicherweise mit dem Fluchtmechanismus der »Regression«[42]: sie finden sich im *»Schloßgarten«* wieder. Das ist der rechte Ort, an dem sie weinen können, ohne sich zu schämen.

B. Regression und Neuanfang oder: Das Paradies-Symbol des Gartens

Von alters her assoziiert man das Wort »Garten« mit der Vorstellung vom Paradies[43], einer Stätte der Unbedrohtheit und der Eintracht, an

42 SIGMUND FREUD: Zur Einführung des Narzißmus, in: Ges. Werke, X 151, setzt »den Mechanismus der Erkrankung und Symptombildung bei den Übertragungsneurosen« sowie »den Fortschritt von der Introversion zur Regression« in Verbindung mit einer »Stauung der Objektlibido.« – CARL GUSTAV JUNG: Über die Energetik der Seele, in: Ges. Werke, VIII 35–44: Progression und Regression, S. 39, meint: »Wenn das Denken als Anpassungsfunktion versagt, weil es sich um eine Situation handelt, an die man sich nur durch Einfühlung anpassen kann, so enthält das durch Regression aktivierte unbewußte Material eben die fehlende Fühlfunktion, aber noch in ...archaischer und unentwickelter Form.« In der Progression sieht er eine Anpassung an die Umwelt, in der Regression an die Anforderungen der Individuation (S. 43).

43 Zum Thema Garten vgl. WOLFGANG TEICHERT: Gärten. Paradiesische Kulturen, Stuttgart 1986; E. DREWERMANN: Strukturen des Bösen, I 356–413: Von dem Geschenk des Lebens oder: Das Welt- und Menschenbild der Paradieserzählung des Jahwisten (Gen 2,4b-25); II 17–38: Die Erschaffung

welcher Mensch und Tier, Kultur und Natur einander wechselseitig sich ergänzen können und konfliktfrei zueinander finden. Die Ureinheit des Kindes mit der Mutter schwingt in diesem Bild vom Paradiese mit, und gerade dorthin sehnt in diesem Augenblick der Kummer der drei Königssöhne um den Weggang ihres Vaters sich zurück. Dem Anspruch, ab sofort zu seiner Königsgröße aufzuwachsen zu sollen, weichen sie aus mit ihrem Rückzug in den Wunsch, auch weiterhin klein sein zu dürfen, beschützt und geborgen in mütterlicher Obhut. Ihr Weinen fleht nach Kinderart um Trost und Beistand; die aber können jetzt nicht mehr von außen kommen, sie müssen sich von innen her einstellen.

Ein Mißverständnis psychoanalytischer Begriffe ergibt nicht selten sich aus einer vulgarisierenden Vereinfachung; was einem besseren Verstehen dienen sollte, gewinnt leichthin den Unterton des Abwertenden und Abweisenden: »Regression« etwa bedeutet dann so viel wie Kapitulation und Feigheit. So ist es aber nicht, – so *muß* es jedenfalls nicht sein. In aller Regel ist Regression ein *reculer pour mieux sauter*, – man tritt ein paar Schritte zurück, um einen besseren Anlauf für den beabsichtigten Weitsprung zu gewinnen. Die Regression mag, wie hier, durch ein äußeres Ereignis bedingt sein, doch psychisch bietet sie zumeist die Chance zu einem inneren Neuanfang.

Allerdings, Fragen dazu gibt es genug. Wie soll es mit den Prinzen fortan weitergehen? Wenn sie den Vater vor dem Tod bewahren könnten, erhielten sie wenigstens einen Zeitaufschub, um nachzudenken, was seine tödliche Erkrankung heilen könnte, und, sonderbarerweise für die rationale Logik, doch psychologisch durchaus folgerichtig, enthält der Regressionsvorgang als solcher bereits einen derartigen Hinweis auf die notwendige Neubesinnung: Ist eine Welt, in der man Weinen schlicht als weichlich und als weibisch abtut, nicht in sich selber pathogen? Bewirkt das Groß-dastehen-Müssen in Königsmanier nicht womöglich durch sich selber schon die tödliche Erkrankung der Verzweiflung, – in einem Königs-Leben, das kein Leben ist, mit einem Ich, das in der Fülle seiner Titel, Rollen und

des Menschen und das Paradies; IVAR LISSNER: Wir alle suchen das Paradies, 13–44: Das biblische Paradies.

Gewänder sich selber fremd geworden ist, gefangen in einem Geflecht von Beziehungen, die durch Gewalt, Gehorsam, Gegnerschaft und Gigantomanie *Richard*scher Prägung unheilvoll ineinander verwoben sind?

C. »Eigentlich wußte man es immer schon« oder: Das Bild des »alten Mannes«

Die Regression zum Kindsein in Geborgenheit, Vertrauen und Gemeinsamkeit ist dann nicht eine bloße Flucht in die Vergangenheit, sondern vor allem die Erinnerung an eine Form des Lebens, die im Bild des Paradieses die Richtung eines »gesunden« Lebens vorgibt. Ein individuelles instinktives Wissen spricht sich darin aus, gestützt von einer kollektiven kulturellen Weisheit, verkörpert im Märchen klassisch in der Gestalt eines *alten Mannes*. Was er zu sagen hat, ist nicht ein Unbekanntes, Neues, es ist vielmehr ein Altbekanntes, das nur allzu lang verleugnet wurde.

Ein wichtiges Moment der Weisheit dieses Alten erzeigt sich bereits darin, daß er nicht von vornherein als »wissend« auftritt. Er tritt den Prinzen nicht als jemand gegenüber, der immer schon Bescheid weiß und ihnen ungefragt bestimmte Ratschläge aufdrängt. Vielmehr fühlt er sich durch ihr Weinen angezogen und fragt sie in der Absicht, ihnen beizustehen, nach den Gründen ihres Kummers; auf diese Weise weckt er ihr Vertrauen, so daß sie vorbehaltlos ihm ihre Sorgen offenlegen können: ihr Vater sei erkrankt und werde wohl bald sterben, denn kein bekanntes Mittel wolle helfen.

In diesen Worten geht die Rede nicht von der Bedeutung eines Königs und den Folgen seines Todes für ein ganzes Land; die Trauer der drei Prinzen gilt allein dem Vater als Person. Alle Kinder, die in einer freundlichen Beziehung zu ihrer Mutter, ihrem Vater sich befinden, werden in solcher Lage ähnlich fühlen: sind sie in gewissem Umfang nicht verantwortlich für das Leben ihrer Eltern? und ist es dann nicht ihr Versagen, ihre Schuld, wenn sie nicht wissen, wie die tödliche Erkrankung ihres Vaters sich beheben ließe? Und doch:

der alte Mann spricht hier zu ihnen ähnlich wie ein Schamane in einer Stammeskultur[44], wie ein Seher bei den Griechen[45] oder auch wie ein Prophet in der Bibel[46]: er sieht die lebensgefährliche Krankheit des Königs nicht als medizinisch verursacht an, sondern er betrachtet sie als das psychisch bedingte Ergebnis einer verhängnisvoll falschen Lebenseinstellung, dagegen nur *»noch ein Mittel«* zu helfen verspricht: das *»Wasser des Lebens«*, das jeden heilt, der davon trinkt. Dieses Wasser freilich ist schwer zu erlangen.

Üblicherweise hält man Wunder-Heilmittel für die magischen Rezepte primitiver Medizinmänner, doch übersieht man dabei die symbolisch-religiöse Komponente in dem Denken eines solchen *»alten Mannes«*. Was er empfiehlt, ist kein Medikament, das sich vom Arzt verschreiben und in der Apotheke aushändigen ließe; was er als einzig lebensrettend vorschlägt, ist das sakramentale Symbol einer radikalen Umkehr zur Lebenserneuerung. Von der christlichen *Taufe* läßt sich theologisch im angegebenen Sinne einer solchen Umkehr sagen, sie bedeute und ermögliche die Rückkehr gerade in das ersehnte und verlorene Paradies vertrauensvoller Geborgenheit. Dieser »Garten Eden« (hebr.: Garten der Freude) läßt sich indessen nicht kartographisch als ein Ort im Raum aufsuchen[47], er markiert vielmehr einen existentiellen Standpunkt, der den Traum von einem glücklich gelingenden Leben real erlebbar macht.

44 Vgl. E. DREWERMANN: Tiefenpsychologie und Exegese, II 79–95: Wie ein Schamane fähig wird, zu heilen.

45 A. a. O., II 143–157: Pythagoras oder: Die Heilung durch die Harmonie; 158–169: Empedokles oder: Die Heilung durch das Wort und die Frage des »Naturwunders«; 169–174: Orpheus oder: Die Heilung durch die Musik.

46 A. a. O., II 355–377: Prophetien und Propheten oder: Visionen zwischen Ich und Du. – Zu der Gestalt des *alten Mannes* als Darstellung des Geistigen vgl. CARL GUSTAV JUNG: Zur Phänomenologie des Geistes im Märchen, in: Ges. Werke, IX 1, S. 293–246.

47 Vgl. IVAR LISSNER: Wir alle suchen das Paradies, S. 26: »Das Paradies des Neuen Testaments ist eine Landschaft der Hoffnung, kein Hades, keine labyrinthische Unterwelt, in der die sich selbst überlassenen Seelen lichtlos dahinvegetieren. Das Paradies ist Ursprung und Ziel, und der Lebenslauf dazwischen ist ein Weg, der im Paradies beginnt und dort auch wiederum endet.«

Biblisch beschreibt das Paradies, der »Garten« Eden, ein Dasein *vor* dem »Sündenfall«; in der kirchlichen Dogmatik wird darunter leider fälschlich die Übertretung eines göttlichen Verbots in Stolz und Ungehorsam verstanden, tatsächlich aber schildert die allseits bekannte Geschichte von der »Sünde« *Adams* (hebr.: des Menschen) und seiner Frau *Eva* (hebr.: des Lebens), wie das menschliche Dasein in Angst aus der Geborgenheit des Vertrauens in Gott herausfällt und sich im Exil der Gottesferne wiederfindet als ungewollt und unberechtigt[48]. Fortan bietet die ganze menschliche Geschichte, wie gesagt, die Bühne für die Aufführung der nicht endenden Tragödie von »Königen« nach Art *Richards III.*

D. Wandlung als Rettung oder: Wiedergeburt aus Gnade

Was der alte Mann im Märchen mit dem Wasser des Lebens als Heilmittel dagegen zu empfehlen weiß, ist das uralte Menschheitswissen einer nie verloschenen »Sehnsucht nach dem Ursprung«, wie MIRCEA ELIADE das unzerstörbare Verlangen eines jeden nach einem unverfälschten, wahren, eigentlichen Sein genannt hat[49].

48 Vgl. E. DREWERMANN: Strukturen des Bösen, I 97–106: Die verbannten Kinder Evas (Gn 3,20–24).

49 MIRCEA ELIADE: Die Sehnsucht nach dem Ursprung, 115–141: Paradies und Utopie: Mythische Geographie und Eschatologie. – Wenn man das *Erlösungsmotiv* im Märchen vom »Wasser des Lebens« als zentrales Thema betrachtet, wird man es nicht als bloße Rückwärtsprojektion aus späterer Sicht auffassen können, wie BRUNO JÖCKEL: Reifungserlebnis im Märchen, in: Märchenforschung und Tiefenpsychologie, 197, es generell als eine »künstlerische Gestaltung ... der altersreifen Menschen, die wir Märchen nennen«, annimmt; »denn«, sagt er, »aus der Rückschau auf eigenes Erleben, getragen vom Erberinnern aus uralter Vergangenheit, gestützt auf die ewiggültige Sprache der Traumsymbolik entsteht das Erlösungsmärchen«. Es geht bei »Erlösung« nicht um einen Vergleich von Heute und Damals, sondern um den Gegensatz von innerem Wesen und (äußerer) Wirklichkeit in der menschlichen Existenz und der menschlichen Geschichte. Daß der Inhalt der Märchen »jenseits von Gut und Böse« steht und »sich ... mit den Forderungen bürgerlicher Moral nicht decken« kann (a.a.O.), läßt sich nicht »lebensgesetzlich« relativieren, sondern bedeutet eine prinzipielle

Will man konkretisieren, was damit gemeint ist, so geht man am besten die »Gebote« oder, richtiger, die Angebote durch, die in der Bergpredigt der Mann aus Nazareth zur Rettung der gesamten Menschheit aus den Verheerungen der »Erbsünde« zur »Umkehr« vorgeschlagen hat, – sie tragen nichts Geringeres im Sinn, als die Denk- und Verhaltensweisen unserer sogenannten »Normalität« aus ihrer angstbedingten Selbstübersteigerung zu einer echten Selbstidentität und Selbstannahme zurückzuführen. Mit ihnen hat der Christus aus dem, was psychologisch vorhin noch als Regression bezeichnet wurde, die religiöse Wahrheit eines kindlichen Vertrauens im Gegenüber Gottes als unseres eigentlichen Vaters, Königs, Schöpfers und Beschützers unseres Daseins ausgeformt.

Wie da ein angstbefreites, in sich stimmiges, noch einmal von vorn beginnendes Lebenskonzept aussehen könnte, spricht sich programmatisch gleich am Anfang der Bergpredigt in den Worten der Seligpreisungen aus: Da werden als richtig lebend vor Gott die Menschen bezeichnet, die ihre Armut und Armseligkeit erkennen und anerkennen (die »Armen im Geiste«, Mt 5,3), – sie existieren so, wie Gott es möchte (»ihrer ist das Himmelreich«), in dem Bewußtsein, daß alles, was sie sind und haben, ein Geschenk ist, das sie anderen, die genau wie sie in ihrer Armut einzig leben aus Erbarmen (Mt 5,7), als selbstverständlich weitergeben[50].

Aufhebung eben dieser bürgerlichen Moral. Darin gerade besteht die »Erlösung«!

50 Vgl. E. DREWERMANN: Das Matthäus-Evangelium, I 367–427: Die Bergpredigt und die Seligpreisungen, S. 395–403: Glücklich die sich Erbarmenden, denn sie werden Erbarmen finden. – FRANZ VONESSEN: Der wahre König, in: Vom Menschenbild im Märchen, S. 21, verweist auf die »Teil-Identität zwischen dem wahren und ersten König, der Vernunft, und dem der Vernunft gehorchenden Menschen« und erinnert an die Gestalt des Christus als des wahren Königs, des Königs der Könige und Herrn aller Herren (1Tim 6,15; Apk 17,14; 19,16). Wer ihm folgt, erhält »die Krone der Gerechtigkeit« (2Tim 4,8) bzw. »die unverwelkliche Krone der Herrlichkeit« (1Petr 5,4). Die Weisheit, »die von oben herabkommt«, ist nicht »irdisch, menschlich und teuflisch«; sie ist »zuerst lauter, dann friedfertig, gütig, läßt sich … sagen, ist reich an Barmherzigkeit … Die Frucht der Gerechtigkeit wird gesät in Frieden« (Jak 3,15–18). Diesem Bild eines »wahren« Königs, der die tödliche Krankheit« eines falschen Königtums heilt, entspricht im Märchen der jüngste Königssohn.

Klarer, eindeutiger, kontrastreicher und herausfordernder läßt sich nicht sagen, wie verkehrt, wie gnadenlos wir mit uns selbst und anderen verfahren, wenn wir den Ausfall der Bejahung und Bestätigung unseres Daseins durch die Güte Gottes zu kompensieren suchen mit der Negierung unserer so schmerzhaft empfundenen eigenen Negiertheit[51]; wir müssen dann uns selber zu bestätigen suchen durch die Anerkennung anderer: durch Machtgewinn, Karriere, Dominanzverhalten und besonders durch den Erwerb von Geld und Geltung. Auf diese Weise widerlegen wir anscheinend das Gefühl unserer Armut, doch sind wir am Ende noch weit ärmer mit uns dran als je zuvor; die Sehnsucht nach dem Ursprung treibt uns von dem Ziel, das wir erreichen möchten, nur immer weiter und immer schneller in die verkehrte Richtung fort, hinweggeschleudert wie die Sprengstücke nach einer Explosion: wir haben unsere Nichtigkeit im Dasein zwar erkannt, doch können wir damit nicht richtig leben, solange wir den Hintergrund nicht wiederfinden, der uns trägt.

Der alte Mann im Märchen, der auf das heilende Wasser des Lebens als auf das einzige Rettungsmittel gegen die *Verzweiflung* des Daseins im Schatten von Tod und Vernichtung verweist, deutet nur an, was die damit gemeinte geistige Wiedergeburt existentiell bedeutet, doch der Fortgang der Erzählung wird es auf eindringliche Art *ver*deutlichen. Das Märchen wird den Leser bei der Hand nehmen und ihn selber spüren lassen, warum es so »schwer« sein wird, das Wasser des Lebens aufzufinden: die größte Schwierigkeit nämlich wird darin liegen, den vermeintlichen Schutz jener narzißtisch-kompensatorischen Selbstvergrößerung fahren zu lassen und vorliebzunehmen mit dem, was wir wirklich sind.

Wie oft in Märchen, ist der kranke König auch in der Geschichte vom »Wasser des Lebens« Vater von drei Söhnen; mit anderen Worten: was aus ihm wird, was seine Zukunft ist, diktiert nicht mehr das Machtwort seines Herrscher-Ichs, sondern die Handlungs- und Ver-

51 Vgl. JEAN-PAUL SARTRE: Das Sein und das Nichts, 2. Teil: Das Für-Sich, II. Die Faktizität des Für-sich, S. 132–138; vgl. E. DREWERMANN: Strukturen des Bösen, III 203–204: Kontingenz und Transzendenz.

haltensweise all der Seelenanteile, die zwar zu ihm gehören, doch ihm nicht ohne weiteres gehorchen.

Das Zahlenspiel von drei und eins hat in der Interpretation von C. G. JUNG eine Erklärung in den vier gegensätzlichen und doch zusammengehörigen Seelenkräften von Gefühl und Verstand sowie von Empfindung und Intuition gefunden, die sich wechselseitig ausschließen und von denen sich *eine* bestimmende Kraft auf Kosten ihres Gegenteils durchsetzt[52]; dieses Schema läßt sich nicht generell auf alle Märchen übertragen, die bereits in ihrer Erzähltechnik dreimalige Wiederholungen bevorzugen (die *regula de tri),* doch in jedem

52 Zumeist ist die *Dreiheit der Söhne* ein Bild für die »Dreifaltigkeit der Seelenkräfte« von Denken, Fühlen und Wollen, wie RUDOLF MEYER: Die Weisheit der deutschen Volksmärchen, 115, meint. – C. G. JUNG: Zur Phänomenologie des Geistes im Märchen, in: Ges. Werke, IX 1, S. 251, sieht in der Drei eine männliche, in der Vier eine weibliche Zahl; die Vier betrachtet er als Ganzheitssymbol; DERS.: Versuch einer psychologischen Deutung des Trinitätsdogmas, in: Ges. Werke, XI, S. 195–204: Die Psychologie der Quaternität, S. 197, meint: »Der *Vater* bedeutet … den früheren Bewußtseinszustand, in welchem man noch Kind ist, d. h. abhängig von einer bestimmten, vorgefundenen Lebensform, einem *Habitus, der Gesetzescharakter hat.* Es ist ein hingenommener, unreflektierter Zustand, ein bloßes Wissen um ein Gegebenes ohne intellektuelles oder moralisches Urteil … Auf individuellem Niveau tritt eine Änderung in der Regel dann ein, wenn der Sohn sich anschickt, an die Stelle des Vaters zu treten. Es kann dies nach archaischem Muster durch einen quasi-Vatermord geschehen, d. h. durch gewaltsame Identifikation mit dem Vater mit nachfolgender Beiseiteschiebung desselben. Das ist aber … ein Beibehalten des ursprünglichen Habitus … Die legitime Lösung besteht in einer bewußten Unterscheidung vom Vater und dem von ihm repräsentierten Habitus.« Im Märchen vertreten die ersten beiden Söhne die gewaltsame Beibehaltung des Alten, während der dritte Sohn für eine bewußte Ablösung und Alternative steht. – MARIE-LOUISE VON FRANZ: Zahl und Zeit, 99–107: Die Drei als Rhythmuskonfiguration von prozesshaften Aktualisationen im menschlichen Bewusstsein und in der Körperwelt, S. 104, meint: »Drei würde … bedeuten: eine Einheit, welche, dynamisch sich ausbreitend, linear-irreversible Prozesse … in unserem Bewußtsein (z. B. das diskursive Denken usw.) erzeugt.« – CARL GUSTAV JUNG: Psychologische Typen (1921), in: Gesammelte Werke, VI 357–444: Allgemeine Beschreibung der Typen, schildert S. 413–440 die Grundfunktion von Denken und Fühlen sowie von Empfinden und Intuition bei extravertierter und introvertierter Einstellung und kommt (S. 441) zu dem Ergebnis, »daß neben der am meisten differenzierten Funktion stets eine zweite Funktion von sekundärer Bedeutung … im Bewußtsein vorhanden … ist.«

Falle gibt es die Warnung vor, weder in der Deutung von Märchengestalten noch in der Betrachtung menschlicher Personen die Vielfalt ihrer verschiedenen seelischen Aspekte ungebührlich zu vereinfachen, statt ihnen mit Aufmerksamkeit nachzugehen.

E. Der Unterschied der Einstellung oder: Der Kontrast der drei Söhne

Da gilt es auf dem Wege zum Wasser des Lebens als erstes etwas zu lernen, das man als eine klassische, beinahe schon stereotype Botschaft der Märchen begreifen muß und das sich erneut deckt mit einem Worte aus dem Munde Jesu: »Viele Erste werden Letzte sein und die Letzten Erste« (Mk 10,31).[53] Die umstürzende Schärfe dieses Ausspruchs versteht man in vollem Umfang erst, wenn man das »viele«, wie im Hebräischen üblich, als Totalaussage nimmt und mit »alle« wiedergibt[54]: um an das Wasser des Lebens zu gelangen, um die Neuwerdung an sich zu erleben, die es im Bild der Wiedergeburt andeutet, ist eine vollkommene Umwertung in der Beurteilung von Hoch und Niedrig, Oben und Unten, Gewinn und Verlust, Herr und Knecht, Geachtet und Verachtet, Spitzenreiter und Nachzügler vorzunehmen.

1. *Die Tragik der zwei Ältesten oder: Das notwendige Scheitern der mitgebrachten Grundhaltung*

Das Wissen um die Notwendigkeit einer solchen Revolution der Bewertungsmaßstäbe ist in der Tat sehr alt, – bereits die Bibel erzählt davon. Als etwa *Samuel* in Bethlehem einen der Söhne *Isais* zum König salben soll, erscheinen ihm die ersten drei, *Eliab* und *Abinadab*

53 Vgl. zur Stelle E. DREWERMANN: Das Markus-Evangelium, II 115–128: Mk 10,17–31: Von Armut und Reichtum.

54 Begriffe wie »viel« und »wenig« sind als quantitative Einheiten höchst relativ in ihrer Bedeutung: »ein Haar« ist »wenig« bei Alopezie, »ein Haar« ist (zu) »viel« in der Suppe … Das Hebräische greift die Vorstellung von »vielen« als überwältigenden Eindruck von Totalität im Sinne von »alle« auf, wenige sind dann gleich nichts.

sowie *Schamma*, nach Wuchs und Aussehen als durchaus zum Königsein geeignet; doch Gott erwählt zum König statt ihrer den Jüngsten, *David*, der die Schafe hütet, denn so heißt es: »Ein Mensch sieht, was vor Augen ist; der Herr jedoch schaut in das Herz« (1 Sam 16,1–13).

Darin also besteht die vornehmliche Schwierigkeit beim Auffinden des Lebenswassers: man darf nicht länger mehr den äußerlichen Wertsetzungen und ihren verführerischen Wertschätzungen zu folgen suchen, – was da für »groß« gehalten wird, ist in den Augen Gottes, in den Augen Jesu nichts als Lug und Trug. Was stimmt von innen her? *das* ist die Frage, und das gilt es in der Erzählabsicht auch unseres Grimmschen Märchens jetzt herauszufinden.

So wie es im eigenen Seelenhaushalt bestimmte Eigenschaften und Fähigkeiten gibt, die wir bevorzugen und durch ständigen Gebrauch besonders schulen, so pflegt im Haushalt von Familien stets eine Hierarchie von Brauchbarkeiten sich zu bilden: mehr oder weniger wird man dem Ehepartner und einzelnen Kindern bestimmte Aufgaben am ehesten antragen; hinzu treten Rollenerwartungen, die sozial und kulturell gewisse Abstufungen vorgeben und je nach dem gesellschaftlichen Rang um so strenger einzuhalten sind.

a) Der Erstgeborene oder: Wer stirbt für wen?

Woher speziell das *Erstgeburtsrecht* stammt, ist schwer zu sagen, – vielleicht aus der besonderen Aufmerksamkeit und Freude über das erste, gänzlich neue Kind, auf dem die Hoffnungen der Eltern eine Weile lang ausschließlich ruhen; ganz sicher freilich sagen kann man, daß diese Rechtsinstitution sehr alt ist[55]. Bekannt ist etwa, erneut aus der Bibel, der Streit zwischen *Jakob* und *Esau*, wer als Erstgeborener den Segen und damit das Erbe seines Vaters auf sich ziehen darf (Gen

55 Vgl. ROLAND DE VAUX: Das Alte Testament und seine Lebensordnungen, II 293–294: Das Gesetz der Erstgeburt. Ex 22,28f. verfügt absolut den Loskauf der menschlichen Erstgeburt als Ersatz für ein Opfer an Gott, während die Erstgeburt der Tiere geopfert wird. Ex 13,11–15; 34,19f. sind wohl Abmilderungen der jüngeren Priesterredaktion. Die Begründung findet sich I 80: »Als Erstlingsgabe der Ehe waren die Erstgeborenen Gottes Eigentum.« Von alters her wird die Thronfolge durch »das dynastische Prinzip«, d. h. in Erbfolge, geregelt (I 149).

27,1–40; vgl. den Streit zwischen *Lea* und *Rachel*, Gen 29,16–30). Schon gar an Königshöfen gilt, wie in England noch bis heute, daß der älteste Sohn als designierter Thronnachfolger zu betrachten ist. Der Zweck dieser Tradition dürfte darin liegen, mörderische Machtkämpfe, so gut es geht, von vornherein zu unterbinden. Allerdings muß der älteste der Söhne sich auch selbst die Königswürde zutrauen und zuschreiben; üblicherweise wird er deshalb sein Leben lang dahin erzogen werden.

Insofern liegt es nahe, daß es auch in unserem Märchen der älteste Sohn ist, der zu seinem sterbenskranken Vater geht und ihn um die Erlaubnis anhält, das Wasser des Lebens zu suchen, »*denn das könnte ihn allein heilen*«. Bei dieser Bitte sieht der Sohn sich in der ihm auferlegten Rolle eines Retters, der bereits über das nötige Wissen verfügt und nur noch den rechten Weg zum Ziel zu finden braucht.

Gerade auf diesem Wege aber lauern unbekannte Gefahren, vor denen der Vater seinen Sohn entschieden bewahren möchte. Jeder der beiden empfindet Verantwortung für das Leben des anderen; der Sohn für den Vater, der Vater für den Sohn, und für beide ergibt sich daraus eine eigentümliche Ambivalenz: Der Sohn könnte im Erfolgsfall den Beweis seiner Tüchtigkeit und Tauglichkeit für den Antritt der Thronnachfolge ablegen, gleichzeitig aber würde sich mit der Lebensverlängerung des Vaters der Zeitpunkt dafür unnötig hinauszögern, – es muß ihm schon wirklich an seinem Vater gelegen sein, wenn er einen solchen Aufschub in Kauf nimmt. Umgekehrt verhält es sich bei seinem Vater: lieber stürbe er, als mit dem Wunsch zum eigenen Weiterleben das Leben seines Sohnes aufs Spiel zu setzen. Läge es im übrigen nicht auch in der Ordnung der Dinge, daß Eltern vor ihren Kindern dahinscheiden? Welch ein Vater möchte mit dem Vorwurf leben, trotz seines fortgeschrittenen Alters die Lebensaussichten seines Sohnes verkürzt zu haben, nur um die Zeitspanne der Endlichkeit des eigenen Daseins um ein weniges, unbekannt wie lang, hinauszuzögern? – In der *Alkestis*-Tragödie des EURIPIDES steht eben diese Frage, wer für wen am ehesten in den Tod gehen sollte, im Mittelpunkt heftiger Vorwürfe zwischen *Admetos*, dem Geliebten der

Alkestis, und seinem Vater *Pheres*, dem König von Pherai[56]. Jeder möchte von Natur aus leben, solange es geht, doch ob es sich lohnt, noch länger zu leben, hängt von der Sinnerfüllung der gewonnenen Jahre ab; und so denn lehrt es die Liebe: lieber selber sterben, als sich ein Dasein erkaufen mit dem Tod eines anderen.

So will der König im Grimmschen Märchen seinen Sohn denn auch nicht ziehen lassen, – zu groß scheinen ihm die Gefahren des Weges. Doch weiß er auch: wenn er mit seiner Sorge den Sohn weiter bei sich behält, wird er selber sehr bald von ihm sich verabschieden müssen. Vermutlich ist das letztlich auch das ausschlaggebende Argument, das bei den weiteren Bittgesuchen des Sohnes den Vater umzustimmen vermag. – Ganz uneigennützig freilich ist die Motivation dieses ältesten Sohnes dabei keineswegs: Rettet er wirklich dem Vater das Leben, so hat er gewiß sich dessen dankbare Zuneigung verdient, und vielleicht wird dieser sich sogar erkenntlich zeigen und durch vorzeitigen Rücktritt den Thron für seinen so fähigen, mutigen und tatkräftigen Sohn als Regentennachfolger freimachen. In diese Richtung geht insgeheim wohl der Gedanke des Prinzen an der Spitze der Bruderreihe. Seine Vaterliebe steht seinem Machtwillen zumindest nicht im Wege, wenn sie nicht wesentlich sogar davon getragen wird.

56 Vgl. EURIPIDES: Alkestis, Vers 614–740, in: Tragödien, I 90–101. – RUDOLF GEIGER: Märchenkunde, 386, fragt: »Der König weiß schon von diesem Wasser, so klingt es; aber woher? Und warum hat er einen solchen Schrekken vor der Gefahr, der fast einer heftigen Abwehr vor dem Wasser gleichkommt? Von eigener, mißlungener Suche danach? Und hängt sein ›Lieber will ich sterben‹ nur mit der Sorge um die Söhne zusammen, oder drückt sich darin sogar etwas von dem verqueren Sinn des Königs aus, einem aussichtslosen In-sich-Verbohrtsein, das zu seinem Siechtum gehört? Wäre sein Siechtum vielleicht eine Art Krankheit gewordener ›Unglaube‹?« Im Sinne von »Unglaube« als »Verzweiflung«, als Mißverhältnis zu sich selbst, ist der »König« der Repräsentant eines Menschseins im »Exil«, fernab vom »Reich« des »wahren« Königs, und tatsächlich ist ihm die Fortsetzung seines Unlebens zunächst lieber als die Mühe einer gefahrvollen Wandlung.

b) *Das Lebenswasser als Symbol oder: Vom Verständnis oder Mißverständnis des Rettenden auf innerliche oder äußerliche Weise*

Entscheidend aber ist in diesem Zusammenhang nicht einmal die an sich äußerst wichtige Frage, wie egoistisch oder wie altruistisch, narzißtisch oder partnerschaftlich der junge Mann als Thronnachfolger sich selber betrachtet, sondern die Tatsache, daß er seine Suche nach dem Wasser des Lebens *partout* mißdeutet, indem er den *symbolischen* Sinn seines Auftrags durchaus nicht begreift. Das Wasser des Lebens besitzt für ihn keinerlei geistigen Inhalt; in seinen Augen handelt es sich um ein Wasser wie jedes andere, ausgenommen seine therapeutische Wunderkraft, die ihm als eine objektive Tatsache anhaftet wie einem Medikament, dessen Wirksamkeit heutigentags biochemisch erklärt werden könnte und praktisch erforscht werden müßte. Aber: das »Wasser des Lebens« läßt sich eben nicht wie ein Medikament verschreiben, sonst wäre es kein Wundermittel; es kann nur wirken als ein »Sakrament«, als Zeichen einer inneren Wandlung desjenigen, der es gewinnt und einnimmt; äußerlich – ungeistig, objektiv – aufgefaßt, bleibt es ein Gegenstand magischen Aberglaubens.

Was von einem rechten Verständnis des »Wassers des Lebens« abhängt, zeigt sich religionsgeschichtlich unter anderem an den bis heute andauernden unheilvollen dogmatischen Streitigkeiten zwischen den verschiedenen christlichen Konfessionen, die durch die divergierenden Auffassungen von dem »Heilmittel der Unsterblichkeit« in Gestalt von Brot und Wein als dem Leib und Blut Christi im Abendmahl oder der Eucharistie bis heute voneinander getrennt sind[57].

57 Zum Wandlungssymbol vgl. CARL GUSTAV JUNG: Das Wandlungssymbol in der Messe (1941), in: Gesammelte Werke, XI 225: In der *consecratio* »ist Christus gegenwärtig in Zeit und Raum. Aber seine Gegenwart ist nicht ein Wiedererscheinen ..., keine Wiederholung eines historisch-einmaligen Aktes, sondern vielmehr das Sichtbarwerden einer in Ewigkeit bestehenden Tatsache, eine Zerreißung des Vorhanges von zeitlicher und räumlicher Bedingtheit, welcher den menschlichen Geist von der Schau des Ewigen trennt. Dieses Geschehen ist notwendigerweise ein Mysterium, indem es jenseits menschlicher Erfassungs- und Darstellungskraft liegt; das heißt, daß der Ritus der Messe notwendigerweise ... ein *Symbol* ist. ›Symbol‹ aber

An sich sollte die Gegenwart des Göttlichen allemal geistig begriffen werden, so daß der Glaube an die Verwandlung der Gaben auf dem Altar zu einer *inneren* Verwandlung des Empfängers führen dürfte; lehrt man indessen, wie die katholische Kirche, es sei die Meßfeier ein *opus operatum*, ein Geschehen, das wirke durch seinen rituell korrekten Vollzug entsprechend den vorgeschriebenen Formeln und Formularien, so wird das Geistige auf ungeistige Weise gehandhabt und vertan. Eine dogmatisch als objektiv behauptete Wandlung der Opfergaben als Gegenstände steht nach diesem Verständnis dem Gläubigen getrennt und äußerlich als einem Subjekt gegenüber, das zum Empfang des Christus innerlich keiner weiteren Wandlung bedarf. – Das heißt, so wieder auch nicht! Den Leib des Herrn kann nach kirchlicher Auffassung nur jemand empfangen, der *getauft* worden ist; in dem Sakrament der Taufe also müßte das Wasser gemeinsam mit der Taufformel (nach Mt 28,19) eben jene Wandlung von Tod zu Leben bereits bewirkt haben, die als Voraussetzung für die Aufnahme der heiligen (konsekrierten) Gaben gelten soll. – Demnach kommt im Märchen wie im religiösen Leben alles darauf an, die einzelnen Schritte einer solchen Wandlung mitzuvollziehen.

Wäre es also möglich, ein Grimmsches Märchen wie »das Wasser des Lebens« könnte, im Vatican vorgetragen und verstanden, als typische Beschreibung eines solchen Weges, auch die heutigen Kirchen

ist nicht ein für einen bekannten und erfaßbaren Tatbestand willkürlich und absichtlich gesetztes *Zeichen*, sondern ein … anthropomorpher, daher beschränkter und nur bedingt gültiger Ausdruck für einen übermenschlichen und darum nur bedingt erfaßbaren Inhalt.« – Sehr richtig sieht GÜNTER LANGE: Märchen aus der Sicht eines Religionspädagogen, in: Gott im Märchen, 46, daß der »sachgemäße Umgang mit der Bildersprache der Märchen … zur Propädeutik des Glaubens« gehört. In Bildern sprechen ist kein defizienter Modus des Sprechens (›nur‹ ein Bild), sondern darin kommt die eigentliche Aussageabsicht von Glaubensvorstellungen zum Vorschein … Bildersprache … ist … emotional aufgeladen.« Insbesondere das Motiv vom »Weg« des »Märchenhelden« entspricht dem Christentum. Denn: »Der christliche Glaube versteht sich als ›Weg‹ … auch … die Dynamik des christlichen Glaubens … braucht … die Hoffnungsbilder von Königtum und Hochzeitsmahl, um die andere Zukunft vorstellbar zu machen. Vor allem aber braucht es Verbündete, die überhaupt dazu anreizen, aus Lethargie … herauszukommen und sich auf den Weg zu machen. Märchen können solche Verbündete sein« (S. 51).

heilen von der tödlichen Krankheit der Ungeistigkeit ihres Sprechens von Heiligem, Geistigem und Göttlichem? Dies jedenfalls zeigt die Erzählung im folgenden überdeutlich: es ist nur möglich, das Wasser des Lebens zu erlangen, wenn sich Stufe für Stufe die Einstellung des Suchenden von Grund auf wandelt. Nur wer aufhört, im alten Sinne »König« sein zu wollen, wird sein Leben von der tödlichen Umklammerung drohender Verzweiflung zu befreien vermögen. Der erste Prinz jedenfalls, der vermeint, so wie er ist, als der alte, das »Wunder« von etwas vollkommen Neuem, der Wiedergeburt einer Wandlung zu wahrhaftem Leben, in den Griff bekommen zu können, wird durch das Negativbeispiel seines Scheiterns zum Anlaß eines umfassenden Umlernens der eigenen Lebenseinstellung gleich jetzt in einem ersten wichtigen Hauptpunkt.

c) Von Machtwille und Hochmut oder: Die Verachtung des »Kleinen«

Was dieser älteste Königssohn nämlich nicht weiß noch wissen will, ist der Selbstbetrug bereits des Vorsatzes, mit dem er ausreitet: *»Bring ich das Wasser«*, denkt er insgeheim, *»so bin ich meinem Vater der liebste und erbe das Reich.«* Man kann nicht jemanden von dem falschen Leben seines Königseins erretten wollen, indem man sich selbst der tödlichen Täuschung des eigenen Machtstrebens hingibt. Das Märchen erwähnt an dieser Stelle nicht die Minderwertigkeitsgefühle, die zu derartigen Kompensationsversuchen antreiben; es nimmt anscheinend den »Willen zur Macht«, um mit NIETZSCHE zu sprechen[58], für etwas ganz und gar Normales und Natürliches, das keiner Diagnosestellung als eine tödliche Gefahr benötigt; dafür aber zeigt

58 FRIEDRICH NIETZSCHE: Der Wille zur Macht, Nr. 964, S. 642–643, warnte vor einem »Mißverständnis der Liebe. Es gibt,« schrieb er, »eine sklavische Liebe, welche sich unterwirft und weggibt: welche idealisiert und sich täuscht, – es gibt eine göttliche Liebe, welche verachtet und liebt und das Geliebte umschafft, hinaufträgt. – Jene ungeheure Energie der Größe zu gewinnen, um, durch Züchtung und andererseits durch Vernichtung von Millionen Mißratener, den zukünftigen Menschen zu gestalten und *nicht zugrunde* zu gehen an dem Leid, das man *schafft* und dessengleichen noch nie da *war!*«

es die bitteren Folgen des im Märchen verdeckt Verkehrten auf, – eines Hochmuts, der erwächst aus Selbstverachtung.

Diese Auffassung ist bei der Deutung der Erzählung gut begründbar. Denn hört man genau hin, so fühlt dieser junge Mann sich durchaus nicht als ein Kronprinz, der die Anwartschaft auf seine Königswürde als *Sohn* seines Vaters wie ein Erbe fertig mitbringt, – das sind Gedanken, denen wir geistlich zur Rettung und Erlösung von der Last des Menschseins bei *Paulus* im Brief an die Galater begegnen (Gal 4,1–7); der Jüngling hier, der auszieht, seinen Vater vor dem Tod zu bewahren, glaubt sein Königtum durch eine Heldentat als Ritter gegen Tod und Teufel, wie ALBRECHT DÜRER es gemalt hat (Tafel 1), sich allererst verdienen zu müssen; und dementsprechend tritt er auf: als ein ganz »Großer«, der alles, was ihm »klein« vorkommt, verachtet. An gerade dieser Einstellung dem »Kleinen« in Gestalt des *Zwerges* gegenüber wird er notwendigerweise scheitern, doch bei dem Wichtigen, das er soeben unternimmt, kann er die Welt der Wichte nur als Störung auf dem Weg zu Ruhm und Reichtum übergehen.

Zwerge kommen in Märchen nicht gerade selten vor, und zumeist verfügen sie über ein besonderes Wissen um verborgene Schätze, die sie sich, wie im Märchen von »Schneewittchen« (KHM 53), als Bergleute erwerben[59]; sie können aber auch, wie in »Schneeweißchen und Rosenrot« (KHM 161), als mißgünstige Diebe erscheinen[60]. In jedem

59 Vgl. E. DREWERMANN: Schneewittchen, in: Landschaften der Seele, IV 92–105: Im Zwergenheim. – SIBYLLE BIRKHÄUSER-OERI: Die Mutter im Märchen, 34, wundert sich, wie häufig das Motiv der von der Stiefmutter verfolgten Töchter vorkommt« – als gehörte es zu einem »relativ vollständigen weiblichen Individuationsweg.« Sehr oft, wie in »Schneewittchen«, besitze die böse Stiefmutter »den Charakter der Unentrinnbarkeit.« – BRUNO BETTELHEIM: Kinder brauchen Märchen, 189–204, anerkennt, daß »der ödipale Kampf des pubertierenden Mädchens nicht verdrängt, sondern um die Figur der Mutter als Konkurrentin inszeniert« werde (S. 195); damit aber kehrt er das Eifersuchtsmotiv um. Die »Zwerge«, sagt er richtig, repräsentieren »die Kindheit vor der Pubertät.« (S. 199)

60 Vgl. E. DREWERMANN: Schneeweißchen und Rosenrot, in: Landschaften der Seele, II 131–133: Der Geist der Kindheit und sein Abschied; 147–153: Von koboldartigen Verwicklungen und humorvollen Lösungen; 153–155: Der Bart muß ab; 162–164: Die verborgenen Schätze der Kindheit. – MARIE-

Fall spricht die Gestalt des Zwerges durch sich selbst aus, was sie anzeigt: ein Menschsein in verkleinerter Gestalt. In dieser Form kann, wie die meisten Symbole, auch das Bild des Zwerges in zwei entgegengesetzte Richtungen weisen: es kann als *Homunculus* ein Dasein verkörpern, das aus lauter Ängsten und Schuldgefühlen nicht hat erwachsen werden können und deshalb zu klein geblieben ist; es kann aber auch die unverfälschte Ursprünglichkeit unseres Lebens darstellen und eine Botschaft an die Erwachsenenwelt richten, ähnlich wie der »Kleine Prinz« bei EXUPÉRY[61], der findet, daß die »großen Leute« »entschieden sehr sonderbar« sind.

Zu der Besonderheit der »großen Leute« gehört es für gewöhnlich, wie jetzt hier im Märchen, alles, was »klein« ist, zu verachten. Die körperliche Kleinheit wird dabei von oben herab als »krankhaft« betrachtet, so als handle es sich, wie bei *Richard III.*, um das Ergebnis einer »Mißgeburt«; auch setzt man Kleinwüchsigkeit gern mit geistiger Beschränktheit gleich. So tut es dieser Königssohn. Daß da ein »Zwerg« an seinem Wege steht und ihn unaufgefordert anspricht, mag ihm als bloßer Zufall anmuten, – er ahnt nicht, daß der »Zwerg« ihm bei der Suche nach dem Lebenselixier für seinen Vater schicksal-

LOUISE VON FRANZ: Das Weibliche im Märchen, 61, sieht in dem »Zwerg« »ein weiteres klassisches Symptom des negativen Animus« und meint: »Der Zwerg ist ein völlig egoistischer, undankbarer, unguter, überkompensierender Zug für die übertriebene Weiblichkeit der beiden Mädchen.«

61 ANTOINE DE SAINT-EXUPÈRY: Der Kleine Prinz, Kap. XIII, in: Gesammelte Schriften, Bd. 1, S. 532: »Die großen Leute sind entschieden ganz ungewöhnlich.« Das sagt sich der kleine Prinz nach dem Besuch bei dem Geschäftsmann. – Vgl. E. DREWERMANN – INGRITT NEUHAUS: Das Eigentliche ist unsichtbar, S. 21–36: Die Erwachsenen-Portraits der Einsamkeit. – CARL GUSTAV JUNG: Zur Phänomenologie des Geistes im Märchen, in: Ges. Werke, IX 1, S. 238, verweist darauf, daß im Unbewußten »der Alte (auch) als Zwerg erscheint.« DERS.: Zur Psychologie des Kindarchetyps, in: Ges. Werke, IX 1, S. 184, betont, daß einem »Kind«, vom Bewußtsein aus betrachtet, »kein lösender oder gar erlösender Charakter zugetraut wird … Es personifiziert Lebensmächte jenseits des … Bewußtseins.« – WILHELM LAIBLIN: Symbolik der Wandlung, in: Märchenforschung und Tiefenpsychologie, 365, zählt zu dem »Motiv der Wegweisung« die Hilfe von allerlei »erdhaften« Gestalten, »wie etwa, das hilfreiche ›Männlein‹, Zwerge und Riesen aller Art, der ›alte Mann‹, der Fährmann und andere Gestalten« sowie »die verschiedenen Tiere«.

haft begegnen *muß* und daß die Art und Weise, wie er selber darauf reagiert, bereits die entscheidende Weichenstellung für die Richtung darstellt, in welcher er im Fortgang der Geschichte sich bewegen wird.

Was diesem »Zwerg« nämlich gleich als erstes an dem stolz daherreitenden Prinzen auffällt, ist die Getriebenheit und Hast, mit der dieser vorandrängt. »*Wo hinaus so geschwind?*« fragt er erstaunt, als wollte er sich nach dem Ziel erkundigen, das ein solches Ungestüm erfordert. Doch »Zwerge« holen nicht aus purer Neugier belanglose Erkundigungen ein; die Fragen, die sie stellen, geben wieder, wonach bei einiger Besinnung der so Angeredete sich selber fragen sollte, – sie sprechen aus, was in ihm selbst als Anspruch untergründig sich zu Wort meldet: »Was eigentlich treibt mich so an? Was will ich wirklich? Ehrlich gestanden, ist mein Vater mir relativ egal; was mir vorschwebt, ist die Thronbesteigung. Ich will seinen Platz einnehmen. Das Lebenswasser ist für mich nur eine Stufe auf dem Weg nach oben. Und natürlich, dabei kann es mir nicht schnell genug gehen!«

Ein solches Eingeständnis seiner wahren Absichten wäre genau das, was der »Zwerg« mit seiner Frage provozieren möchte: Der Prinz soll der Motive sich bewußt werden, die ihn vorantreiben und lenken. Recht verstanden ist eine solche Einsicht kaum anders denn als Warnung zu verstehen: die Großmannssucht, die Megalomanie, bedeutet die allergrößte Gefahr für diesen erstgeborenen Königssohn. Doch um das zu sehen, müßte er auf das »zu klein Gebliebene«, auf das von ihm selbst als zu mickrig Abgelehnte, auf die Gestalt des »Zwerges« im eigenen Inneren hören lernen. Fragen wie diese würden sich ihm dabei unvermeidbar stellen: »Wer war ich einmal wirklich, eh' ich als ›Prinz‹ erzogen wurde? Was wurde mir als Kind schon ausgetrieben oder eingebläut? Wann habe ich das letzte Mal mich unbeschwert und frei gefühlt? Und wann ist mir jemand begegnet, dem ich hätte glauben können, daß es ihm um mich – mit meinen Fragen, Wünschen, Ängsten, Träumen, Phantasien, Leidenschaften – ginge? – ›Ich bin der Thronnachfolger! Ich bin der Erste und der Größte unter allen!‹ – Nein, das stimmt nicht. So mochte man mich sehen, und so mußte ich mich sehen. In Wahrheit aber bin ich ein ›Zwerg‹ geblieben, ein Gnom, eine Krüppelexistenz, – ein Etwas, das ich nie sein mochte und doch wurde, weil ich nie ich selbst sein durfte. Ich gebe vor, der tödlichen Erkrankung meines Vaters abhelfen zu wollen, doch sollte ich zuvor mich um meine eigene seelische Zerstörung kümmern, die mich am Leben hindert oder gar nicht erst zum Leben kommen läßt.«

Würde der Prinz die Frage des Zwerges so verstehen, wie sie gemeint ist, erhielte er die Chance, die Selbstinfragestellung, die darin enthalten ist, noch weiter zu vertiefen. Statt dessen fährt er den Zwerg voller Verachtung mit den Worten an: »*dummer Knirps.*« Das soll wohl heißen: einen Mann wie ihn zu fragen zeugt bereits von Dummheit, – als wenn so ein Winzling ihm etwas zu sagen hätte! Die Frage stört ihn nur, sie hält ihn auf, sie ist die Einladung zu einem Kontakt, zu dem er nicht gewillt ist sich herabzulassen. Mit Heftigkeit zerreißt er daher die Verbindung zu dem »Knirps«, noch ehe sie zustande kommen könnte. Was er selber ist und denkt und tut, gehört einer anderen Sphäre an, in der so einer wie der »Zwerg« nun einmal nichts verloren hat; was darin vor sich geht, braucht so einer nicht zu wissen, – es geht ihn gar nichts an.

d) Der eigene Wunsch als Strafe oder: Hoch zu Roß und kein Zurück mehr

Doch mit der Ablehnung der fremden Hilfe wächst zugleich die Einsamkeit. Der Prinz zeigt sich entschlossen, nur noch auf sich selbst zu hören; er ist damit sich selber restlos ausgeliefert; die Marschrichtung gibt jetzt allein sein Königsich mit seiner Machtgier vor, und wenn das Märchen sagt, »*das kleine Männchen*« habe im Zorn über die beleidigende Unfreundlichkeit des Prinzen »*einen bösen Wunsch*« über ihn getan, darf man das getrost als einen schicksalhaften Fluch interpretieren, den er mit seiner unentwegt verkehrten Willensausrichtung über sich selbst heraufbeschwört[62]. Er reitet sich buchstäblich damit

62 RUDOLF MEYER: Die Weisheit der deutschen Volksmärchen, 42, sieht zu Recht im »Hochmut des intellektuellen Wissens ... das Hauptproblem« bei der Suche nach dem Lebenswasser, die »Zwerge« hingegen durchschauen nach seiner Deutung »die Naturgesetze augenblicklich« und bedürfen »nicht

nur ins Unglück, und das umso geschwinder und energischer, als er sich überzeugt gibt, gerade so sein Glück zu machen.

Ein wenig freilich hat er wirklich Glück, – es könnte schlimmer mit ihm kommen! Davon erzählt erneut die Bibel, diesmal in der Geschichte von *Bileams* Eselin (Num 22–24): Der Moabiter-König *Balak* forderte aus Angst den Propheten *Bileam* auf, die heranziehende Streitmacht der Israeliten zu verfluchen, auf daß er, *Balak*, sie besser bekämpfen könne; Gott aber ließ *Bileam* nur ziehen mit dem Versprechen, einzig zu sagen, was Gott ihm gebiete. Doch als *Bileam* an der Seite der Fürsten der Moabiter auf seiner Eselin ausreitet, entbrennt Gottes Zorn gegen ihn, und als er in einen Hohlweg kommt, versperrt ein Engel des Herrn ihm den Weg. *Bileam* sieht ihn nicht, wohl aber seine Eselin, die sich weigert, weiterzugehen. Wütend schlägt *Bileam* auf sie ein, doch das Tier redet ihn an und verweist auf seine bisherige Treue; da endlich öffnet Gott *Bileam* die Augen, daß er den Engel wahrnimmt, der ihm erklärt, er hätte wenig später ihn töten müssen, wenn die Eselin nicht rechtzeitig ausgewichen wäre.

Ein Mensch in seiner Blindheit, meint die biblische Geschichte, kann dümmer als ein Esel sein, indem er Gottes ausdrücklichem Willen zuwider handelt und damit sein Leben riskiert. Der Prinz im Märchen steht mit seiner Lebensauffassung gleichermaßen vor einer Frage auf Sein oder Nichtsein, auch wenn von Gott nicht ausdrücklich die Rede geht. Freilich, er muß keinen Engel gewärtigen, der ihn mit dem Schwert niederzustrecken droht, wenn er auch nur einen Schritt weiter noch zu gehen sich unterfängt. Statt dessen aber muß

der denkerischen Anstrengung«. – Die klassische Darstellung vom Sturz des Geistes des Hochmuts (der Hybris) findet sich in der Rede des Perser-Königs *Dareios* in AISCHYLOS: Perser, Vers 800–842, in: Tragödien, S. 60–63: »Dort (sc. in Böotien) harrt auf sie (die Perser) der Leiden höchstes, das sie trifft / Als Hochmuts Buße, gottverruchtes Sinnes Lohn … So bös nun ihre Taten, kleiner nicht ist, was / Sie dulden und was – droht … Und Haufen Leichen werden noch im dritten Glied / Lautlos kundtun den Augen aller Sterblichen, / Daß übers Maß ein Mensch nicht heben soll den Sinn. / Denn Hochmut, aufgeblüht, bringt Frucht im Ährenkorn / Der Schuld, draus tränenreiche Ernte mäht der Herbst … Denn *Zeus*, Zuchtmeister über allzu unbezähmt / Hochmütigen Sinn, waltet des Rechts, ein strenger Wart.«

er feststellen, daß sein Weg immer enger wird und unumkehrbar ist: er kann nur immer weiter geradeaus so fortfahren wie bisher. Schließlich sitzt er in der Klemme, er kann nicht weiter, – er ist so eingekeilt, daß er dazu verurteilt bleibt, auf immer hoch zu Roß zu sitzen und nicht mehr absteigen zu können. Die Pose seiner Selbstdarstellung gerät ihm damit zu einer fatalen Position der Selbstbestrafung. So hat er es gewollt, so hat er es bekommen; er ist vollkommen festgeschrieben auf die Rolle eines Königs *in spe*, der aller Welt vor Augen stellen möchte, wie majestätisch und hochherrschaftlich sein Regiment ausfallen wird. Sein Wille zur Macht aber endet eben deshalb in der Fixierung völliger Ohnmacht. Sein Wunsch erfüllt sich als Strafe. Er kommt aus seiner Rolle nicht mehr heraus. Er hat sein Nicht-Sein zu seinem Dasein gemacht.

2. *Die Wiederholung des Verkehrten oder: Vom Zwang des Nicht-Ich-Seins*

Unterdessen wartet der König, den Tod vor Augen, sehnsüchtig auf die Rückkehr seines ältesten Sohnes, in der Hoffnung, es werde dieser aufs schnellste das rettende Wasser des Lebens nach Hause bringen. Auch für ihn ist das heilende Elixier nichts weiter als ein Medikament mit magischer Wirkung, – daß es ein Bild sein könnte für geistige Umkehr und Erneuerung, denkt auch er nicht entfernt. Das Ich seiner todkranken, an sich verzweifelten Persönlichkeit ist mit ihrem Königsgehabe nicht anders eingestellt als die seelischen Kräfte, die in Gestalt seiner beiden älteren »Söhne« ihm zu Gebote stehen. Und der Druck der Todesangst wird ein übriges tun, sogar verstärkt noch in der obsoleten Weise fortzufahren.

Im Volksmund pflegt man zu sagen, aus Schaden werde man klug, doch wie vieler Schadensfälle es bedarf, um klüger zu werden, ist nicht damit gesagt. So mag es erstaunen oder muß es erschrecken, wenn man mitansieht, wie Menschen, denen man helfen möchte oder die dabei sind, anderen helfen zu wollen, immer wieder die gleichen Fehler begehen. Von der konservativen Natur unserer Triebe sprach

SIGMUND FREUD, um dieses seltsame Phänomen zu erklären[63]. Doch womit wir es zu tun haben, ist nicht eine bloße Trägheit des Psychischen, sondern ein Ausdruck unserer Psychodynamik: mit dem Pflichtideal des Königseins (im Überich), mit der Kompensationshaltung des Kampfs gegen die eigenen Minderwertigkeitsgefühle (im Ich) können wir nicht die Stimme der Wahrheit aus dem Munde des »Zwerges« in uns vernehmen, die uns ermahnt, unsere Kleinheit nicht länger zu verleugnen, sondern anzuerkennen; unser Ich schämt sich dafür, zu »klein« zu sein, und es tut sich sehr schwer, die strengen Dressate des Überichs zugunsten der Reifung und Entwicklung der eigenen Persönlichkeit zu modifizieren oder gar zu korrigieren. In ähnlichen Situationen wird es daher allein schon aus Pflicht und Gewohnheit geneigt sein, erneut sich ähnlich zu verhalten, – als Wiederholungs*zwang* bezeichnete FREUD diese Ursache zahlloser Tragödien im menschlichen Leben[64].

Um den Mechanismus solch scheinbarer Unbelehrbarkeit aufrechtzuerhalten, muß es freilich so zugehen, wie das Märchen es beim Ausritt des zweiten Königssohnes erzählt: Alles bleibt beim alten und führt sich wortgetreu noch einmal auf: Auch der zweite Prinz bittet seinen Vater um die Erlaubnis, das Wasser des Lebens für ihn zu holen, und auch er sieht darin eine günstige Gelegenheit, König werden zu können. Ja, er mutmaßt, sein Bruder sei inzwischen tot, und in diesem Falle, so sein Kalkül, steht ihm, entsprechend der Erbfolge, wie von selber das Königtum zu. Keinerlei Bedenken

63 Vgl. SIGMUND FREUD: Jenseits des Lustprinzips, in: Ges. Werke, Bd. XIII 38–41: »Ein Trieb wäre also ein dem belebten Organischen innewohnender Drang zur Wiederherstellung eines früheren Zustandes, welchen das Belebte unter dem Einflusse äußerer Störungskräfte aufgeben mußte, eine Art von organischer Elastizität, oder wenn man will, die Äußerung der Trägheit im organischen Leben … Diese Auffassung des Triebes« läßt in ihm »den Ausdruck der konservativen Natur des Lebenden« erkennen (S. 38).

64 A.a.O., Werke, XIII 21: »Angesichts solcher Beobachtungen (sc. der ewigen Wiederkehr des Gleichen in Übertragungsphänomenen, d.V.) … aus dem Schicksal der Menschen werden wir den Mut zur Annahme finden, daß es im Seelenleben wirklich einen Wiederholungszwang gibt, der sich über das Lustprinzip hinaussetzt.«

beschleicht ihn dabei, daß bei einem solchen Trachten nach Macht die mörderische Qualität des Willens zum »Königsein« offen zutage tritt: Wie König *Richard* muß man über Leichen gehen, um den Thron zu erobern. Daß hinter diesem Streben eine tiefe Verzweiflung steckt, will man nicht sehen, *darf* man nicht sehen, und so wirkt sich die Krankheit zum Tode immer auch aus als eine Pandemie zum Töten möglicher Konkurrenten. Um sich selber nicht als »zu klein« zu empfinden, muß man alles klein halten (»einen Kopf kürzer machen«), was größer zu werden droht als man selbst.

Wie krank – noch einmal gefragt – ist eine Welt, die gerade solche Charaktere im Erfolgsfall mit Beifall empfängt und umjubelt! Wir müssen uns stets bewußt bleiben, daß das Märchen vom Wasser des Lebens ein symbolisches Modell zur Heilung der Grunderkrankung des Menschseins in Selbstablehnung und Selbstverachtung darstellt. Es meint mit seiner Botschaft einen jeden von uns und uns alle zusammen.

Von daher ist die Penetranz bei der Wiederholung der Fehler des ersten Prinzen im Verhalten seines nachfolgenden Bruders ein Kernproblem aller »Unverbesserlichen«: warum ziehen wir aus den nachteiligen Folgen unseres falschen Verhaltens so selten die richtigen Schlüsse? Zusätzlich zu der Psychodynamik der »Trägheit« verdient zur Erklärung ein Schutzmechanismus Beachtung, der sich verschiedener Techniken zur Stabilisierung des Ichs bedient. Am einfachsten: man verleugnet gewisse peinliche und peinigende Tatsachen im Bewußtsein oder verdrängt sie ins Unbewußte; im ersten Fall, bei der *Verleugnung*, will man von einem Scheitern des älteren Bruders nichts wissen, im anderen Fall, bei der *Verdrängung*, streicht man das Vorkommnis aus dem Bewußtsein und weiß subjektiv dann wirklich nichts mehr davon. Noch einen Schritt weiter geht die *Abspaltung*: da ist etwas durch mich geschehen, aber das habe nicht ich getan; es ist mir passiert, doch ohne mein Wollen und ohne meine Beteiligung; selbst wenn ich es getan habe, so war es das Tun eines Anderen, Fremden in mir, den ich von mir selbst abtrenne, den ich »dissoziiere«.

In etwa ist es diese Handlungsweise eines Nicht-Ichs, welche das Märchen dem Ausritt des zweiten Prinzen zugrunde legt. Dieser hat von dem Schicksal seines älteren Bruders so wenig Kenntnis wie sein Vater; beide können nach längerem Warten nur feststellen, daß der ältere Sohn immer noch nicht zurückgekommen ist. In einem solchen Fall liegt es nahe, das Schlimmste anzunehmen: vielleicht ist er verunglückt, womöglich dabei zu Tode gekommen. So denkt der jüngere und verbindet damit sogar eine gewisse Hoffnung; auch der Vater denkt so und findet dadurch seine Sorgen vom Anfang bestätigt, – jetzt, bei dem Ausritt des zweiten Sohnes, macht er sie verständlicherweise nur umso nachdrücklicher geltend. Doch was bleibt ihm übrig? Will er am Leben bleiben, muß er, ob er will oder nicht, den Tod auch seines zweiten Sohnes riskieren. Den Vorwurf des Egoismus braucht er sich dabei nicht zu machen, wird er doch von diesem inständig um die Erlaubnis gebeten, trotz aller Gefahr hinausziehen zu dürfen, um das Wasser des Lebens zu holen.

Woher aber nimmt dieser jüngere Prinz seine Zuversicht, er werde, anders offenbar als sein Bruder, die drohende Todesgefahr schon bestehen? Die Antwort liegt in seinem Verhalten, das genau das gleiche ist wie bei seinem Vorgänger. »Da ist etwas geschehen, das ich nicht bin«, kann die Formel des Freispruchs von etwas Beschämendem sein; doch was psychisch als Abspaltung dazu dient, das Ich zu beschützen, kann *sozial* als Abgrenzung eingesetzt werden und dient dann dazu, das Ich durch Selbsterhöhung als unangreifbar erscheinen zu lassen. »Ich bin (ganz) anders als alle anderen«, heißt es jetzt; »was anderen passiert, kann mir nicht passieren; woran andere scheitern, daran werde ich mich als Meister erweisen.«

Diese narzißtische Variante des Selbstschutzes wirkt für das Bewußtsein wie eine Tarnkappe: sie macht unsichtbar für jeden Zugriff möglicher Bedrohung, und sie ist wohl deshalb so beliebt, weil sie gerade angesichts der größten und sichersten Gefahr, die unfehlbar alle bedroht: angesichts der menschlichen *Sterblichkeit*, bis zum Phantastischen beruhigend zu wirken vermag. Mit welcher Erleichterung zum Beispiel begleiten wir den Trauerzug eines Bekannten zum Friedhof, indem wir uns einreden, daß es ja nur den anderen, nicht uns selber getroffen hat? Immer trifft es stets nur die anderen; und der Grund dafür ist simpel: wir selber sind eben anders als alle anderen, wir sind etwas ganz Besonderes, Unvergleichliches, Überirdisches, Göttliches, – wir sind Königskinder! Alles das könnte sogar absolut richtig sein, wenn, ja wenn es religiös in einem absoluten Feld von Vertrauen, getragen von Gnade und Güte, geglaubt würde; doch es ist vollkommen falsch, wenn es als selbstgeschaffenes Anspruchsdenken auf illusionäre Weise das latente Nichtigkeitsgefühl unserer Kreatürlichkeit vergessen machen soll. – Das eine macht heil, das andere wirkt Unheil.

Wie ungeeignet die Haltung auch des zweiten Prinzen sich darbietet bei dem Versuch, seinem Vater das Wasser des Lebens zu bringen, erzeigt erneut sich unzweideutig an seiner Einstellung gegenüber dem »Zwerg«, die aufs Haar dem Vorbild seines Bruders entspricht. Auch er sieht sich als etwas derart Edles und Erhabenes, daß er wie im Reflex das Kontaktangebot einer solch zu klein geratenen Ausgabe des Menschlichen abweist. Für Wichte ist er sich zu wichtig … Genau dieser »Hochmut« treibt ihn in die gleiche Klemme wie seinen Bruder. Das Wasser des Lebens ist definitiv so nicht zu erreichen; alles kreist vielmehr in immer der gleichen Wiederholung des Falschen auf immer derselben Stelle. Innerhalb dieses Zyklus ist es so gut wie unmöglich, sich auch nur vorzustellen, eine andere Einstellung und Verhaltensweise sei möglich.

Bei der Begegnung mit dem Zwerg erzeigt sich im übrigen auch die Folge der Tatsache, daß das Grimmsche Märchen die tödliche Erkrankung des »Königs« nicht näher begründet hat, so daß man deren Verursachung nur aus dem schädigenden Verhalten seiner beiden ältesten »Söhne« und aus dem Symbol vom Wasser des Lebens erschließen kann; würde es die tiefe persönliche Verletztheit im Hintergrund der »Krankheit zum Tode«, dieses »Mißverhältnisses zu sich selber«, als eine traumatische Erfahrung in einer eigenen Erzählpassage thematisieren, dann müßte jetzt neben dem »Zwerg« eine Persönlichkeit in die Geschichte eingeführt werden, die durch ihre Existenz den Teufelskreis aus Angst und Minderwertigkeitsgefühl durchbräche; eine solche Persönlichkeit müßte durch ihr eigenes Vertrauen und durch ihre Güte den »König« (mitsamt seinen Söhnen) zu Selbstvertrauen und Liebesfähigkeit begleiten und befähigen. Eine derartige Erlösergestalt ist im Christentum die Person des Gottessohnes, – doch diese selbst verkörpert die Wandlung unserer Existenz; wesenhaft nämlich verbindet sich mit ihr die Einsicht in die Unmöglichkeit, aus dem Kessel der Angst mit eigenen Mitteln sich selbst zu befreien, – in gerade diesem Versuch besteht ja zentral die Verzweiflung im Untergrund des menschlichen Daseins, und geheilt werden kann sie nur in der Erfahrung der »Versöhntheit« mit sich selbst im Gegenüber einer unbedingten Annahme durch eine andere Person. Auch das Märchen läßt eine solche Retterpersönlichkeit auftreten, doch eben nicht als persönliches Gegenüber des »Königs«, sondern innerpsychisch (in der Person seines jüngsten Sohnes) als Teil seiner selbst; damit verbleibt es freilich im Rahmen der Mythe vom erlösten Erlöser[65] und dadurch in einem deutlichen Unterschied zur Überzeugung des Christentums; doch was das Märchen im Fortgang seiner Geschichte jetzt von der Wesensart und dem Schicksal des dritten Königsohns zu berichten weiß, liest sich wie ein säkularer Kommentar auch zur Gestalt des Christus, der umso glaubwürdiger wirkt, als er die Erfahrungen eines jeden mit sich selber auf dem Weg zu seiner Heilwerdung vermittelt.

65 Die klassische Gestalt des verwundeten Arztes ist der Zentaure *Chiron*; vgl. E. DREWERMANN: Tiefenpsychologie und Exegese, II 174–188: Chiron, Asklepios und die Wunder von Epidauros. – KARL KERÉNYI: Der göttliche Arzt, 97–99, schildert *Chiron*, den ein Pfeil des *Herakles*, der eigentlich den König *Elatos* treffen sollte, tödlich verwundet hat, als »die widerspruchsvollste Schöpfung der griechischen Mythologie ... Obwohl ein griechischer Gott, trägt er eine unheilbare Wunde ... Der nur halb menschengestaltige, halb theriomorphe Gott leidet an seiner Wunde ewig, er trägt sie nach der Unterwelt, als wäre die Urwissenschaft, die dieser mythologische Ur-Arzt, die Vorstufe und der Vorgänger des hellen göttlichen Arztes, für die Nachzeit verkörpert, nichts anders als das Wissen um eine Wunde, an der der Heilende ewig mit-leidet.«

3. *Der jüngste als verkörperte Umkehr oder: Das Gespräch und die Hilfe des »Zwerges«*

Das Märchen nimmt es wie selbstverständlich, so als wäre es ein natürliches Gesetz der Serie, daß der dritte der Königssöhne sich vollkommen anders verhält als seine beiden älteren Brüder; versteht man diese als bestimmte Aspekte beziehungsweise als verschiedene Fähigkeiten innerhalb ein und derselben Person, so enthält die bloße Ausnahmeexistenz dieses jüngsten der Prinzen eine bedeutsame Botschaft, gerade weil sie nicht besonders begründet wird[66]. Sie besagt: Reduziere eine Persönlichkeit nicht auf ihre bloße Außenseite; diese wird leicht zu beobachten sein, doch selbst ein Machtmensch und Mörder wie *Richard III.* trägt in sich eine ganz andere Seite, die dem Zwang zur Befolgung der bürgerlichen Erwartungen diametral widerstreitet. Mag die Welt auch noch so skrupellos und brutal sein, – desto mehr lebt in jedem Menschen die Erwartung von Güte statt Gewalt, von Ehrlichkeit statt Verlogenheit, von Zuwendung statt Ablehnung.

Im Hintergrund gerade eines besonders schlimmen persönlichen Erscheinungsbildes darf man, wie verborgen auch immer, die Sehnsucht nach einer gegenteiligen rettenden Haltung deshalb nicht übersehen; ein schwerer Fehler wäre es in jedem Falle, einen Menschen auf seine Untaten zu reduzieren und für einen ausgemachten Böse-

66 Den Gegensatz zwischen den beiden älteren Prinzen und ihrem jüngeren Bruder sieht EDZARD STORCK: Alte und neue Schöpfung in den Märchen der Brüder Grimm, 252, als »Zwiespalt« zwischen der heilen, in Gott geborgenen und der gestörten Welt im Ausgestoßensein. »Es gibt eine Stätte im Menschen, wo die Segensströme der neuen Schöpfung aufquellen, wo die Offenbarungen ihrer Liebe faßbar sind. Es ist die Mitte seines Herzens. Unser Märchen verkündet wie kein zweites von diesen Mysterien und betont, daß nur der, welcher sie versteht und von ihnen ergriffen ist, ausziehen und in rechter Weise das Heilungswunder vollbringen kann. Dabei sind nicht so sehr Fähigkeiten oder Werke entscheidend, um jene Lebensquelle zu finden, vielmehr kommt es auf die innere Grundveranlagung von Selbstlosigkeit und Reinheit an. Den beiden älteren Brüdern fehlt diese Gesinnung … Der jüngste Sohn dagegen zieht als Berufener zum neuen Königtum aus; beherzt und ohne Falsch und doch voll Mitleid für alles Kranke, Erlösungsbedürftige ist er als das rechte Kind zu höherer Sohnschaft berufen.«

wicht zu halten[67]. Was sind die Gründe für sein Fehlverhalten? Das sogenannte »Böse« ist keine Naturgegebenheit des Daseins; es ist gerade in seiner Schrecklichkeit die manifeste Symptombildung einer latenten seelischen Erkrankung, die ihrer Bewußtwerdung harrt, und ihr verborgenes Leid geht stets einher mit dem Verlangen nach seiner Beseitigung. Die »Umkehrung«, die »Wiedergeburt«, die »Erneuerung« des Daseins müssen und können hier anknüpfen. Das »Königs«-Ich kann von der tödlichen Erkrankung seiner Verzweiflung nur gerettet werden durch das, was im Märchen jetzt geschieht: Der verbliebene »gesunde« Seelenanteil macht sich auf, das Wasser des Lebens zu holen.

Mehr denn je allerdings wird der »König« gerade jetzt die Gefahren fürchten, die dem jüngsten seiner Söhne drohen, wo er doch weit weniger als die beiden älteren sich mit demonstriertem Machtwillen durchzusetzen versteht; diese seine Sorge wird im Märchen zwar nicht mehr erwähnt, sie zeigt sich aber daran, daß der »König« nur widerwillig, wie unter Zwang, seinen dritten Sohn *»endlich ziehen«* läßt. Der nun wird wirklich das Wasser des Lebens zu holen imstande sein, indem er in allem sich genau gegenteilig zu dem Betragen seiner Brüder verhält. Die alles entscheidende Weichenstellung erfolgt auch für ihn gleich zu Beginn bei der Frage nach dem »Kleinen« und »Geringen«: wird er es, wie üblich, mit Verachtung von sich weisen oder wird er ihm respektvoll begegnen? Je nachdem wird ihm der Weg zum Wasser des Lebens verschlossen bleiben oder sich öffnen.

a) Die Erlösung durch das »Kind« oder: Der kleine Prinz

In seinem Märchen vom »kleinen Prinzen« beschreibt EXUPÉRY, wie die ungleiche Begegnung zwischen einem »Erwachsenen« und einem wahren Königskind unsere Welt verändern könnte. Sein »Königskind«, das von einem anderen Stern auf diese Erde kommt, ist die bewußte Gegenfigur zu dem »Erwachsenenkönig« der menschlichen Geschichte, und es trifft auf einen Mann, der als Flieger einmal hoch hinaus wollte, nun aber in der Wüste abgestürzt ist; er kann nur wei-

67 Vgl. E. DREWERMANN: Richtet nicht, III 64–70: Die Überwindung des strafenden Staates und die Rückgewinnung des Christlichen.

terkommen, wenn er zu sich selber kommt, indem er auf die merkwürdigen Worte hört, die ihm der »kleine Prinz« zu sagen hat. Dieser hat bei seiner Reise auf die Erde bereits eine Reihe von »Erwachsenen« kennengelernt, die alle ihren je eigenen Planeten bewohnen und einsam einzig um sich selber kreisen. Als erstem ist er einem König begegnet, dessen Welt gänzlich umhüllt ist von dem Hermelin seines Mantels und der die Unterseite seines Herrschaftsgebietes niemals zu Gesicht bekommen hat. Immerhin hat er begriffen, daß er nur befehlen kann, was an der Zeit ist und was zur Natur seines Befehlsempfängers paßt; der »kleine Prinz« kann von dem »König«, diesem Größten aller Großen, nur erbitten, ihm seinen Abschied zu befehlen, – es wird für ihn die höchste Zeit[68].

Wohlgemerkt: Ein »Kind« hat immer Zeit, ein Erwachsener nie. Ein »Kind« kann sich freuen auf die zugesagte Begegnung mit einem Freund, ein Erwachsener vereinbart ein *»Date«* oder macht einen *jour fixe* aus; ein »Kind« lernt von dem »Fuchs«, daß Liebe Zeit braucht, um sich zu »zähmen« und einander vertraut zu werden; es übt sich darin, die Kostbarkeit des anderen in der Verantwortung auch für dessen Vertrauen zu erspüren, ein Erwachsener hält Freunde für etwas, das man im Laden kaufen kann[69].

Von der gesamten Erwachsenenwelt müßten durch die Begegnung mit dem »kleinen Prinzen« die Menschen erlöst werden, um wieder wirkliche Menschen zu werden. »Wer das Reich Gottes nicht annimmt wie ein Kind, der wird nicht hineinkommen,« sagt im gleichen Sinne Jesus im *Markus*-Evangelium zu seinen Jüngern und nimmt ein Kind in die Arme, um es zu segnen (Mk 10,15.16). Angenommen sind wir von Grund auf als Kinder dieses wahren und einzigen »Königs«, der

68 ANTOINE DE SAINT-EXUPÉRY: Der Kleine Prinz, Kap. X, in: Gesammelte Schriften, Bd. 1, S. 525: »Wenn Eure Majestät Wert auf pünktlichen Gehorsam legen, können Sie mir einen vernünftigen Befehl erteilen. Sie könnten mir zum Beispiel befehlen, innerhalb einer Minute zu verschwinden. Es scheint mir, daß die Umstände günstig sind …«

69 A.a.O., Kap. XXI, in: Bd. 1, S. 150–156, S. 151: »Ich bin für dich nur ein Fuchs, der hunderttausend Füchsen gleicht. Aber wenn du mich zähmst, werden wir einander brauchen. Du wirst für mich einzig sein in der Welt. Ich werde für dich einzig sein in der Welt …«

im Himmel ist, will er uns damit zur Umwandlung unserer Daseinseinstellung ans Herz legen. Menschen, die so empfinden, wollen und müssen nicht mehr »die Ersten« sein, sie sehen ihre »Größe« darin, ihre eigene Kleinheit sich einzugestehen und sich denen zuzuwenden, die genauso »klein« und hilfsbedürftig wie sie selber sind (Mk 9,35–37)[70]. Genau darin besteht das »Wasser des Lebens« im Symbol der Wiedergeburt in der Taufe; es ist der Ausdruck für einen Neuanfang in Respekt für alles »klein« Gebliebene: für alles Ursprüngliche, Identische, Authentische und in sich Stimmige, doch auch für alles »klein« Gemachte und Gehaltene: für die Erniedrigten, Verspotteten, am Boden Liegenden und Ausgegrenzten. Wieviel an Menschlichkeit läßt sich bei ihnen lernen – an ihrer Einsamkeit, Geduld und Zähigkeit, trotz allem zu vertrauen, und ihrer Weigerung, zurückzuschlagen!

Insofern begibt sich der jüngste Sohn des an seinem Großseinmüssen erkrankten »Königs« auf den rechten Weg, als er, anders als seine beiden Brüder, auf die Frage des »Zwerges«, wohin er so eilig wolle, freundlich antwortet und ihm von seinem Vorhaben berichtet. Gerade diesem »Knirps« am Wegesrande traut er zu, daß er ihm verraten kann, wo das Wasser des Lebens zu finden ist und wie man es zu bekommen vermag. Er ist auch nicht zu stolz, das »Männlein« um Rat zu fragen, in der richtigen Annahme, daß die märchenüblichen »Riesen« ihn nur in die Irre leiten würden. Die Auskunft des »Zwerges« wird ihm denn auch zuteil als Belohnung für seinen *Mangel* an Hochmut, und der hilfreiche Wicht erläutert ihm nicht nur, wie er vorgehen muß und was er erleben wird, wenn er an das »Wasser des Lebens« zu gelangen versucht, er stattet ihn auch mit den nötigen (magischen) Mitteln aus, um den bevorstehenden Situationen gewachsen zu sein.

b) Zugang zu einem verwunschenen Schloß oder: Erschlossenheit in Entschlossenheit

Das »Wasser des Lebens«, erfährt der Prinz, entspringt einem Brunnen in dem Hof eines verwunschenen Schlosses, dessen eisernes Tor

70 Vgl. zur Stelle E. DREWERMANN: Das Markus-Evangelium, II 41–52: Mk 9,30–37: Die zweite Leidensweissagung Jesu oder: Wer dieses Kind aufnimmt.

sich nur mit den drei Schlägen einer eisernen Rute auftun wird; eine solche Rute händigt der hilfsbereite Zwerg dem unerfahrenen Jüngling aus[71], und er erläutert weiter: hinter dem Tor lägen zwei Löwen, die drohend ihre Rachen aufsperrten; doch er könne sie mit den zwei Broten besänftigen, die er ihm mitgibt; dabei fügt er noch die Mahnung hinzu, der Prinz müsse sich eilen, da das Tor pünktlich um Mitternacht wieder zuschlagen werde.

Es steht bei all dem nicht zu erwarten, daß der Prinz den Sinn dieser seltsamen Zusammenhänge beim ersten Hören schon ergründen könnte, – genug, daß er ihnen Folge leistet.

Du mußt das Leben nicht verstehen,

schrieb RILKE in seinen »Beichten« einmal, wie um für das Verständnis des Unverständlichen zu werben,

dann wird es werden wie ein Fest.
Und laß dir jeden Tag geschehen
so wie ein Kind im Weitergehen
von jedem Wehen
sich viele Blüten schenken läßt.

Sie aufzusammeln und zu sparen
das kommt dem Kind nicht in den Sinn.
Es löst sie leise aus den Haaren,
drin sie so gern gefangen waren,
und hält den lieben jungen Jahren
nach neuen seine Hände hin.[72]

71 EDZARD STORCK: Alte und neue Schöpfung in den Märchen der Brüder Grimm, 253, sieht (unter Hinweis auf Apk 12,5) in der eisernen Rute ein »Symbol für den Willens-Impuls …, welcher notwendig ist, die Tore der menschlichen Innenwelt aufzustoßen.«

72 RAINER MARIA RILKE: Die frühen Gedichte, in: Sämtliche Werke, I 153.

Zu leben unbeschwert von Augenblick zu Augenblick, beschenkt von Blütenschönheit, die der Wind, wenn er das Haar durchweht, wie absichtslos verstreut, nicht stehen zu bleiben, um sich sammelnd zu bereichern, sondern in den Tag zu gehen, einem Kinde gleich, das dankbar spielen, schauen und entdecken möchte, – *das* bereits bedeutet, die eigene Seele zu betreten wie ein ehedem verwunschenes Schloß.

Man möchte manchmal sich das »Kindsein«[73] als ein bloßes »Kinderspiel« vorstellen, doch nichts würde verkehrter sein; eher sollte man an den mühevollen Abstieg eines Alpinisten denken, der sich am Berg verklettert hat und nicht recht weiß, wie er die abschüssigen Hänge bis zur ersehnten Almhütte noch vor Einbruch der Nacht zurücklegen soll. Das Bild von der eisernen Rute verrät in jedem Fall die Entschlossenheit und Konsequenz, die aufzuwenden sind, um den Eingang zu sich selber zu erschließen[74]. So viel steht fest: Jemand, der sein eigenes Inneres wie ein »Schloß« empfindet, das – man weiß nicht, warum und von wem – vormals »verwunschen« worden ist, nimmt seinen Zustand als einen vollendeten Widerspruch wahr: einerseits bewohnt er ein »Schloß«, was heißt, er ist ein Adliger, Vornehmer, ein Auserwählter von Geburt, und eigentlich ist er befugt, in seiner gehobenen Stellung zu schalten und zu walten, wie es ihm beliebt; doch andererseits ist das genaue Gegenteil der Fall, – alles ist »verwunschen«. Es gehört nicht ihm, es entzieht sich ihm, indem alles, was er selber wünschen möchte, überlagert wird von einem

73 ERICH NEUMANN: Das Kind, 63–104: Die Störungen der Urbeziehung und ihre Folgen, S. 104, betont, daß das Ich nicht nur, wie FREUD meinte, »Repräsentant der Außenwelt« ist und dem Es die Außenwelt gegen den Druck des Lustprinzips zugänglich machen muß, sondern daß es »sich bei der Entwicklung des Kindes … nicht nur um seine Familiengeschichte, sondern gleichzeitig und darüber hinaus um die Variation der Entwicklung der Menschheit (handelt), die vom Sein in der Natur bis zum Sein in Natur und Kultur vorstößt.«

74 EDZARD STORCK: Alte und neue Schöpfung in den Märchen der Brüder Grimm, 253, sieht »das Zusammenwirken einer schöpferisch-aktiven Haltung des Willens mit einer opferbereiten Gesinnung im Gedanklich-Erkenntnismäßigen« in der eisernen Rute gemeinsam mit den zwei Broten symbolisiert.

fremden Gegenwunsch, der das ursprünglich Angestrebte nicht nur untersagt, sondern in einen entgegengesetzten Befehl umformt. Wer derjenige ist, der den gesamten Entfaltungsraum des Ichs, das »Schloß«, derart verwunschen hat, sagt uns das Märchen nicht, doch läßt es sich unschwer aus der Erzählung selbst erahnen.

Das Terrain, in dem das »Wasser des Lebens« sich findet, markiert einen Bereich, an dem es erlaubt ist, in die ursprüngliche Unverfälschtheit und Unschuld der Kindertage zurückzukehren. Dieser Bezirk der »Wiedergeburt« ist durch und durch mütterlich geprägt. Das Wasser selbst bereits ist ein Symbol für die *Mutter*, ist doch das Leben, wie der FREUD-Mitarbeiter SÁNDOR FERENCZI die maternale Bedeutung von Wasser begründete[75], im Wasser des Meeres entstanden und wiederholt sich diese Herkunft bei den Säugetieren noch

75 SÁNDOR FERENCZI: Versuch einer Genitaltheorie, in: Schriften zur Psychoanalyse, II 363, sprach von einem »thalassalen Regressionszug« aller Landlebewesen, und die Gestalt der »Mutter« war für ihn »ein Symbol oder partieller Ersatz des Meeres« (II 366). – MARIE-LOUISE VON FRANZ: Erlösungsmotive im Märchen, 25–43: Zurück ins Wasser des Unbewußten, S. 33, bemerkt: »Der Tod einer Traum- oder Märchenfigur bedeutet ... das definitive Ende einer psychischen Einstellung, während das Bad eher ihre Korrektur verbildlicht ... Das Gefäß ist der Schoß der Mutter Kirche, ein Uterus, und hat damit eine ausgesprochen mütterliche Qualität.« – Wie wichtig Wasser als Quelle und Symbol des Lebens in der Bibel empfunden wird, schildert MARIA HÄUSL: »In der Wüste sind Wasser hervorgebrochen und Flüsse in der Steppe«, in: Welt und Umwelt der Bibel, 4/2023, 8–24, S. 13: »Brunnen, die bis zum Grundwasser gegraben werden, erscheinen ... als soziale Orte ... der Begegnung (Gen 24,11.18–20) und als Orte der Frauen ... (Gen 24,13). Viele Heiratsgeschichten beginnen ... an einem Brunnen (Gen 24; Gen 29; Ex 2,15–17) ... Das Alte Testament kennt auch heilendes Wasser (2 Kön 5,10.14) und ungenießbares Wasser ... (Ijob 6,15f; Ez 47,8; Ex 15,23). In 2 Kön 2,19–22 verwandelt der Prophet *Elischa* das ungenießbare Wasser ... Motivlich fest geprägt ist die Rede von Gott als Quell lebendigen Wassers (Jer 2,13; Jer 17,13; Ps 36,10) bzw. als Quelle des Lebens (Ps 36,10) ... Eindrücklich verarbeitet sind diese Motive im Gespräch Jesu mit der Samariterin ... (Joh 4,13.14).« Zur Verbindung der Wassersymbolik als eines Zeichens von Wiedergeburt und Neuanfang mit der christlichen Taufe vgl. GEORG RÖWEKAMP: »Tauft in lebendigem Wasser«, in: Welt und Umwelt der Bibel, 4/2023, 46–53, der (S. 46) besonders auf *Paulus* verweist, der in 1Kor 10,1f die christliche Taufe »in Analogie zu einem Durchzug durchs Wasser – in diesem Fall durch das Rote Meer« betrachtet. »Genau darauf spricht ja auch die Erzählung in Jos 3 an.«

einmal im Schoße der Mutter. Nicht selten in Märchen ist es auf Grund ihrer lebenspendenden Macht denn auch die Mutter oder die Stiefmutter, die, wie bei »*Brüderchen und Schwesterchen*« (KHM 11)[76], als Hexe den Kindern die Reifung zu einem erwachsenen Frau- oder Mannsein mit der Angst vor einer tierischen Verwandlung belegt; wie eine *Stiefmutter* die Kindheit ihrer Tochter zerquälen kann, erzählt näherhin die Geschichte vom »*Aschenputtel*« (KHM 21)[77].

Doch die mütterliche Belastung des Erwachsenwerdens ist nur ein Grund, der die Rückkehr zum Lebenswasser erschwert. Die Kindheit selbst kann als etwas Unerwünschtes und rasch zu Überwindendes hingestellt worden sein, und das ist vornehmlich dem Einfluß des *Vater*s zuzuschreiben. Insbesondere die Gestalt des »Königs« in unserem Märchen wird als Verkörperung des Willens zur Macht alles »Kleine« und »Kindliche« im Erleben seiner Söhne in eine Zone des Verachtenswerten verwandelt haben. Bei seinen beiden älteren ist ihm das offenbar auch weitgehend gelungen, doch umso schwerer muß es dem jüngsten fallen, sich entgegen der väterlichen Verwünschung die Rückkehr in die mütterliche Welt der Kindheit zu ermöglichen. Es kostet ihn eiserne Energie, das Tor zu dem »Garten« mit dem »Wasser des Lebens« zu erschließen; das dreimalige Schlagen mit der Rute im Auftrag des »Zwerges« wirkt gewiß wie ein magisches Ritual, – schon der Dreizahl wegen[78]; doch verrät es auch etwas

76 Vgl. E. DREWERMANN: Brüderchen und Schwesterchen, in: Landschaften der Seele oder: Was Vertrauen vermag, Bd. 1, S. 279–287, zu der »Verhexung« der Welt durch die »Stiefmutter«.

77 Vgl. E. DREWERMANN: Aschenputtel, in: Landschaften der Seele oder: Wie man die Angst überwindet, Bd. 3, S. 169–177, zur Beziehung einer Halbwaisen zu der »Stiefmutter« und den »Stiefschwestern«. – BRUNO BETTELHEIM: Kinder brauchen Märchen, 225–264, legt den Akzent zu Recht auf das »Grundvertrauen«, das »dem Kind durch die gute Fürsorge eingeflößt« wird, »die es in der frühesten Kindheit von seiten der Mutter erfährt … Was das Leben … erträglich macht, ist das »Bild der guten Mutter, das wir internalisiert haben.« (S. 246)

78 Zur Dreizahl vgl. C. G. JUNG: Versuch einer psychologischen Deutung des Trinitätsdogmas, in: Ges. Werke, Bd. XI, S. 132: »Das ›Eine‹ und das ›Andere‹ bilden einen *Gegensatz* … Jede Gegensatzspannung aber drängt zu einem *Ablauf*, aus welchem das *Dritte* entsteht … Die Drei erscheint daher … als ein passendes Symbol für einen Entwicklungsprozess in der Zeit und bildet somit eine Parallele zur Selbstoffenbarung Gottes als des absoluten

von dem dringlichen Verlangen nach Einlaß, und offenbar ist es die Beharrlichkeit dieses Verlangens selbst, die dem Prinzen die Türe öffnet, – einen eigenen Pförtner in dem Schloß gibt es nicht; der Türhüter am Eingang zu sich selbst ist er selbst.

Dabei verfügt der Prinz, weil er auf die Worte des »Zwerges« gehört hat, immerhin über ein ungefähres Vorwissen über das, was ihn bei der Auseinandersetzung mit sich selbst in dem verwunschenen Schloß seiner Seele erwarten wird. Doch entscheidend für den Fortgang ist, wie bei jeder Psychotherapie, der ernsthafte Wille, sich auf das Abenteuer der Selbstbegegnung und Selbsterneuerung wirklich einzulassen. Wie stark und wie echt ist der *Leidensdruck*? Diese Frage befindet oft genug darüber, ob eine psychoanalytische Therapie überhaupt möglich und angezeigt ist. Von einem »echten« Leidensdruck kann man sprechen, wenn ein Patient deutlich spürt, daß die Probleme, mit denen er es zu tun hat, in seiner eigenen Psyche begründet sind; »unecht« ist ein Leidensdruck, der als ein Ungemach erlebt wird, das von anderen ausgeht, ohne daß man die eigene Mitwirkung bei den Reaktionen etwa der Klassenkameraden, Arbeitskollegen, Verwandten und Bekannten hinreichend versteht.

Der dritte Sohn des kranken »Königs« hier nimmt die Erkundung des verwunschenen Schlosses in der ausdrücklichen Absicht auf sich, das Leben seines Vaters zu retten; dieses Motiv entspringt dem verständlichen Leiden an der tödlichen Erkrankung des Vaters, verbunden freilich mit einem starken Verantwortungsgefühl. »Warum fühlen Sie sich für Ihren Vater derart zuständig?« wird manch ein Therapeut in dieser Situation seinen Klienten fragen, und er könnte geneigt sein, dessen »Überverantwortung« als ein neurotisches Problem bewußt zu machen und aufzulösen; hier im Märchen allerdings agiert der »Sohn« zwar nach Art einer eigenständigen Person, doch verkörpert er eigentlich (»subjektal« betrachtet) eine der psychischen Kräfte in der Persönlichkeit des »Königs« selbst, mit der dieser sich aus dem Zustand seiner Verzweiflung erlösen könnte und möchte.

Einen in der Entfaltung der Drei.« S. 210: »… die Dreiheit ist ein Archetypus, der mit dominierender Kraft eine geistige Entwicklung nicht nur begünstigt, sondern gegebenfalls auch erzwingt.«

»Echter« kann unter solchem Aspekt ein Leidensdruck nicht sein, und so versteht man die »eiserne« Energie, endlich sich Zugang zu sich selbst zu verschaffen.

c) Die Zähmung der »Löwen« oder: Sanftmut statt Gewalt

Das aber ist nur erst der Anfang. Gleich hinter der Eisenpforte liegen im Innenhof des verwunschenen Schlosses zwei Löwen, die furchterregend ihren Rachen aufsperren und mit der Angst, die sie verbreiten, den Zugang hindern[79]. Doch der Prinz hat vor ihnen keine Angst, weil der »Zwerg« als sein innerer Therapeut und Lehrmeister ihn bereits auf die Situation vorbereitet und mit den nötigen Mitteln versehen hat, ihr standzuhalten. – Was sich jetzt freilich begibt, ist für alles Weitere richtungweisend, und es bedeutet, recht verstanden, das Ende der seelischen Erkrankung dieses »Königs« im Märchen sowie gleichermaßen aller dritten *Richards* dieser Erde in Politik wie in Geschichte.

Um die totale Umkehrung zu dem krankhaften Verhalten der Machthaber dieser Welt zu begreifen, muß man das, was der jüngste der Königssöhne jetzt tut, nur in Gedanken mit der Art vergleichen, in der die »normalen« Bewerber um Einfluß und Macht angesichts der zwei Löwen im Schloßhof vorgehen würden, – die beiden älteren Brüder zum Beispiel. Ihre Handlungsweise wäre es, die Löwen mit Spieß und Schwert zur Strecke zu bringen, und genau so wird es in unzähligen Heldengeschichten denn auch erzählt und verherrlicht: – als Rettungstat aus schwerer Not. – In den Sagenüberlieferungen steht regelmäßig ein heroischer Gewaltakt zu erwarten: Ein Drache

79 C. G. JUNG: Mysterium Conjunctionis, in: Ges. Werke, XIV 2, S. 42–43, sieht in den »Löwen« »eine Vorstufe der Erkenntnis unbewußter Inhalte.« Der »Löwe« steht auch – entsprechend der »Wandlungsstufe des *Helios*«, für »den *alten* König … auf einer gewissen Stufe der Erneuerung … Zugleich stellt er den sich wandelnden König theriomorph dar, d. h. in der Gestalt, in welcher er sich aus seinem unbewußten Zustand heraus zu erkennen gibt. Die Tierform drückt aus, daß der König gewissermaßen vom Tier überwältigt oder überdeckt ist und infolgedessen seine ganze Lebensäußerung nur in tierischen Reaktionen, welche eben nichts anderes als Emotionen sind, besteht. Die Emotionalität im Sinne unbeherrschter Affekte ist eine wesentlich tierische Angelegenheit.« (S. 44)

bewacht einen unermeßlichen Schatz, und nur ein Recke wie der junge *Siegfried* vermag ein solches Ungeheuer zu töten und damit den Schatz der Nibelungen an sich zu nehmen; nach seinem Sieg wird er sogar baden im Blut des erschlagenen Monstrums und sich dadurch unverwundbar machen. Solche Drachenkämpfer mögen auch in Märchen manchmal vorkommen, – in der Geschichte von den »*Zwei Brüdern*« zum Beispiel (KHM 60)[80] – ; hier aber, bei der Suche nach dem »Wasser des Lebens«, ist alles und *muß* alles ganz anders zugehen. Dieser »Retter« vor tödlicher Erkrankung geht in der Auseinandersetzung mit den Löwen nicht vor wie der griechische Heros *Herakles,* der den nemëischen Löwen tötete und sein Fell als Kleidung zum Abzeichen seiner Großtat sich umhängte[81]; – solange man sol-

80 Vgl. E. DREWERMANN: Die zwei Brüder, in: Landschaften der Seele, IV 173–389. – BRUNO BETTELHEIM: Kinder brauchen Märchen, 88–93, betont, auf dem Hintergrund des altägyptischen Brüdermärchens, »das zentrale Motiv der Destruktivität ödipaler Bindungen und geschwisterlicher Rivalitäten … Eine glückliche Lösung erfordert, daß sich die Brüder von ödipaler und geschwisterlicher Eifersucht freimachen« (S. 89). Der »Drachenkampf« bleibt ausgeblendet.

81 Vgl. KARL KERÉNYI: Die Mythologie der Griechen, II 116–118: Der Löwe von Nemea: »Als Jäger rottete *Herakles* nicht die gewöhnlichen Tiere der Erde aus wie *Orion,* trat auch nicht in der Rolle des Herrn der Unterwelt als Jägergott auf, sondern er scheint gegen den Tod gejagt zu haben. Er besiegte und nahm unheimliche Tiere gefangen, die Göttern angehörten, manche ausgesprochenerweise den Unterweltgöttern. Als er nach seinem Sieg über den Löwen von Nemea dessen Fell samt dem Kopf auf Haupt und Schultern nahm, verwandelte sich das, was die Sterblichen früher mit dem Tode bedrohte, in das Versprechen ihrer Rettung.« Die Mutter des Löwen war die Schlangengöttin *Echidna,* die sich mit ihrem Sohn, dem Hund *Orthos,* verpaart hatte. – Die Tötung des Drachen (des Lindwurms), der Schätze bewacht, durch *Sigurd* (Siegfried), erzählt die Geschichte von den Völsungen, in: ULF DIEDERICHS (Hg.): Nordische Nibelungen, 35–49; vgl. auch *Ragnar Lodbroks* Drachenkampf, a. a. O., 109–111. – Von daher wundert es nicht, daß in der Heiligenlegende der Typ des Drachentöters in Gestalt des hl. *Georg* als des Patrons und Kriegshelden der Briten sein Gegenstück in der hl. *Martha* aus Lk 10,38–42 findet, die im Unterschied zu ihrer Schwester *Maria* bei einem häuslichen Empfang Jesu sich um die Bewirtung kümmerte und seither als die Verkörperung eines aktiven Lebens in Antinomie zu einer meditativ-betrachtenden Lebensform gilt. Eine ihrer größten Taten war der Sieg am Flusse Rhodanus (zwischen Arles und Avignon) über einen Drachen, »halb Tier, halb Fisch, der war dicker als ein Rind und länger als ein Pferd; seine Zähne waren wie Schwerter und spitz wie Hörner; und war

che Helden ihrer martialischen Größe wegen bewundert, wird man weiter das »Böse« im Kriegsmodus niederringen und niederzwingen wollen und damit die Spirale der Gewalt nur immer tiefer in die Körper und Seelen der Menschen hineinschrauben; Frieden und Versöhnung, Sanftmut und Verständigung werden auf diese Weise niemals erreicht werden, sondern nur in immer weitere Ferne gerückt. Die Vorgehensweise dieses dritten Prinzen im Märchen indessen lehrt beispielgebend, wie man die Angst vor dem geöffneten Rachen eines knurrenden Raubtiers, besser als durch Gewalt, durch Mildtätigkeit überwinden kann.

Was das Märchen an dieser Stelle erzählt, findet motivgeschichtlich eine bedeutsame Parallele in der Legende vom heiligen *Franziskus*, der in Gubbio, als im Winter in den Averner Bergen hoher Schnee lag, von einem Wolf sich herausgefordert sah, der in den Hürden der Schafhirten immer wieder Tiere gerissen hatte; mit Äxten, Sensen und Knüppeln zogen die Bauern aus, um dem Untier den Garaus zu bereiten, als *Franziskus* barfüßig über den Schnee ihnen voran ging, geradewegs auf den Wolf zu; zärtlich fast umarmte er das gefürchtete Tier und sprach es an: »Bruder Wolf, nur aus Hunger hast du das getan.« Die Bewohner von Gubbio wies *Franziskus* an, künftighin den Wolf mit der nötigen Nahrung zu versorgen, und seither sah man das Tier friedlich, wie einen Schäferhund, durch die

gepanzert an allen seinen Seiten. Er lag in dem Flusse verborgen und tötete alle, die vorüberkamen.« *Martha* aber tötete das Untier nicht, sondern goß geweihtes Wasser über es aus und hielt ihm ein Kreuz vor, da war er [sc. der Drache, d. V.] besiegt und stund als ein zahmes Lamm. *Martha* band ihn mit ihrem Gürtel.« Es ist das Volk, das ihn – unnötigerweise, in der alten Handlungsgewohnheit – mit Steinen und Speeren tötet. Vgl. JACOBUS DE VORAGINE: Die Legenda aurea, S. 534. Am Grab der Heiligen, die verstarb mit den Worten Jesu in Lk 23,46, geschahen viele Wunder; auch der machtgierige Frankenkönig *Chlodwig* (481–511), der aus dem Geschlecht der Merowinger zum Begründer des Frankenreiches geworden war, soll von einem Nierenleiden durch die hl. *Martha* geheilt worden sein; zum Christentum trat er über, weil er in Christus den Garanten seiner Siege auf dem Schlachtfeld sah, – die Segnung mit dem Wasser des Lebens, die bei dem Drachen der hl. *Martha* gelang, indem sie das mörderische Ungeheuer in ein Lämmlein verwandelte, blieb erfolglos bei *Chlodwig* und all seinen fränkischen Nachfolgern.

Gassen der Stadt streichen[82]. – Wenn etwas »Böses« geschieht, so die Haltung des Heiligen, bessert es nichts und verschlimmert nur alles, wenn man frontal mit Gewalt dagegen anzugehen versucht; eine wirkliche Lösung kann es nur geben, wenn man das moralisch als »böse« Verurteilte als die Symptomatik einer tieferliegenden Not begreift, deren Ursachen es zu erkennen und nach Möglichkeit zu beheben gilt.

In die gleiche Richtung weist auch der Rat, den in dem Märchen der »Zwerg« dem Prinzen mit auf den Weg gibt: In einem jeden Menschen meldet die Stimme einer kindlichen Reinheit und Unschuld sich zu Wort, die mit der Botschaft der Bergpredigt, wie zu erwarten, genau übereinstimmt, – was dort gesagt wird, ist ja nicht etwas, das dem Menschen als wesensfremd aufgesetzt wurde, sondern es ist etwas, das dem Wesen des Menschen allererst Wirklichkeit verleiht: endlich werden wir zu den Menschen, die wir eigentlich sein möchten und sein müßten. »Fürchte nicht das Zähnefletschen der Löwen,« empfiehlt der Zwerg, »vernimm vielmehr ihr Brüllen als ein Betteln um Nahrung; sie sind keine geborenen Menschenmörder, sie wollen nur leben, wie alles, was lebt, und wenn du ihnen gibst, was sie zum Leben brauchen, sind sie keine Raubtiere mehr, sondern leben gezähmt an deiner Seite.«

Ein Zustand tritt ein, wie der Prophet *Jesaja* ihn symbolisch als die Wiederherstellung des Tierfriedens im Paradiese verheißen hat, wenn »die Wölfe bei den Lämmern wohnen und die Panther bei den Bökken lagern. Ein kleiner Knabe wird Kälber und junge Löwen und Mastvieh miteinander hüten, Kühe und Bären werden zusammen weiden, daß ihre Jungen beieinander liegen, und Löwen werden Stroh fressen wie die Rinder« (Jes 11,6–7).

82 Die Geschichte findet sich in: Die Blümlein, XXI, in: FRANZ VON ASSISI: Die Werke, S. 91–95. – THOMAS VON CELANO: Leben und Wunder des heiligen Franziskus von Assisi, II 35–36, S. 254–255, berichtet, daß Franziskus in Greccio, »wo er einst den Geburtstag des Kindes von Bethlehem feierte und mit dem Kinde selbst zum Kinde wurde,« die Leute von bissigen Wölfen und vom Hagelschlag befreite, indem er sie aufforderte, daß ein jeder seine Sünden bekenne und Buße tue.

Die Löwen im Märchen werden zwar kein Stroh fressen, dafür aber das Kulturprodukt, das Menschen aus den Ähren der Getreidehalme herzustellen gelernt haben: Brot. Indem der Prinz den Hunger der Löwen mit Hilfe der mitgebrachten Brote sättigt, nimmt er die wilden Tiere in den Bereich des Menschlichen auf, er domestiziert die Wildheit der Natur in der Obhut der Kultur, – er befriedet damit sich selbst. Seine eigenen Triebregungen muß er nicht länger bekämpfen und in strenger Selbstbeherrschung dressieren wie ein Zirkusdompteur, er kann mit ihnen freundlichen und zivilisierten Umgang pflegen. Die Wandlung von Gewalt zu Güte scheint damit zu gelingen, und die weitere Entwicklung der Geschichte zeigt, wieviel davon abhängt: ein *Leben ohne Angst* – es hat so viele Aspekte, entlang der gesamten seelischen Entwicklung.

Denn auch diese Bedeutung haben die »Löwen« am Eingang des Schlosses: Wer sich getraut, in der Auseinandersetzung mit sich selber das verwunschene Schloß seines Unbewußten zu betreten, wird nicht umhinkommen, die Angst vor den neu ins Bewußtsein dringenden Triebwünschen zu bewältigen. Was alles in ihm ist in Kindertagen bereits mit moralischem Anspruch als »unaussprechlich« verboten und verdrängt worden! Jetzt meldet es sich in animalischer Wildheit zurück und droht wie ausgehungert das Ich mit seinen schwer beherrschbaren Bedürfnissen zu verschlingen. »Ich hatte immer Angst, zur anderen Seite vom Pferd zu fallen«, gestand jemand seine Scheu, den so lang unterdrückten Wünschen endlichen freieren Lauf zu lassen.

Ein solches Zögern wird man umso besser verstehen, wenn man anhand der symbolischen Andeutung »des« Triebhaften in Gestalt der »Löwen« sich inhaltlich eine Vorstellung davon macht, was konkret hier gemeint sein könnte.

Passend zur Deutung des Raubtiermotivs erzählt das Märchen von *»Brüderchen und Schwesterchen«* (KHM 11) zum Beispiel von der Furcht des »Brüderchens«, in einen »Tiger« verwandelt zu werden, wenn es seinen quälenden Durst an dem Quellwasser eines rauschend vorbeiströmenden Flusses zu stillen sucht[83]. Unzweifelhaft ist in dieser Geschichte das »Schwesterchen« soeben dabei, sich vom Mädchen zur Frau zu entwickeln, und die ersten weiblichen Gefühlsregungen treten ihm als eine alles verschlingende Bestie gegenüber, in die sein »Brüderchen«, mithin der eigene liebesdurstige Seelenanteil, bei der ersten Befriedigung sich in ihrer Angst zu verwandeln droht. Auch in dieser Geschichte haben wir es mit einer Welt zu tun, die verwunschen worden ist, allerdings nicht von einem »König«, wie bei dem jungen Prinzen, sondern von einer hexenhaften Stiefmutter. Gleichwohl ist, wie wir wenig später erfahren, auch in unserem Märchen der Prinz gerade auf dem Weg, sich von einem Jungen zu einem Mann zu entwickeln und zum ersten Mal einer Frau zu begegnen. Allein schon deshalb ist es sehr lohnend, die Art ihrer Annäherung näher zu betrachten.

d) Das Leben lieben kann nur der Liebende oder: Die Erlösung einer verwunschenen Prinzessin – Zärtlichkeit statt Stierkampf

Im Kampfmodus männlicher Dominanz muß man sich das Werben um die Liebe einer Frau zumeist als eine enorme Großtat der Tapferkeit im Sieg über ein Untier vorstellen, wie es legendär etwa vom heiligen *Georg* überliefert wird, der eine Jungfrau vor einem Drachen rettete[84]; mythisch, in der Form einer Heldensage, erzählt die Geschichte von *Perseus* davon, wie er die gefährliche Meduse *Gorgo* enthauptete und die an den Felsen gekettete *Andromeda* befreite[85].

83 Vgl. E. DREWERMANN: Brüderchen und Schwesterchen, in: Landschaften der Seele, Bd. 1, S. 303–318: Die Tierverwandlung; FRIEDEL LENZ: Bildsprache der Märchen, 81–83, erinnert an *Dionysos*, dem die Griechen »den Tiger als Symbol beigaben« und den sie »auf einem mit Tigern bespannten Wagen fahren ließen.« – In dem »Wolf« erblickt sie, in Erinnerung an den *Fenris*-Wolf der Germanen, »ein passives Sich-Verlieren an egoistische Gier, an Unwahrheit und Täuschung.«

84 Zur *Georgs*-Legende vgl. JACOBUS DE VORAGINE: Die Legenda aurea, 300–306; der Drachenkampf (S. 302–303) führt dahin, daß der König in Dankbarkeit für die Rettung seiner Tochter zu Ehren der Jungfrau Maria und des hl. *Georg* eine Kirche bauen läßt.

85 Vgl. E. DREWERMANN: Grenzgänger, 256–304: *Perseus* und *Andromeda* oder: Von wechselseitiger Erlösung.

(Vgl. Tafel 2) Das Alter und die Verbreitung dieses Motivs vom Tierkampf als Werbung um die Hand einer (ebenfalls verwunschenen) Königstochter verrät durch sich selbst den religiös-rituellen Hintergrund solcher Vorstellungen, die vor allem in der *Mithras*-Religion ihre Wurzeln haben dürften und in den spanischen Stierkämpfen bis heute vor großem Publikum ihre emotionale Wirkung ausüben. Der Dualismus der altpersischen Frömmigkeit hat den Sieg des Licht-Gottes *Mithras* über den Stier als den Vertreter der Dunkelheit zu einem Triumph des Guten über das Böse ausstilisiert[86]: der Torero, der mit der Capa die Hörner des angreifenden Stiers zentimetergenau um seinen Körper herumlenkt, um ihn als Matador dann mit einem gezielten Degenstoß zwischen den Schulterblättern zu töten, erzeigt sich damit sicherlich als jemand, der diszipliniert und konzentriert den dumpfen Andrang seiner eigenen animalischen Bedürfnisse zu meistern versteht, – PABLO PICASSO hat immer wieder solche Stierkampfszenen gezeichnet (vgl. Tafel 3), und ERNEST HEMINGWAY, den das Thema Tod und Leben, Tapferkeit und Scheitern, Kampf und Niederlage in all seinen Werken faszinierte, sah im Stierkampf eine höchstmögliche Aufgipfelung der Männlichkeit[87]. Und bei allen Zweifeln, – hatte er nicht recht? Wer in der Arena sieht, wie ergriffen vor allem die Frauen als Zuschauerinnen dem Zweikampf zwischen Stier und Mensch folgen und frohlockend dann dem männlichen Sieger ihre Taschentücher zuwerfen, wird sich der Auffassung des amerikanischen Autors nur schwer entziehen können.

86 Zur *Mithras*-Religion vgl. REINHOLD MERKELBACH: Mithras, 9–22: Das Stieropfer, bes. S. 13–14: »Die Leute sagen, daß *Mithra*, d. h. die Sonne, das Rind getötet habe. Nun tut aber nach der Lehre des *Zarathustra* derjenige eine böse Tat, der ein Rind tötet … so kommt man in die größten Schwierigkeiten.«

87 Vgl. ERNEST HEMINGWAY: In unserer Zeit, XII, S. 79: »Das ganze Töten machte er (sc. *Villalta*, d. V.) in einem Anlauf. Der Stier sah ihn haßerfüllt von vorn an. Er zog den Degen aus den Falten der Muleta, visierte mit derselben Bewegung und rief den Stier an: Toro! Toro! Und der Stier griff an, und *Villalta* griff an, und eine Sekunde lang waren sie eins. *Villalta* war eins mit dem Stier, und dann war es vorbei. *Villalta* stand aufrecht da, und das rote Heft des Degens stak vorschriftsmäßig zwischen den Schultern des Stieres. *Villalta* hob die Hand zur Menge empor; der Stier hustete Blut und blickte *Villalta* an, und seine Beine gaben nach.«

Zwei Voraussetzungen hat der Prinz inzwischen geschaffen, um der Herrin des verwunschenen Schlosses zu begegnen: er hat mit Energie den Zugang zu ihr (und damit zu sich selbst) erschlossen, – er hat begonnen, den Bereich des Unbewußten ernsthaft anzugehen; und er hat gerade nicht als Matador im Abstechen bestimmter wilder Tiere sich betätigt, er hat im Gegenteil die raubtierhafte Wildheit seiner Triebwünsche durch Anerkennung und durch Kultivierung ihrer natürlichen Bedürfnisse »passabel« gemacht: unbeschadet kann er künftig an ihnen vorbei gehen. Aber nicht nur. Aus Sicht der verwunschenen Prinzessin kann man auch sagen: sie wird als Partner nur jemanden in ihre Nähe lassen, der die nötige Energie in der Durcharbeitung seiner unbewußten Triebregungen aufbringt und diese hinreichend integriert hat, um mit ihnen kontrolliert und geordnet umzugehen; es steht für sie demnach nicht zu gewärtigen, in einer möglichen Beziehung als Erfüllerin ungezügelter männlicher Leidenschaften herhalten zu müssen. Sie braucht die Annäherung des Prinzen also nicht zu fürchten; doch kann sie eine solche wünschen? – Ob das der Fall ist oder sein kann, wird sich allein an der Art der Annäherung des Prinzen selbst entscheiden, und so knapp gehalten das Märchen davon auch erzählt, so charakteristisch und lehrreich erzeigt sich die Verhaltensweise dieses jungen Mannes.

Er ist unterwegs, um für seinen auf den Tod erkrankten Vater ein Elixier des Lebens heimzuholen, doch wie ohne zu bemerken, was für eine Wandlung sich in ihm selbst dabei begibt, muß er erfahren, daß er einzig auf dem Weg der Liebe an das Wasser des Lebens heranzukommen vermag. Den an sich selbst verzweifelten König vermag er nur als jemanden zu retten, der durch Liebe gelernt hat, das Leben zu lieben. Vor dem Wahn seiner Brüder ist er, Gott sei Dank, bewahrt geblieben, daß er, entsprechend dem Königsideal des Vaters, auch weiterhin das Gefühl der eigenen Nichtigkeit und Unbedeutendheit durch eine Egoinflation[88] von Machtansprüchen und durch rücksichtslose

88 Zur Ego-Inflation vgl. LEOPOLD SZONDI: Triebpathologie, 1. Bd., S. 106: »Das Ich dehnt sich dadurch aus, daß Triebstrebungen aus dem Unbewußten in das Bewußtsein hineindrängen.« »Die einfache Bedürfnisdialektik im Ichtrieb bewegt sich in dem Gegensatz: Bewußtmachen von unbewußten

Konkurrenzkämpfe gegenbesetzen müßte: Ein solches Konzept, weiß er in der Weisheit des »Zwerges«, dient nicht dem Leben, es tötet bereits im Ansatz alles, was das Leben innerlich als liebens- und bejahenswert erfahrbar machen könnte. Wer aus Abscheu vor sich selber in einem chronischen Mißverhältnis zu sich steht, kann auch nach außen hin nur abwerten, verachten und zerstören.

Dieses Problem an sich ist wohlgemerkt mit dem menschlichen Dasein selber gegeben, und so verlangt es letztlich nach einer religiös-existentiellen Antwort, die durch noch so gute Beziehungen unter Menschen allenfalls verheißen, doch niemals erfüllt werden kann. Wie kostbar gleichwohl Begegnungen sind, die als bejahend, wertschätzend und anerkennend sichtbar machen, woraus wir wirklich existieren und welch einen Wert wir in uns selbst und in dem Menschen neben uns besitzen und entdecken können, lehrt uns jede tiefe menschliche Beziehung. Es sind Geschenke einer reinen Liebe, die uns wahrhaft leben lassen; sie sind das eigentliche Heilmittel gegen den Weltschmerz der Verzweiflung, indem sie uns befähigen, kennenzulernen und anzuerkennen, wer wir wirklich sind. Der Kampf und Krampf des ständigen Betrugs und Selbstbetrugs weicht, wenn es so steht, der so einfach scheinenden und in der Tat alles vereinfachenden Zusage von Treue, Sanftheit und Wahrhaftigkeit.

Wie aber lernt man Liebe? – Indem man bei sich selber bleibt und manche Dinge unterläßt, erklärt das Märchen in Gestalt des jüngsten der drei Königssöhne. Noch ahnt er selber kaum, was alles sich in seinem Leben ändern wird, wenn er die Person findet, die ihm zentral und wesentlich sein wird, weil er sie liebt vom ersten Moment der Begegnung an. – Stets wird ein Mensch, der liebt, es so empfinden, wie *Adam* in der Paradieserzählung, als er nach langem Schlaf der Frau begegnet, die in ihrem Wesen alles das ergänzt, was ihm sonst

Triebstrebungen gegen Stellungsahme für oder gegen das Bewußtmachen. Oder anders ausgedrückt: Ichausdehnung gegen Icheinengung, Egodiastole gegen Egosystole … Die wichtigste Triebdialektik im Ich bewegt sich … in der Bewegung der zwei aneinandergebundenen Ichfunktionen: Ichausdehnung (Egodiastole) gegen Icheinschränkung (Egosystole). Die zwiefache Strebungsdialektik bewegt sich zwischen den Gegensätzlichkeiten 1) Projektion gegen Inflation, 2) Negation gegen Introjektion.«

wie von seinem Herzen fortgenommen vorkäme: sie ist die Person, die Gott ihm zugeführt hat und zu der er sich wie hypnotisch hingezogen fühlt als gleichen Wesens mit sich selbst (Gen 2,21–23)[89]. Freilich, was in der Bibel sich darstellt wie die Erfüllung eines Wunschtraums, ereignet sich im Märchen in einer Abfolge bemerkenswerter Einzelschritte in voller Wachheit des Bewußtseins.

In liebender Geduld und Langsamkeit oder: Vom Zutrauen und Vertrauen

Der Prinz betritt das verwunschene Schloß und kommt *»in einen großen schönen Saal«*. »Weite des Herzens« sagte man auf Altägyptisch, wenn man einen Menschen »glücklich« nennen mochte[90]; genauer gesagt, erfährt der Jüngling in dem weit sich öffnenden Innenraum des »Schlosses« das Glücksgefühl der Vorfreude auf etwas, das er als Inbegriff des Wünschbaren in greifbarer Nähe erlebt, – mit der Ausschüttung von Dopamin wird dieses Erleben nach Meinung der Neurologen begleitet[91]; doch eben deshalb ist es durchaus möglich, ja in gewisser Weise sogar üblich, das so naheliegende Glück durch kurzschlüssige Ungeduld zu zerstören: In dem schönen Saal des Palastes hält eine Mehrzahl gleichermaßen verwunschener Prinzen sich auf, und man braucht sich bei der Ungeduld des Herzens nur vorzustellen, wie man vormals in königlicher Hofhaltung das *faire l'amour »comme il faut«* (das Liebe-Machen, wie man sich's schuldig ist) praktizierte.

Wir leben heutigentags nicht mehr im Zeitalter des Feudalismus, doch manche Gepflogenheiten der Ehrwürdigen jener Zeit haben sich mittlerweile scheinbar demokratisiert, – sie sind zum Gewohnheitsrecht ehrbarer Bürger geronnen. Ein Landesfürst jener alten

89 Vgl. zur Stelle E. DREWERMANN: Strukturen des Bösen, I. Bd., Nachw. zur 3. Auflage: Von dem Geschenk des Lebens, S. 368–384: Von der Geborgenheit im Ring der Liebe.

90 Vgl. RAINER HANNIG: Großes Handwörterbuch Ägyptisch-Deutsch, S. 4: ꜣwt-jb: Freude, Fröhlichkeit; das Verb ꜣwj – bedeutet »ausstrecken, überreichen«.

91 Vgl. E. DREWERMANN: Atem des Lebens, Bd. 1, S. 75–76: Das Dopamin System; 529–531. Dopamin selbst vermittelt kein Belohnungsgefühl, stellt aber eine Belohnung durch hirneigene Opiate in Aussicht.

Tafel 1

Tafel 2

Tafel 3

Tafel 4

Tage besaß nicht nur die Möglichkeit, er oblag schon durch seine Stellung der staunenden Erwartung seiner Untertanen, ihnen wie zum Ersatz wirklicher Liebe durch eine Vielzahl von Liebschaften das Vermögen seiner Männlichkeit unter Beweis zu stellen. Ein solcher Herrscher wäre kein Herrscher gewesen, wenn er nicht »jede« hätte »haben« können, die er begehrte. In einem Psalmenlied auf die Hochzeit des Königs zeichnet das Alte Testament die Gefühle nach, die im alten Orient eine Frau zu empfinden hatte, die Seine Majestät sich für den Harem erwählte: »Höre, Tochter, ... und neige dein Ohr ... Den König verlangt nach deiner Schönheit, denn er ist dein Herr, und du sollst ihm huldigen.« (Ps 45,11.12) Von dieser Denk- und Handlungsweise wird man sich die »Prinzen« in der schönen Schloßhalle vorstellen müssen, – als Lüstlinge von Rang und Würden, die – wie jemand aus dieser erlauchten Schar sich einmal auszudrücken pflegte – es gewohnt sind, »lustspendend und -empfangend quer durch den Acker zu pflügen«.

Ihren wahren Zustand versteht man in seiner ganzen Tragweite wohl erst durch den Zusatz, daß diese »Prinzen« allesamt »Verwunschene« sind. In der Seele des dritten der Söhne des kranken Königs repräsentieren sie nicht einfach »normale« Triebwünsche, wie sie bereits angsterregend genug in Gestalt der »Löwen« in Erscheinung getreten sind, sie vertreten Handlungsmöglichkeiten, die in ihm selber jetzt bereitliegen und nur darauf warten, sich ausleben zu dürfen. Das aber ist eben das Problem: in ihrer »Verwunschenheit« erlebt der »Prinz« sie in ihrer Vielzahl nicht als sein eigenes Wünschen in freier Selbstverfügung, sondern als ein aufgezwungenes, widerwilliges und widerwärtiges Streben, das, weil verboten, trotz allem in einer Mischung aus Schuldgefühl und Triebdurchbruch eine desto höhere Lustprämie in Aussicht stellt. Was ist da zu tun?

Das Märchen gibt an dieser wichtigen Stelle keine direkten Handlungsanweisungen, es folgt vielmehr seiner eigenen Weisheit vom »Nicht-Widerstehen gegen das Böse« (Mt 5,39), wenn es einfach schildert, was der junge Mann auf der Suche nach dem Wasser des Lebens entsprechend seinem Wesen wie selbstverständlich tut: er zieht den verwunschenen Prinzen die Ringe vom Finger. Das sind gewiß die standesüblichen Siegelringe, mit denen die Herrscher ihre schriftlichen Botschaften und Abmachungen beglaubigen konnten, zugleich aber sind sie auch die Abzeichen ihrer überlegenen Macht, die man, ehrerbietig niederknieend, hochachtungsvoll bei jeder Begrüßung zu küssen hatte. Doch jetzt: eben dieser verfeierlichte aufgenötigte Hochmut wird abgestreift! Und das ist die Bedingung, sich der Prinzessin zu nähern. Auf dem Wege zur Liebe ist am wichtigsten die Tatsache, daß mit dem Ring zugleich auch das Gelöbnis ehelicher Gemeinschaft und Treue sich verbindet. – Indem der Jüngling der Vielzahl von verwunschenen Prinzen den Ring vom Finger zieht, erreicht er für sich selbst damit also gleich zweierlei.

Zum einen beendet er die Unverbindlichkeit und Unverantwortlichkeit von Liebeszusagen, die ohne Ernst nur dem Augenblick gelten. Wie weit die Praxis leichtfertiger Affären rund 200 Jahre nach den Brüdern Grimm zum Vorrecht nicht nur der Jugend, sondern auch mancher schon Älteren, in den eigenen Augen aber noch »jung Gebliebenen«, heutigentags gediehen ist, zeigt sich in den zumeist amerikanischen »Fachausdrücken« für solches Gebaren in der Jugendsprache: Ein *»one night stand«* heißt: es bedeutet gar nichts, einmal ist keinmal; *»tindern«* und *»liken«* heißt: ich gehe keine Beziehungen ein, sondern schiebe die Bilder möglicher Lustobjekte nach ihrem äußeren Eindruck auf meinem Smartphone nach rechts (mag ich) oder nach links (mag ich nicht), je nachdem, wie mir die Laune kommt; selbst ein Wort wie *»lover«* ist abfällig gemeint und auf deutsch, obszön genug, mit »Stecher« zu übersetzen. Da es bei einem solchen Verfall der Sprache kaum noch möglich ist, glaubwürdig von Liebe zu reden, hat auch das Scheitern von vermeintlich seriösen Kontakten mittlerweile einen eigenen Namen bekommen: man nennt es *»ghosting«*, wenn der Partner einer geglaubten Liebesbeziehung plötzlich verschwindet und sich in Luft auflöst. – Es ist, wie man sieht, ein wichtiger Schritt der Reifung, wenn der Königssohn seinen Wunsch nach Liebe von all den Allüren äußeren Ansehens und hohler Willkür befreit; er löst damit seine eigene Verwunschenheit auf, indem er seine Wünsche fortan einer eigenen Entscheidung und Verantwortung unterstellt.

Zum anderen nimmt er die bisherige Richtungslosigkeit und Unentschlossenheit möglicher Beziehungen nunmehr in die eigene Hand und konzentriert sie auf den Vorsatz, wenn schon, dann künftig nur eine, eine *einzige* ausschließliche Verbindung einzugehen. Der Partner seiner Zuneigung soll und wird alle Liebe und Liebenswürdigkeit auf sich ziehen und sich anlegen wie ein Königsgewand. So jedenfalls sein Entschluß, so der Abschluß aller Tändelei und Fenterei in menschlich bedeutsamen Beziehungen. Ach ja: »Nein ist Nein« im Munde einer Frau bei sexuellen Beziehungen. Doch diese Regel gilt generell. »Eure Rede sei: das Ja ein Ja, das Nein ein Nein. Alles andere ist vom Übel«, sagt Jesus in der Bergpredigt (Mt 5,37). Die Erneuerung des Lebens, die Wiedergeburt zu einem wahren Leben, beginnt mit einer solchen Einheit von Liebe und Wahrhaftigkeit. Damit verbunden ist zugleich eine Einheit von Stärke und Güte.

Eine doppelte Mitgift oder: Die Einheit von Stärke und Güte, von »Schwert« und »Brot«

Mitunter haben wir Grund, über uns selber uns zu wundern, indem wir in unserer geistigen Entwicklung Fähigkeiten gewinnen, deren praktische Bedeutung wir erst weit später erkennen; eigentlich kann es anders freilich auch gar nicht sein, gehen die wesentlichen Reifungsschritte zu uns selber doch weniger aus einem planbaren Tun als aus einer allmählichen Veränderung unseres Daseins hervor.

Fast wirkt es wie eine überflüssige Doppelung, wenn das Märchen erzählt, der Königssohn, nachdem er den verwunschenen Prinzen die Ringe von den Fingern gezogen habe, finde jetzt *»ein Schwert und ein Brot«*, die scheinbar einfach so daliegen. Deutlich weisen sie zurück auf die eiserne Rute und die zwei Brote, die der »Zwerg« dem jungen Mann auf den Weg gegeben hat, um sich durch das Tor und vorbei an den Löwen überhaupt einen Zugang in das verwunschene Schloß zu verschaffen. Jetzt, im Inneren des schönen Saales angelangt, entdeckt er dieselben Gaben in etwas verwandelter Gestalt ein zweites Mal, nun aber nicht mehr als Übergangsgeschenke für den Eintritt in eine neue Lebensphase, sondern als eine Mitgift für das ganze weitere Leben. Die eiserne Rute, die vormals als Türöffner diente, steht ihm jetzt als Schwert zur Verfügung, und aus den zwei Broten zur Besänftigung der Löwen ist jetzt ein einziger Laib Brot geworden, dessen besondere Bewandtnis der »Zwerg« aber erst später, bei der Rückkehr des Prinzen, aufklären wird.

Was hier innerlich geschieht, läßt sich als eine Wandlung begreifen, die sich folgerichtig aus der Handhabung der »Ringe« ergibt, indem diese in angegebener Weise die gesamte Einstellung verändert. »Wenn ich jemals jemanden liebgewinne und ihm die Treue verspreche«, besagt diese Wandlung, »wird diese eine Person der für mich wesentliche Mensch sein, der einmalig und unvertauschbar im Mittelpunkt meines Lebens stehen wird. Was ich selber bin, ordnet sich dadurch um dieses eine Zentrum herum, das mir Halt und Orientierung, Sinn und Beauftragung, Identität und Einverständnis ermöglicht.« Das »Schwert«, das der Prinz dadurch erhält, verwandelt seine seelische Energie von einem Mittel zum Zugang zu sich selbst in eine Fähigkeit, sich auch in der Auseinandersetzung mit äußeren Widersprüchen und Anfeindungen beizubehalten und durchzusetzen. Das Bild so zu deuten bedarf allerdings seiner möglichen Mißdeutbarkeit wegen einer eigenen Begründung.

Das *Schwertmotiv* kann in den Mythen, Märchen und Sagen auf eine lange Tradition zurückblicken, deren Anfänge in der Bronzezeit liegen dürften und ursprünglich gezielt der Verherrlichung männlicher Kraft beim Abschlagen der Gliedmaßen gefährlicher Tiere und Menschen galten[92]; besondere Schwerter betrachtete man als ein Geschenk des Schmiedegottes *Hephaistos* oder als das Erzeugnis berühmter Schmiedehandwerker[93], – *Wieland* der Schmied und sein

92 Vgl. E. DREWERMANN: Nur durch Frieden bewahren wir uns selber, 64–67: Das Schwert der Bronzezeit und der Kult des Helden.

93 HOMER: Ilias, XVIII 531–540, S. 394, – wie *Hephaistos* den Schild *Achills* verziert. Vgl. auch MIRCEA ELIADE: Schmiede und Alchemisten, 29–35: Mythologie der Eisenzeit, S. 32–33: »Vergegenwärtigen wir uns ... diese Folge mythischer Bilder: die Götter des Gewitters bewerfen die Erde mit ›Donnerkeilen‹; sie haben als Insignien die Doppelaxt und den Hammer; das Gewitter ist das Zeichen des Hierogamos von Himmel und Erde. Indem sie auf ihren Amboß schlagen, ahmen die Schmiede die Geste des starken Gottes nach ... Die Metallurgie, nach der Töpferei und dem Ackerbau entstanden, gehört in eine geistige Welt, in welcher der Gott des Himmels, der

Schwert Mimung zum Beispiel wurden bekannt aus der Überlieferung des Gotenkönigs *Theoderich* (Dietrich von Bern)[94].

in den völkergeschichtlichen Phasen des Sammelns und der niederen Jagd noch gegenwärtig war, durch den starken Gott, den befruchtenden Mann, den Gemahl der Großen Erdmutter, endgültig verdrängt wurde.« An die Stelle der Schöpfung durch ein höchstes himmlisches Wesen tritt jetzt die Vorstellung der Schöpfung durch den Hierosgamos, Schöpfung wird Zeugung, verbunden mit blutigen Opfern.

94 Um den Lindwurm *Fafnir* zu töten, muß *Sigurd* ein Schwert haben wie das Schwert Gram von König *Sigmund*; *Regin* schmiedet ihm ein Schwert, das ist, »als ob Feuer aus den Schneiden brenne.« ULF DIEDERICHS (Hg.): Nordische Nibelungen, 40–41: Die Schwertschmiedung. Der Gott *Cheru* besitzt ein Schwert, das Zwerge geschmiedet haben und dessen Klinge das Morgenrot bestrahlt, – es sind *Ivaldis* Söhne, die *Odins* Speer, und *Sindri*, der *Thors* Hammer Miölnir geschaffen hat. – Vgl. WILHELM WÄGNER: Nordisch-germanische Götter- und Heldensagen, 162: Cherus Schwert. – Zu dem von Zwergen geschmiedeten Schwert *Tyrfing* und seinen Besitzern vgl. EDMUND MUDRAK (Hg.): Die Sagen der Germanen. I. Nordische Götter- und Heldensagen, S. 202–226. Zur Sage von *Wieland*, dem Schmied und dem Vater *Witeges*, des Gefolgsmannes, dann Gegners *Dietrichs von Bern*, vgl. a. a. O., II. Deutsche Heldensagen, S. 7–14: Wieland der Schmied; S. 166–169; das Schwert *Mimung*, wird von *Wieland* seinem Sohn übergeben und durchschneidet jede Brünne und jeden Helm, es zerbricht aber bei einem Schlag auf *Dietrichs* Helm. – Das Bild des »Kriegers« »in Vollendung« zeichnen ROBERT MOORE – DOUGLAS GILLETTE: König, Krieger, Magier, Liebhaber, S. 110–122: »Die Loyalität des Kriegers und sein Pflichtgefühl richten sich ... auf etwas, das über seine Person hinausführt, das sich von ihm und seinen Interessen abhebt. Die Loyalität des Helden dagegen gilt ... in Wahrheit sich selbst – mit sich selbst will er Eindruck auf sich selbst und seine Mitmenschen machen.« Daneben steht für sie: »Der Schattenkrieger: Der Sadist und der Masochist,« S. 122–130. Der »Krieger« gilt hier als (Arche-)Typ ohne psychoanalytische und sozialpsychologische Vertiefung; so ergeht (S. 131) die Empfehlung, »den richtigen Zugang zum Krieger« zu finden, denn dann »werden wir energisch, entschlossen, mutig, ausdauernd und beharrlich sein ... Gleichzeitig müssen wir den Krieger mit den Kräften der anderen gereift männlichen Energieformen verschmelzen: mit König, Liebhaber und Magier.« Dazu aber müßte die Energie des »Kämpferischen« verinnerlicht und vergeistigt werden, statt sich unter den mörderischen Befehlen von Militär- und Machtpolitik zu immer neuen Massakern auf den Schlachtfeldern manipulieren zu lassen. So betont zu Recht FRANZ VONESSEN: Der wahre König, in: Vom Menschenbild im Märchen, 29: »der Held im Märchen muß ein richtiger Held sein. Mit einem Wort gesagt, besteht sein Heldentum darin, sich selbst nicht untreu zu werden ... Der Königssohn wird, was er ist. Er ist königlichen Stammes ... er soll verwirklichen, was er nach der Berufung schon ist. Dieses Ziel hat zwei Seiten ...: Herrschaft und Hochzeit.« Oder: Macht durch Liebe.

Äußerst wichtig ist deshalb die Frage, wie man derartige Geschichten auslegt: Wer bei ihrer wortwörtlichen Bedeutung stehen bleibt, kann in historischer Korrektheit zweifellos einen Beitrag zum Verständnis der martialischen Heroenverehrung in der Antike leisten, doch wird er damit in der Vorstellungswelt verbleiben, die wir als Grund für die tödliche Krankheit von Königen der Typologie *Richards III.* zur Kenntnis zu nehmen haben.

Das Märchen vom Wasser des Lebens will gerade umgekehrt schildern, wie eine Erlösung aus dieser Wahnwelt möglich ist, und es verlangt daher, die Sprache von »Schwert« und »Krieg« und »Kampf« nicht länger *verbotenus* zu interpretieren, sondern sie symbolisch als Ausdruck innerer Spannungen und Auseinandersetzungen zu verstehen. Der womöglich wichtigste Beitrag zum Frieden besteht in diesem Sinne darin, daß man bestimmte Interessengegensätze und Konflikte nicht länger auf den Schlachtfeldern der Geschichte zu entscheiden sucht, sondern sie im eigenen Inneren austrägt und damit das mörderische Abschlachten unzähliger Menschen als Feinde ein für allemal hinter sich läßt. Wozu unser Märchen von der Errettung des todkranken Königs einlädt und wozu es hinführt, ist, so verstanden, nichts Geringeres als der Eintritt in eine neue humanisierte Stufe der menschlichen Kulturgeschichte, in der man nicht mehr mit gezückten Schwertern, verwunschen von blutrünstigen Heroenphantasien, aufeinander losgeht, sondern die Schärfe des Denkens dazu verwendet, von Fall zu Fall die Gründe von Aggression und Feindschaft zu klären und zu überwinden.

Das Problem eines rechten Verständnisses der Rede vom »Schwert« stellt sich ganz analog auch bei der Auslegung der Bibel. Endlos ist in ihr – wie nicht anders in den Überlieferungen der Ägypter, Mesopotamier, Inder, Griechen und Römer – von Kriegen die Rede, die in angeblich göttlichem Auftrag durch besonders erwählte charismatische »Retter« und »Richter« oder durch eigens geweihte und gesalbte »Könige« geführt werden. Wer darauf beharrt, Erzählungen dieser Art als äußere Ereignisse mit der Aura göttlicher Offenbarung zu versehen, verurteilt sich selbst dazu, geistig in der Bronze- und Eisenzeit gefangen zu bleiben und ihre Tragödien in der Politik der Gegenwart in unablässigem Wiederholungszwang stets von neuem aufzuführen. Das Bemühen Jesu als des Christus (des Königs, des Gesalbten, hebr.: des Messias) war es gerade, den gesamten gewalttätigen Hintergrund der menschlichen Geschichte hinter sich zu lassen, im Wissen, welche Widerstände und Widersprüche ihn eine solche symbolische Verlagerung der biblischen Triumphgesänge vom Sieg über äußere Feinde nach innen in die Auseinandersetzung mit sich selbst kosten würde; doch diese Spannung eines radikalen Umdenkens hielt der Mann aus Nazareth für unvermeidbar. »Ich bin nicht gekommen,« sagte er in einem Wort, das widersinnigerweise mitunter als Beweis für eine kriegerische Gesinnung gewertet wird, – »ich bin nicht gekommen, Frieden zu bringen, sondern das Schwert« (Mt 10,34)[95]. Was Jesus hier voraussah, ist der Riß, den seine Botschaft einer fundamentalen geistigen Erneuerung notwendigerweise quer durch die Menschen zwischen Zustimmung und Ablehnung ziehen würde, ja, sie würde ihn selber das Leben kosten (Mk 10,32–34)[96]; doch um des Friedens willen mußte er dieses »Schwert« der inneren Klärung und Überwindung, insbesondere der Angst vor Machtverlust, Entehrung und Tod, im Vertrauen auf Gott und die Verheißung ewigen Lebens, auf die Erde bringen und den Menschen in aller Welt und zu allen Zeiten zumuten, sie reich beschenkend durch die Stillung ihres Daseinshungers in Anerkennung und Liebe.

Das Ende der Verwunschenheit oder: Die Entdeckung wahrer Schönheit in der Liebe

So ausgestattet, mit dem »Schwert« einer angstfreien geistigen »Durchschlagskraft« in der Hand und einem »Brot«, für dessen

95 Zur Stelle vgl. E. DREWERMANN: Das Markus-Evangelium, II 129–147: Mk 12,32–45: Das Leid des Menschensohnes oder: Die Regenten der Völker und die Diener Gottes, S. 134–138.

96 A. a. O., II 143–147. – WILHELM LAIBLIN: Symbolik der Wandlung, in: Märchenforschung und Tiefenpsychologie, 362, erwähnt das »Ahnenschwert« als »das kostbare Gut, das … von der jenseitigen Welt in diese Welt … zur Meisterung des Lebenskampfes« hereingeholt wird und »Heil und Lebensfülle verleiht.« Die jenseitige Welt ist die des Geistigen, Gütigen, Göttlichen.

Erwerb man nicht töten muß, um zu überleben, sondern das sich weiterreicht, um davon zu leben, ist der Prinz jetzt befähigt, den für ihn entscheidenden Schritt zu *tun »in ein Zimmer, darin stand eine schöne Jungfrau«*. – »Typisch« möchte man denken, wenn wieder einmal in einem Märchen von einer »schönen Jungfrau« die Rede geht; doch was Märchen als »typisch« erzählen, sollte man nicht als leere Stereotype abtun, sondern in ihnen Erfahrungen verdichtet finden, die für die Art unseres Erlebens und Zusammenlebens charakteristisch sind, insbesondere wenn wir, wie hier, einem Menschen begegnen, der sich im innersten Bereich des eigenen – weitgehend noch unbewußten – Wünschens und Sehnens aufhält.

Ein klassisches Element eines solchen Verlangens ist die Faszination des gänzlich Neuen, Erstmaligen, noch Unberührt-Jungfräulichen. Es ist, als ginge man über ein Schneefeld, das noch niemand betreten hat, so daß jeder Schritt eine einzigartige Spur hinterläßt. Hinzu kommt allemal die verlockende Schönheit von Frauen, die ihren sinnlichen Ausdruck gefunden hat in den berühmten Bildern von *Botticelli* (1445–1510) bis *Klimt* (1862–1918); doch trifft gerade in diesem Zusammenhang die Weisheit des »Kleinen Prinzen« zu: »Man sieht nur mit dem Herzen gut.« Eine Frau konnte der italienische Maler als die Göttin *Aphrodite* beim Betreten der Welt auf Leinwand bannen, aber auch als von Schmerz gezeichnete *Maria Magdalena*[97]; und im Oberen Belvedere in Wien sieht man *Klimts* Frauenbilder als Ausdruck der Zärtlichkeit wie der Verführung, der Unschuld wie der Wonne, – eine Rätselhaftigkeit des Frauseins, die nur der Betrachter selber für sich zu lösen vermag. Er selbst als Zuschauer in der Art, wie er schaut, entscheidet darüber, was er von und in einem anderen Menschen wahrnimmt. Ein Liebender schaut Liebenswürdiges, ein Furchtsamer sieht Furchtbares, ein Widerspen-

97 Vgl. LUCIANO BERTI: Botticelli, in: Kindlers Malerei-Lexikon in 15 Bden., II. Bd., S. 97–106: »Unmißverständlicher als in der Gestalt der *Maria Magdalena*, die sich in wahnwitziger Angst vor dem Kreuz niederwirft und den Löwen, das Wappentier von Florenz, auspeitscht, konnte sich der Maler nicht äußern. Das Kreuz, woran sich *Maria Magdalena* klammert, ist das Symbol für die einzige Rettung, die der Menschheit bleibt.«

stiger erblickt ringsum nur Widerwärtiges, – in allem sieht er sich selbst.

So wäre »Schönheit« also eine gänzlich projektive Wahrnehmung? Sehr subjektiv ist sie gewiß; doch eben darin liegt die Leidenschaft der Liebe begründet, daß in ihr zwei Subjekte schutzlos und ohne Vorbehalt, »nackt, ohne sich zu schämen«, wie die Bibel sagt (Gen 2,25), einander zugewandt und zugetan sind, – ein jeder hat's dem andern »angetan«. Doch was ist dieses »Antun«? Sicherlich nicht eine bloße Verformung der Wirklichkeit durch reines Wunschdenken, vielmehr die Steigerung und die Entfesselung des eigenen Wünschens durch die Wirklichkeit des anderen. Es stimmt: der Liebende sieht in dem anderen sich selbst, doch ist er selber mit seiner Liebe nur der Lichtschein, der die Anmut und die Schönheit der Gestalt des anderen so weit in Glanz und Helligkeit eintaucht, daß sie für sich selber und zugleich vor aller Augen sichtbar wird. Erst als ein Liebender sieht er die wahre Schönheit, die der andere ist.

Wenn man so will, kann man auch sagen: Ein Liebender ist ein PLATONiker: Was ihm an Wohlgestalt die Augen, am Wohlklang seine Ohren, am Wohlgeruch die Nase von der Person des anderen vermitteln, bewirkt nach Meinung mancher Psychologen durch sich selbst bereits einen *coup de foudre*, eine Liebe auf den ersten Blick, und Psychoanalytiker sind überzeugt, daß jeder aus den Erfahrungen seiner Kindheit ein bestimmtes Schema in sich trägt, das die Erwartungen des für ihn Liebenswerten vorgibt; Sinnliches und Seelisches wirken so zusammen, doch beides bleibt in dieser Form noch immer etwas äußerlich Bestimmtes. Was uns von innen her und wesentlich verbindet, meinte PLATON[98], sei eine geistige Wahrnehmung, die uns das unverfälschte Wesen der Person des anderen enthüllt: mitmal begreifen wir, aus welchen Quellen, Überzeugungen, Befähigungen und Erfahrungen der andere lebt. Was ist ihm wesentlich? Wenn wir *das* langsam zu verstehen lernen, beginnen wir, sein Wesen selber zu

98 Vgl. PLATON: Symposion, 191d-193d, in: Sämtliche Werke, II 222–224: Eros als Geleiter und Rückführer in die alte Natur ist Urheber des größten Gutes; 206b-207a, S. 235–236: Die Weise des Liebesvollzugs ist Zeugung im Schönen um der Unsterblichkeit willen.

erschauen, und indem in uns selbst darauf alles einschwingt in Zustimmung und Zuwendung, erbaut sich ganz wie von selbst die Brücke der Verbundenheit, die wir Liebe nennen. Sie ist das Erlebnis und Ergebnis tiefer Wesensverwandtschaft, einer Herkunft aus dem gleichen Ursprung, einer Bestimmung füreinander, die, wie man jetzt fühlt, seit je schon bestand, doch jetzt erst ins Erleben tritt.

Fortan zentriert sich das eigene Dasein neu. Was immer wir vom anderen erfahren, – es trägt mit dazu bei, sein Wesen tiefer zu begreifen, und das Wenige, das wir zu wissen meinen, wächst in uns weiter, erträumt sich eigene Vorstellungen, bestätigt sich in überraschenden Andeutungen und Mitteilungen; man möchte mehr, nur immer mehr vom anderen erlauschen, um ihm nah zu sein. Ein positiv sich selbst verstärkender Kreislauf entsteht: liebend möchte man immer mehr von dem anderen verstehen, und je mehr man von ihm versteht, desto inniger wird das Empfinden der Einheit mit ihm. Denn deutlich wird dabei: was man äußerlich von dem anderen zu sehen bekommt, ist nicht einfach nur der Ausdruck dessen, was als sein Wesen in Erscheinung träte; vieles davon meldet sich eher wie versteckt oder verstellt, wie überlagert von ganz anderen Stimmen, zu Wort, und man muß herauszuhören versuchen, was im Gewirbel der Äußerungen innerlich als eine echte persönliche Mitteilung zu verstehen ist. Die Wahrnehmung des Wesens ordnet von daher zunehmend auch die Eindrücke der äußeren »Wirklichkeit«, die wohl ihre eigene Wirksamkeit, doch kaum je eine authentische Wahrheit besitzt. Die erschaute Wahrheit im Wesen des anderen hingegen bringt die wechselseitige Liebe zueinander immer reiner und heller zum Leuchten.

Nur so ist die traumhafte Leichtigkeit zu verstehen, mit der im Märchen die *»schöne Jungfrau«*, voll Freude, als sie den Prinzen erblickt, ihn küßt und ihm sagt, er habe sie erlöst und solle bei seiner Rückkehr übers Jahr *»ihr ganzes Reich haben«*. Ob dieses Versprechen in Erfüllung gehen wird, steht noch in den Sternen, – fest steht vorerst nur, daß die Prinzessin, in gewissem Sinn das Seelenbild, die *anima* des Prinzen[99], selber verwunschen ist und der Erlösung harrt.

99 Vgl. CARL GUSTAV JUNG: Die Archetypen und das kollektive Unbewußte, in: Ges. Werke, IX 1, S. 69–87: Über den Archetypus mit besonderer Berück-

Das klingt nun gerade nicht verheißungsfroh, ist aber tatsächlich ein äußerst wichtiger Schlüssel zum Verständnis der Erlösung jener »königlichen« Krankheit zum Tode.

4. *Die wechselseitige Umkehrung des Vaterbildes oder: Die rettende Gegenwart eines ganz anderen*

Oft stellt man eine »gute« Ehe sich als ein Verhältnis vor, in dem der eine als Umfangender, der andere als der Umfangene fungiert[100]; doch ein solches »unipolares« Dominanzverhältnis mag wohl dem »Königsideal« entsprechen, hier aber zeigt sich gerade diese Beziehungsform erneut als ein Hauptproblem. – Zwei Menschen treffen aufeinander und fühlen sich aufs engste zueinander hingezogen, und die Begründung: sie sind beide in ihrer wechselseitigen Verzauberung Verwunschene, sie fühlen sich verwandt in der Vergleichbarkeit recht ähnlicher Konflikte und Komplexe, mit einem Wort: – ein Außen-

sichtigung des Animabegriffes, S. 86–87: »Die Anima ist ein Faktor von höchster Wichtigkeit in der Psychologie des Mannes, wo immer Emotionen und Affekte am Werke sind. Sie verstärkt, übertreibt, verfälscht und mythologisiert alle emotionalen Beziehungen zu Beruf und Menschen beiderlei Geschlechts.« »Nach der Lebensmitte … bedeutet dauernder Animaverlust eine zunehmende Einbuße an Lebendigkeit, Flexibilität und Menschlichkeit. Es entsteht in der Regel frühzeitige Erstarrung, wenn nicht Verkalkung, Stereotypie, fanatische Einseitigkeit, Eigensinnigkeit, Prinzipienreiterei oder das Gegenteil: Resignation, Müdigkeit, Schlamperei, Unverantwortlichkeit und schließlich ein kindisches ›ramolissement‹ (sc. Gehirnerweichung, d. V.) mit Neigung zu Alkohol.«

100 Vgl. CARL GUSTAV JUNG: Die Ehe als psychologische Beziehung, in: Ges. Werke, XVII. Bd., S. 220–223, S. 221: »Man könnte dies als das Problem des Enthaltenen und des Enthaltenden bezeichnen. – Der *Enthaltene* ist im wesentlichen ganz innerhalb der Ehe. Er wendet sich ungeteilt zum anderen, nach außen existieren keine wesentliche Verpflichtung und kein bindendes Interesse. Die unangenehme Seite dieses sonst ›idealen‹ Zustandes ist die beunruhigende Abhängigkeit von einer etwas unübersehbaren Persönlichkeit. Der *Enthaltende*, der, gemäß seinen etwas dissoziierten Anlagen, ein besonderes Bedürfnis hätte, sich in einer ungeteilten Liebe zu einem anderen mit sich selber zu vereinigen, wird … von der einfacheren Persönlichkeit überholt. Während er nach all den Subtilitäten und Komplikationen im anderen sucht, die seinen eigenen Facetten Ergänzung und Widerpart sein sollen, stört er die Einfachheit des anderen … so muß er seine Versuche, eine einfache Natur zu subtilen und problematischen Reaktionen zu veranlassen, bald aufgeben.«

stehender könnte nicht ohne Spott bemerken, es hätten sich in diesem Fall »genau die Richtigen« getroffen, und Psychologen werden geneigt sein, einer solchen Ehe warnend zu attestieren, sie werde sich als das Theaterstück einer *folie à deux* aufführen: zwei seelisch Leidende, die als Komparsen auf die Bühne treten, – muß das nicht als Tragödie (oder für bloße Zuschauer auch als Komödie) sich darbieten?

Man kann Märchen nicht vorwerfen, daß sie um die Gefahren und Gefährdungen der Liebe einen großen Bogen machten, im Gegenteil, sie zeigen, wie in unserem Falle, daß mancherlei Probleme manchmal überhaupt erst dann entstehen, wenn Menschen wechselseitig sich mit ihren Schwierigkeiten einander anvertrauen. Natürlich kann dadurch das Risiko sich bilden, daß die bestehenden Probleme in einer solchen Beziehung nicht dividiert und auf zwei Partner verteilt werden, sondern daß sie sich durch Multiplikation mit sich selbst zum Quadrat potenzieren; doch *daran* glauben Märchen in aller Regel recht zuversichtlich: daß Schwierigkeiten, die in der Liebe und durch die Liebe zustande kommen, auch in einer Haltung der Liebe zu überwinden sind.

Ganz fest glaubt daran in unserem Märchen vor allem die verwunschene Prinzessin beim Anblick des Königssohnes auf seiner Suche nach dem Wasser des Lebens, denn sogleich erkennt sie bei seinem Erscheinen das in ihrem Fall Entscheidende: es ist seine bloße Gegenwart, die sie von dem Bannfluch befreit, der auf ihr lastet. Nicht bestimmte Taten muß er vollbringen, um sie zu erlösen; seine Anwesenheit als Person bedeutet für sie das Ende ihrer Verwunschenheit. Aber wieso? Wer hat sie verwunschen und warum kann der Prinz sie durch seine bloße Nähe befreien? Das Märchen macht dazu keinerlei Angaben; doch wenn eine gut erzählte Geschichte Fragen aufwirft, die sie explizit nicht selber aufklärt, so findet sich die Antwort implizit in der Erzählung selbst.

Von dem Prinzen wissen wir, daß er seinen Vater von der tödlichen Krankheit seines König-sein-Müssens erretten will; wenn er nun mit diesem Versuch genau derjenige ist, der die Prinzessin von ihrer Verwunschenheit erlösen kann, so dürfen wir denken, daß die

Königstochter analog unter dem Fluch *ihres Vaters* leidet, und daß dieser Vater, der im ganzen Märchen nicht auftaucht, die gleichen Züge aufweisen wird, wie der Vater des Prinzen. Das Männlichkeitsideal, das ein solcher »König« seinen Söhnen abverlangt hat, kennen wir bereits zur Genüge; welch einen Eindruck aber wird ein im Wesen ähnlicher Vater bei seiner (anscheinend einzigen) Tochter hinterlassen?

Sie wird von seiner patriarchalen Attitüde der Selbstdarstellung aus Selbstunsicherheit, von seinem Autoritätsgehabe unter genereller Ausschaltung jeglicher Zweifel an seiner Person und insbesondere von seiner absoluten Kompetenzbeanspruchung in allen Lebenslagen und -fragen eher verschreckt als angelockt worden sein. Insgeheim aber – denn darüber zu reden galt bestimmt als strengstens verboten – wird sie sich nach dem genauen Gegenteil ihres Vaters gesehnt haben: nach einem Mann, der ganz anders ist, als es im Bannkreis der bisherigen Angst- und Schuldgefühle mit dem Zwang zu Gehorsam und Unterwerfung im Schatten des Vaters je zu erfahren war; – von einer »negativen Vater-Imago« spricht in solchen Fällen die Psychoanalyse[101], und sie meint damit, daß die alte Vaterbindung sich auch in der neuen Beziehung fortsetzen wird, allerdings in der Erwartung, sich in ihr von dem bedrückenden Bild des Vaters befreien zu können. In der Tat: nur wenn die »Prinzessin« jemanden findet, den sie so lieben kann, wie sie vergeblich versucht hat, ihren Vater zu lieben, vermag sie von dem Albtraum ihres bisherigen Lebens befreit zu werden. Doch wie und wo wäre ein solcher zu finden?

In einer Welt, die von den Mächtigen auf den Thronen beherrscht wird, in stetem mörderischem Konkurrenzkampf um die Frage, wer unter ihnen der »Erste« sein wird (Mk 10,42!)[102], kann die Seele einer

101 Vgl. CARL GUSTAV JUNG: Der Begriff des kollektiven Unbewußten, in: Ges. Werke, IX 1, S. 75–76, verweist darauf, daß »gerade die Elternimagines … am allerhäufigsten projiziert« werden. »Die Erfahrung zeigt …, daß nie bewußt projiziert wird, sondern Projektionen finden sich immer vor und werden erst nachträglich erkannt.«

102 Vgl. zur Stelle E. DREWERMANN: Das Markus-Evangelium, II 129–147: Mk 10,32–45: Das Leid des Menschensohnes oder: Die Regenten der Völker und die Diener Gottes.

Frau, die in nächster Verwandtschaft von dem Gehabe eines solchen »Königs« abhängig ist, sich nur so fühlen, wie es im *Lukas*-Evangelium von *Maria Magdalena* berichtet wird: von sieben Dämonen war sie besessen, ehe Jesus in ihr Leben trat (Lk 8,2)[103], und ihm schloß sie sich an bis hin zum Karfreitag (Joh 19,25), an dem sie miterleben mußte, wie alles, woran sie ihre Hoffnung gesetzt hatte, brutal vernichtet werden sollte, eben nach dem Gesetz jener scheinbar alles gebietenden Gewalt. Gerade diese Frau aus Magdala wird es sein, die der Welt die Botschaft der beiden Engel aus dem Grabe Jesu vermitteln wird, daß die Machenschaften der Mächtigen nichts als ihre Unmenschlichkeit offenbaren, mit der sie vermeinen, einen Mann wie Jesus ermorden zu müssen, um sich selbst an der Macht zu halten; Jesus selbst aber wird ihr begegnen als auferstanden vom Tod, als lebend auf immer in Gott (Joh 20,11–18)[104], und sie wird von ihm den Auftrag erhalten, diese ihre Erfahrung aller Welt weiterzusagen.

Erst in dieser Sicht versteht man das sonst in dem Märchen vom Wasser des Lebens so rätselhaft Bleibende: warum die Gegenwart des Prinzen in dem verwunschenen Schloß der schönen Königstochter auf der Stelle die Gewißheit, erlöst (nicht: zu werden, sondern:) zu sein, mit sich bringt. Endlich tritt hier jemand in ihr Leben, nach dem sie niemals aktiv hat suchen können, doch auf den ihre ganze Sehnsucht sich richtete und der selber aus eigener Not sie jetzt aufsucht. Er ist in allem ganz anders als sein Vater, den er von sich selber erlösen möchte, und eben deshalb ist er auch ganz anders als der Vater der Prinzessin, die er von dessen Bild schon durch sein bloßes Anderssein befreit. Nein, die Welt mag in Gehorsam gebeugt daliegen unter der Gewalt der »Großen« der Geschichte, und es mögen mitunter »die« Männer mitsammen die Meinung sogar noch bestärken, so sei es »schon immer« gewesen und könne anders auch gar nicht sein, – dieser eine hier, diese radikale Ausnahme inmitten der

103 Vgl. zur Stelle E. DREWERMANN: Das Lukas-Evangelium, I 518–528: Lk 8,1–3: Frauen im Gefolge Jesu oder: Von einer neuen Unbefangenheit, S. 522–526.

104 Zur Stelle vgl. E. DREWERMANN: Das Johannes-Evangelium, II 284–301: Joh 20,1.11–18: Die Botschaft von der Auferstehung oder: Maria aus Magdala sieht den Herrn.

Aussichtslosigkeit der uns so unheimlich vertrauten Kerkerwelt, hält die Rute in der Hand, um die Tür des Palastes zum Ausweg zu öffnen.

Schon daß er imstande war, mit der Energie seines dreimaligen Schlagens das eiserne Schloßtor aufzutun, gibt Zeugnis vom Anbruch der Freiheit, die mit ihm beginnt, – ganz so, wie die christliche Überlieferung davon erzählt, es habe Jesus die Pforte der Hölle geöffnet, um die Verdammten bei der Hand zu nehmen und sie herauszuführen aus der Stätte ihrer Qualen (die manche Theologen als ihre »Strafen« verstehen)[105]. (Vgl. Tafel 4) Insbesondere: dieser Königssohn hat bei seinem Eintritt ins Schloß die »Löwen« am Eingang nicht nach Heroenvorbild bekämpft, so wie *Herakles* den Höllenhund *Kerberos* mit der Kraft seines Arms überwandt[106], sondern er hat sie befriedet nach Art eines Heiligen wie *Franz* von Assisi, indem er auf kindliche Weise den Grund ihrer hungrigen Wildheit mit den zwei Broten des Zwerges besänftigte: er zähmte sie, statt sie zu bezwingen. Eben diese Einheit von Sanftmut und Stärke markiert gerade den erlösenden Kontrast zu der Unerträglichkeit des scheinbar »Normalen« und »Natürlichen« in unserem privaten wie politischen Zusammenleben.

In einer Welt der Gewalt gelten Sanftmut, Gewaltlosigkeit und Verständnis sogar und gerade gegenüber dem »Bösen«, wie es die Bergpredigt als Rettung der gesamten Welt»ordnung« beschreibt (vgl. Mt 5,39), zumeist als ein Zeichen von Schwäche und Feigheit, gerade nicht als ein Erweis von Entschlußkraft und Mut im Einklang des eigenen Wesens; genau das aber ist es[107]. Dieser junge Mann lehnt konsequent die martialischen und militärischen Verhaltensweisen ab,

105 Vgl. E. DREWERMANN: Wendepunkte oder: Was eigentlich besagt das Christentum?, S. 327–413: Eschatologie oder: Was darf ich hoffen?

106 Vgl. KARL KERÉNYI: Die Mythologie der Griechen, II 146: *Hades*, so wird erzählt, hatte *Herakles* erlaubt, »den Hund (sc. *Kerberos*, d. V.) mit sich zu führen, wenn er ihn ohne Waffen, nur mit Panzer und Löwenfell ausgestattet, gefangennähme ... *Herakles* ... würgte ihn so lange, bis er sich ergab. Das Tier versuchte ihn noch mit dem Schwanz zu beißen, nachher ließ es sich aber an die Kette legen.«

107 Vgl. zur Stelle E. DREWERMANN: Nur durch Frieden bewahren wir uns selber, 48–53: Vom Ende des Wahnsinns oder: »Halte die andere Wange hin« (Mt 5,39).

mit denen man agonal im Kampfmodus auf Menschen losgeht und anstehende Probleme zu lösen versucht; in seiner Grundhaltung wie in seinem Handeln widerlegt er die brachiale Durchsetzungsmanie und -manier, mit der für gewöhnlich Konflikte ausgetragen werden. Wenn seine Hand sich bewegt, dann ballt sie sich nicht zur Faust, um so heftig wie möglich drein- und draufschlagen zu können, sondern sie unterstreicht die Musik seiner Sprache und streichelt das Herz der Person, die sie hört.

Für die Prinzessin verkörpert der jüngste Königssohn eben dadurch all das, was sie als männliches Gegenüber im Gegensatz zu ihrem Vater je sich ersehnt hat: er ist zärtlich statt zänkisch, fördernd statt fordernd, rücksichtsvoll statt absichtsvoll, anbietend statt gebietend, verteilend statt zerteilend, aufrichtend statt abrichtend ..., – er wirkt unbeabsichtigt auf sie als eine *Mana*-Person[108], begabt mit der magischen Macht eines Helfers und Heilers nach Art der »göttlichen Männer« in den Wundererzählungen der Antike[109]. Anders kann es auch gar nicht sein: indem der Jüngling seinen Königsvater von seiner tödlichen Krankheit zu heilen versucht, entkränkt er zugleich das Vaterbild der verwunschenen Prinzessin. Und diese antwortet mit ihrem ganzen Herzen darauf.

»*Als sie ihn sah, küßte* (sie) *ihn*,« heißt es im Märchen, anscheinend ganz lapidar; doch was da geschieht, ist alles andere als etwas Beiläufiges. Allein schon daß die Prinzessin im intimen Kontakt mit ihrem Retter die Initiative ergreift, indem sie ihn mit ihren Lippen berührt,

108 CARL GUSTAV JUNG: Antwort auf Hiob, in: Ges. Werke, XI 391, deutet die »außerordentliche Wirksamkeit (=Mana)« von Bildern und Personen so, »daß man nicht bloß das Gefühl hat, damit auf das *Ens realissimum* hinzudeuten, sondern ... überzeugt ist, dasselbe auch auszusprechen.«

109 Vgl. KARL KERÉNYI: Der göttliche Arzt, 71–86: Arzt-Heroen und der Arzt der Götter bei Homer. DERS.: Ist die griechische Religion Erlösungsreligion?, in: Antike Religion, 258, konstatiert: »Den Griechen fehlte *der Erlösungskomplex*.« Doch schließt er (S. 259): »Die seelische Realität der Erlösung scheint ihre Bedeutung für die Humanität solange nicht zu verlieren, solange es *Gefangenschaft* – welcher Art auch immer – gibt und Gefangene, deren Zustand jeweils auch realer Seelenzustand ist.« So verstanden, sind die *theioi andres* – die göttlichen Persönlichkeiten – Orte der Erfahrung innerer und äußerer Befreiung von Angst.

kehrt die klassischen Konventionen einer erstmaligen Liebesbegegnung in auffälliger Weise um; nach diesen wäre es das Vorrecht des Mannes, seine Gefühle der Frau anzubieten, und diese stünde in der Pflicht, erst einmal vornehm abzulehnen, um nicht als jemand zu erscheinen, der »leicht« zu »haben« wäre. »Eine Frau ist eine Burg, die will erobert sein«, so lautete in den Tagen, da dieses Märchen entstand, die Anstandsregel für eine noch unverheiratete Frau. Hier aber ist es die Prinzessin, die dem Königssohn mit ihrem Kuß die Heirat verheißt, und sie verspricht ihm sogar, er solle *»ihr ganzes Reich haben, ... wenn er in einem Jahr wiederkäme«*. Dieses Versprechen gibt sie ihm in Dankbarkeit für ihre Erlösung, doch vor allem in unbedingtem Vertrauen zu seiner Person, welche die zauberhafte Fähigkeit besitzt, sie von der Verwunschenheit ihrer Vaterängste zu befreien.

Ein Motiv, das sicherlich dazu beiträgt, ihr Vertrauen so stark auf den Prinzen zu lenken, daß sie mit ihrem Kuß und mit ihrem Hochzeitsversprechen sich gänzlich ihm hingibt, darf man gewiß in der Sensibilität und Rücksichtnahme des Königssohns selber erblicken. Jemand, der derart leidenschaftlich und beherrscht zugleich sein kann wie der Prinz bei der Zähmung der »Löwen«, wird mit seiner Annäherung einer Frau weniger Angst machen als ein siegreicher Matador in der Plaza, der für seinen finalen Degenstoß die Gunst der Damenwelt erringt. Dieser Prinz tötet keine Tiere, er agiert nicht aggressiv gegen andere, er wird gewiß nicht übergriffig gegenüber einer Frau, die er liebt; auch in der Begegnung mit der Prinzessin nimmt er sein Begehren ersichtlich so weit zurück, daß diese selber ohne jede Scheu es wagen darf, den ersten Schritt zu tun. Gleichwohl wird ihr Kuß in reiner Zärtlichkeit seine Zartheit erwidern, – eine Berührung, mehr hingehaucht mit dem Atemwind ihres Mundes als gegeben mit der saugenden Sanftheit der Lippen.

Was in einer solchen Gebärde der Liebe indessen wirklich geschieht, geht weit über diese Szene hinaus: mit dem kindlich wirkenden Kuß tauscht die Prinzessin endgültig ihren Vater gegen den Königssohn ein. Indem sie sich an den Prinzen bindet, beendet sie ein für allemal die Gebundenheit an ihren Vater. In allem Folgenden spielt dieser Mann demgemäß auch keine Rolle, – entweder lebt er schon nicht mehr oder er ist wie lebendig tot. Seine Tochter jedenfalls ist jetzt imstande, über die Wahl ihres Gatten selbständig zu entscheiden, und imgleichen befindet sie sich offenbar auch bereits im Besitz eines Königreichs, das sie als ihr Erbeigentum dem Geliebten zu übereignen vermag. Doch um was für ein »Königreich« handelt sich's da?

F. Ein wahres Königreich als Quell des Lebenswassers oder: Ruhig bleiben, während die Zeit abläuft

Auch in diesem Motiv erblickt man gern ein stereotypes Stilmittel der Märchen, daß in ihnen Königssöhne und Königstöchter zueinander finden und die Vergabe eines Königreichs ihre Heirat belohnt. Doch wieder: die Stereotypie eines Märchens will nicht verdecken, sondern entdecken, was wesentlich sich begibt, wenn zwei Menschen in Liebe, der eine im andren, sich wiederfinden. Die königliche Abkunft, die stets den Geliebten umhüllt, enthält in ihrer poetischen Symbolik einen leidenschaftlichen Protest gegen die historische Realität, der sie entstammt. Gerade weil der dritte Königssohn sich weigert, nach Art seines Vaters und seiner beiden älteren Brüder »König« zu sein oder werden zu wollen, kann er dem sterbenskranken Monarchen das Leben retten und zugleich die Prinzessin aus ihrer Verwunschenheit befreien.

Das »Königtum«, das hier gemeint ist, steht zu der gewohnten Welt in demselben krassen Kontrast wie im Neuen Testament die Sprache vom »Königreich« Gottes zu den von Gott verworfenen Machtgebilden der menschlichen Geschichte: die Ankunft der Gottesherrschaft, die Jesus verheißt, bedeutet das Ende der Herrschaft jenes pantherähnlichen Untieres mit Bärenfüßen und Löwenrachen, das auf seinen sieben Häuptern zehn Hörner mit zehn Kronen trägt, die durch gotteslästerliche Namen gekennzeichnet sind; dieses Ungeheuer, in dem das Prinzip eines jeden weltumspannenden Hegemonialanspruchs, damals in der Gestalt Roms, doch in überzeitlicher Gültigkeit sich darstellt, besitzt seine Machtfülle erkennbar aus den

Händen des »Drachens«, und dennoch beten alle auf Erden immer erneut bewundernd und staunend diese vertierte Form pervertierter Menschlichkeit an (Apk 13,1–4)[110]. Um sie zu überwinden, gilt es, das wahre »Königreich« in all den Menschen sichtbar zu machen, die im Exil der Gottesferne sich voller Leid zurücksehnen nach dem verlorenen Paradies ihres Ursprungs: *sie* sind in den Augen Jesu in ihrem bewußten Gewaltverzicht und in ihrer Fähigkeit, Frieden zu bringen, die eigentlichen »Söhne Gottes« (Mt 5,5.9), des ewigen Königs, des »Königs der Könige« (Apk 17,14; 19,16); er allein ist der wahre Herrscher in den Herzen der Menschen, und seine »Macht« gründet einzig darin, daß er sie nicht beherrschen will, sondern daß er die Liebe selber ist (1 Joh 4,8). Daraus folgt: nur wer liebt, erkennt Gott als seinen »Herrn« (1 Joh 4,7) und beendet die »Gotteslästerung« aus Machtgier und Gewalt auf den zehn Kronen des »Tieres«.

Was religiös im Absoluten sich auf diese Weise zu erkennen gibt, findet seine Bestätigung in jeder zwischenmenschlichen Erfahrung echter Liebe. Ein Liebender legt dem anderen sein Herz zu Füßen als das Terrain, in dem er fortan »herrschen« darf, nicht als *»commander in chief«* (als militärischer Oberbefehlshaber), sondern als jemand, dessen Wünsche man am liebsten erlauscht, noch ehe sie ausgesprochen werden, – man liest sie an seinen Augen und an seinen Lippen ab, und man erfüllt sie »liebend gern«, ganz so, als wären es die eigenen. »Du bist mein König, meine Königin,« spricht die Liebe in den Herzen eines jeden Liebenden. Märchen erfinden diese Sprache nicht, sie bilden das Echo auf die Liebesworte der Wünsche in unseren eigenen Träumen, wenn wir, in den Schlummer gesunken, wie aus dem Grab erwachend zu unserem wahren Leben auferstehen.

Auch dies gehört dann dazu: man möchte in den Armen des geliebten Partners Ruhe finden und zur Ruhe kommen, wie schon als Kind einmal *im* Arm, *am* Arm des Vaters, der Mutter. Eine solch kindliche Geborgenheit inmitten einer Welt der Ungeborgenheit können wir absolut nur im Unendlichen, in Gott, erhoffen, jedoch

110 Zur Stelle vgl. E. DREWERMANN: Tiefenpsychologie und Exegese, II 576–580: Apk 12,18–13,18: Die Vision von dem Tier aus dem Meer und dem Tier aus der Erde.

erahnen wir sie anfanghaft schon in der Liebe eines jeden Menschen, der wahrhaft uns am Herzen liegt. Liebend fühlt sich das eigene Dasein wie getragen, merkwürdig leicht, wie schwebend über die dunklen Abgründe unseres Daseins, als höbe uns die Gegenwart des anderen ganz wie die Gondel einer Montgolfière geheimnisvoll dem Himmel entgegen und als wäre die Gravitation buchstäblich »aufgehoben«.

In einer solchen Stimmung und Gestimmtheit ist nun endlich die Voraussetzung auch dafür gegeben, daß die Prinzessin ihrem jetzt bereits Angetrauten erläutern mag, wo er den Brunnen findet, aus dem sich das ersehnte Lebenswasser schöpfen ließe. Deutlicher kann man in der symbolischen Erzählform eines Märchens nicht betonen, daß die Erlösung von der Todkrankheit des »Königseins« nur in der Innigkeit der Liebe anzutreffen ist. Allein die liebende Geliebte, die durch die Liebe aus eigener Verwunschenheit Errettete, vermag dem Prinzen das Geheimnis der Erneuerung des Lebens zu enthüllen. Auf dem Weg dahin ist nichts zu erzwingen, nichts zu erringen, – man kann nur dankbar aufnehmen, was als gnadenhaftes Angebot sich wie von selber darbietet, und man muß lernen, genauso »fließend« wie das Wasser sich im Leben zu bewegen: es strömt dahin und spendet Fruchtbarkeit und Schönheit an seinen Uferrändern; es kämpft nicht gegen die Gebirge an, die es umgeht; und es will nicht ein bestimmtes Ziel mit Macht erreichen; es folgt allein der Schwerkraft, die es, je länger es dahinströmt, umso sicherer dem Meer entgegenführt.

Als erstes also gilt es, Ruhe zu bewahren. Das heißt allerdings nicht, man dürfte oder könnte das Leben im *laissez faire*-Stil vertun und das Handeln andern überlassen. Der Prinz im Märchen ist nicht passiv, er ist hoch engagiert, um das Leben seines Vaters zu erhalten, und er weiß, wie bei jeder Todkrankheit, daß er mit seinem Heilmittel, wenn er's denn findet, nicht zu spät nach Hause kommen darf. Doch es ist nicht allein die ablaufende Lebensuhr des kranken Königs, die ihn kurz vor Mitternacht, wenn die Uhr Zwölf schlägt, dringend zur Eile mahnt. Wie die Prinzessin ihrem Retter und Geliebten mitteilt, öffnet sich das Zeitfenster zum Schöpfen des

Lebenswassers nur jetzt, in diesem einen entscheidenden Augenblick; verpaßt man zu tun, was jetzt an der Zeit ist, so springt das Tor zum Ausgang zu, und man gelangt nie mehr zurück.

Von daher scheint es sonderbar paradox, daß der Prinz ausgerechnet jetzt, im Widerspruch zur Warnung seiner Geliebten, beim Gang durch die Palastzimmer, als er *»ein schönes frischgedecktes Bett«* antrifft, *»so müde war«*, daß er sich erstmal hinlegt, um *»ein wenig«* auszuruhen. Daran tut er allerdings gut, weiß er doch genau: er muß nicht nur das Wasser des Lebens erlangen, er muß damit auch nach Hause zurückgelangen; es darf ihm nicht so ergehen wie jenem Soldaten, von dem berichtet wird, daß er im Jahre 490 v. Chr. nach der gewonnenen Schlacht über die Perser bei Marathon ohne Pause die 42 Kilometer nach Athen zurücklegte, bis er sterbend mit seinem letzten Atem einzig noch ausrufen konnte: *nenikēkamen* – wir haben gesiegt[111]. Der »Sieg« über den »Tod« seines Vaters darf den Prinzen selbst nicht das Leben kosten, sonst wären all seine Mühen umsonst. Um im Fluß zu bleiben, muß er folglich die Weisheit des chinesischen Sprichworts beherzigen: »Wenn du es eilig hast, mach einen Umweg«, was besagen will: handle besonnen, gerad' wenn es drauf

111 HERODOT: Historien, Buch VI 105–106, Bd. II S. 840–843 erzählt von *Pheidippides*, einem Schnellläufer von Beruf, der den Athenern von einer Erscheinung des *Pan* in der Nähe des Berges Parthenion oberhalb von Tagea berichtete, mit der Botschaft, der Gott werde alles zum Guten wenden. Die Erscheinung hatte er unterwegs, als er nach Sparta geschickt worden war, um Hilfe zu erbitten. Die 200 Kilometer lange Strecke von Athen nach Sparta legte er in zwei Tagen zurück. Zur Schlacht bei Marathon vgl. a. a. O., VI 113–117, S. 848–851. Die Meldung vom Sieg bei Marathon in dem 42 km entfernten Athen wurde von dem Satiriker LUKIAN (um 120–180 n. Chr.) dem Namen *Pheidippides* zugeschrieben. – Zu dem *»Schlaf«* des Prinzen bemerkt RUDOLF MEYER: Die Weisheit der deutschen Volksmärchen, 43: »Das Wasser des Lebens gewinnt der Prinz kurz vor Mitternacht; er muß es aber, noch ehe es zwölf schlägt, in Sicherheit gebracht haben. Ein Nachtgeheimnis ist also dieses Lebenselixier. Wir werden im Grunde durch jeden Tiefschlaf aus diesem Brunnen getränkt und mit seinem wunderbaren Wasser neu belebt ... Die Einweihung in solche Heilsweisheit kann sich also während des Schlafes vollziehen, aber doch nur in einem Zustand, der noch nicht völliger Tiefschlaf ist.« – EDZARD STORCK: Alte und neue Schöpfung in den Märchen der Brüder Grimm, 254, bemerkt: »Inmitten der schlafenden Welt des ›alten Adam‹ ist ihm die Gnade geworden, das heilende Elixier zu empfangen.«

ankommt; mach es nicht wie ein Hund bei der Hasenjagd, den bei jedem Haken, den der Hase schlägt, sein zu hohes Tempo immer wieder zu weit geradeaus laufen und die Beute verfehlen läßt; hüte dich, daß du vor Hast und Hetze nicht über die eigenen Füße stolperst. – Gerade so handelt jetzt der Prinz, indem er, trotz der Kürze der Zeit, Erholung suchend sich schlafen legt.

Andererseits darf er den gesetzten Zeitpunkt natürlich auch nicht verschlafen, – eine Weisheit, die in vielen Kulturen verbreitet ist. – Ihren Rabbi, der sie gelehrt hatte, alles auf Erden sei ein Gleichnis für Gott, fragten verwundert einmal seine Schüler: »Aber Rabbi, was soll man denn lernen von Gott bei der Eisenbahn?« Lächelnd gab der Rabbi ihnen zur Antwort: »Daß man in *einer* Minute alles verpassen kann.«[112] Sich die nötige Erholung zu gönnen ist demnach keinesfalls das gleiche wie Lethargie und Nonchalance. So wie der Eintritt ins Schloß der Prinzessin nur gelingen konnte bei einer Synthese von Leidenschaft und Beherrschung, von Kraft und Zärtlichkeit, von Energie und Empathie, so kann die Heimreise des Prinzen nur offen bleiben bei einem ausgewogenen Wechsel von Erholung und Anspannung, von Einschlafen und Aufwachen, von Pausieren und Pünktlichkeit.

Das Märchen – um 1815 – erzählt sich noch nicht in einer Zeit, da es in bürgerlichen Haushalten üblich ward, sich – anstelle der Kirchturmuhr – einen Wecker auf die Nachtkonsole zu stellen, um bis zu dessen Klingeln sorglos durchschlafen zu können; wenn freilich das Läuten der Weckuhr den Schlaf jäh endet, mag es einem Schlafenden heute ganz ähnlich ergehen, wie unserem Prinzen: er ist zwar im Schlafen immerhin wachsam genug geblieben, um nicht zu überhören, wie *»es dreiviertel auf zwölf«* schlägt; dann aber *»ganz erschrocken«* fährt er hoch, eilt zu dem Brunnen, um mit einem Becher das Lebenswasser zu schöpfen; und gerade noch rechtzeitig schlüpft er durch das eiserne Tor hinaus, das *»so heftig«* zuschlägt, *»daß es ihm noch ein Stück von der Ferse wegnahm.«*

112 MARTIN BUBER: Die Erzählungen der Chassidim, in: Werke, III 463: Abraham Jakob von Sadagora (gest. 1883): Von den modernen Erfindungen.

Humpelnd also, als Retter durch eine Verletzung gezeichnet, entsprechend dem archetypischen Erzählmotiv von dem verwundeten Heiler[113], wird der Prinz seinen Rückweg antreten. Ein ähnliches berichtet die Bibel von *Jakob*, der vor der Begegnung mit seinem Zwillingsbruder *Esau* eine Nacht lang bis zum Morgenrot mit einem »Engel« ringt und von ihm nicht abläßt, ehe dieser ihn segnet; von da an aber wird er hinkend sein (Gen 32,23–33). Die Auseinandersetzung mit dem »Engel« unmittelbar vor der Begegnung mit *Esau*, seinem *alter ego*, seinem anderen Ich, hat ihn die vormals so leichtfertige Behendigkeit gekostet, doch nunmehr zur Versöhnung mit seinem bis dahin so feindlichen, weil von ihm betrogenen Bruder geführt. Hier im Märchen geht die Behinderung wohlweislich der Begegnung des Prinzen mit seinen Brüdern voraus: an jeder Stelle seiner Heimkehr nach Hause stellen diese sich seinem befreienden Anderssein entgegen und beharren mit allen Mitteln der Lüge und Intrige auf die Durchsetzung ihres krankhaften Machtanspruchs.

113 MICHAEL MEADE: Die Männer und das Wasser des Lebens, 380, schildert den Vorgang so: »Im letzten Augenblick läuft er (sc. der jüngste Prinz, d. V.) durch die schweren Tore und entkommt knapp dem Schicksal, zu Stein zu werden – nur seine Ferse wird eingeklemmt. Ein Teil von ihm bleibt zurück, auf dem Weg nach draußen verliert er etwas … Der Körper wird gezeichnet, eine Narbe zeugt von dem dusteren Wissen um die Sterblichkeit … Hinkend verläßt er die Unterwelt. Aber seine Hände und sein Herz sind voll.«

III Rückkehr und Neubeginn oder: Umkehr als Heilung in Güte

Man kann es nicht oft genug sagen: das »Wasser des Lebens« läßt sich nicht anders erlangen als in der Art dieses dritten Prinzen: ohne Machtanspruch, ohne Durchsetzungswillen, in klarem Kontrast zu dem »Königsgehabe« seines todkranken Vaters und seiner zwei Brüder, dafür in Bescheidenheit zuhörend, »Löwen« besänftigend, sich dem Augenblick fügend und mit seiner Zugewandtheit die Verwunschenheit einer Prinzessin erlösend, die als einzige ihm den Weg zu dem Brunnen des Lebenswassers zu zeigen vermag; selbst der riskante Entschluß, trotz dringlicher Zeitbegrenzung sich vor dem entscheidenden Schritt erst noch einmal schlafen zu legen, fügt sich in diese Haltung: das Wasser des Lebens läßt sich nicht mit vorgreifender Planung und in strategischem Vorgehen aneignen, es findet sich nur in Folgsamkeit zu dem Rat *des* Menschen, den man am meisten liebt, und in Übereinstimmung mit sich selbst.

A. Die Rückreise als Bewußtwerdung oder: Was eigentlich geschieht mit mir?

Gerade deshalb aber mutet es an wie ein Ergebnis bloßer *fortune,* wenn wir den Königsohn jetzt im Besitz des Lebenswassers auf dem Weg nach Hause begleiten können. Sosehr es stimmt, daß ihn allein seine Umkehrhaltung gegenüber dem Erfolgsstreben seiner Brüder zum Erfolg führen konnte, so zutreffend ist es auch, daß alles bisher nach der Weisung des »Zwerges« in kindlichem Gehorsam wie traumhaft-selbstverständlich geschah. Erst jetzt, bei der Rückreise, in einer neuerlichen Begegnung mit dem Gnom, wird ihm bewußt, welch einen Wert die beiden wie beiläufig mitgenommenen Fundstücke im Schloß der Prinzessin besitzen: Dies *»Schwert«,* sagt der Zwerg, versetze seinen Besitzer in den Stand, *»ganze Heere«* zu schlagen, und das Brot werde *»nie all«*. Welch ein Gebrauch von dieser Mitgift des Lebenswassers zu machen ist, wird sich gleich zeigen; doch eines klingt hier bereits an, das verstärkt noch vor dem weitverbreiteten Mißverständnis der *Schwert*symbolik bewahren kann.

1. Rettung durch das »Schwert« des Friedens oder: Von innerer Sicherheit in Vertrauen

Wohl, wie man zur Rettung eines Königs ein ganzes Heer in die Flucht schlägt und durch Kraft und Stärke die Hand seiner Tochter gewinnt, erzählt zum Beispiel auch die Geschichte vom »Eisenhans« (KHM 136), und dies so sehr in der üblichen heroischen Art und Weise, daß man fast übersieht, wie man es auch hier mit einem Erlösungsmärchen zu tun hat, das in einer Serie hilfreicher Taten einen »wilden Mann« aus seiner Verwunschenheit in einen strahlenden König zurückverwandelt[114]. Hier in der Erzählung vom »Wasser des

114 Im Märchen vom »Eisenhans« erhält der Königssohn, der den zum wilden Eisenhans verwunschenen König aus seiner Gefangenschaft befreit hat, von diesem stufenweise bei seiner seelischen Entwicklung Beistand und Begleitung; als ein Krieg ausbricht, erbittet er vom Eisenhans *»ein starkes Roß«* und zieht mit einer *»großen Schar Kriegsvolk, ganz in Eisen gerüstet«*, in die Schlacht. Mit dieser Schar jagt der Jüngling hinter den zurückweichenden Truppen der Gegner her, *»fuhr wie ein Wetter über die Feinde und schlug alles nieder, was sich widersetzte. Sie wollten fliehen, aber der Jüngling saß ihnen auf dem Nacken und ließ nicht ab, bis kein Mann mehr übrig war.«* ROBERT BLY: Eisenhans, 274, meint bei seinem Versuch, das Kriegerische in der männlichen Psyche zu integrieren: »Den Vietnamveteranen ginge es heute besser, wenn wir in jeder kleinen Stadt ein Fest veranstaltet hätten mit einer berittenen Veteranenparade und einer jungen Frau, die ihnen goldene Äpfel zuwirft ... Die Kommandeure der Vietnamära hatten kein Ritual, das den Veteranen bei ihrer Rückkehr geholfen hätte ... Wir alle wissen, was dann geschah. Seit dem Ende des Krieges haben mehr Vietnamsoldaten Selbstmord begangen, als während des Krieges gefallen sind.« Die eigentliche Frage aber, die er beantworten möchte, stellt er sich (S. 265) selber: »Wie kann ein Mann diesem (sc. roboterhaften aggressiven soldatischen, d.V.) Zustand entfliehen, der dazu führt, sein ganzes Leben lang andere Menschen zwanghaft und destruktiv niederzuknüppeln? ... Das ist die Frage, die sich unsere große Nation stellen muß, nun, da der kalte Krieg kurz vor seinem Ende steht.« Das schien im Jahre 1990 der Fall zu sein, doch die Chance wurde vertan, weil die »große Nation« sich als Siegerin des kalten Krieges und als einzig verbliebene Weltmacht betrachtete. Anderseits hat BLY: A.a.O., 95, sicher recht, wenn er vor einer völligen Passivisierung des Mannes warnt:

Lebens« stünde es in völligem Widerspruch zu der Wesensart dieses dritten Königssohnes, ihn mit der mörderischen Machtmagie eines alles hinmetzelnden Zauberschwertes ausgestattet sich vorzustellen. Der Unterschied ist eklatant.

Wie bekämpft man siegreich ein gegnerisches Heer? Einzig mit Waffen, wirkungsvoller, als sie der Feind besitzt, – so bis heute die Devise aller Militärberater; also: mit Wundergeräten wie Tarnkappenbombern, Überschallraketen, Drohnen und mit Satelliten, die »Höllenfeuergeschosse« (*hell fire rockets*) zielgenau abfeuern können … Nein, und abermals nein, sagt im Protest dazu dieses Märchen in der Gestalt des dritten Prinzen. »Hört damit auf, denn so tragt ihr kein Wasser des Lebens nach Hause, so vergiftet ihr nur alles ins Tödliche.« Aber: wie soll man »siegreich« sein gegen eine überlegene Heeresmacht, ohne ihre Mannschaft schonungslos niederzumachen?

Genau davon erzählt schon in der Bibel die Sprache der Psalmen, indem sie Schutz vor feindlicher Bedrohung von Gott erbittet und als ihre Rettungserfahrung ein festes Vertrauen besingt. Der Psalm 90 etwa beginnt bereits mit den Worten: »Wer seine Wohnung hat im Schutz des Allerhöchsten und weilt im Schatten des Allmächtigen, der spricht zum Herrn: Mein Heil bist du und meine Zuflucht, mein Gott, auf den ich vertraue … Mit einem Schild umgibt dich seine Wahrheit, nicht fürchtest du dich vor Angst in der Nacht … Fallen auch Tausende zu deiner Seite, Zehntausende zu deiner Rechten, an dich gelangt es nicht.« Die »Siege«, die es hier zu erringen gibt, haben nichts zu tun mit physischer Überlegenheit »in Kraft und Stärke«, sondern sind rein geistiger Art (Sach 4,6): im Vertrauen, in Gott behütet zu sein, gleich, wie es kommen mag.

Eine ähnliche Umprägung vom Kriegerischen ins Psychische, vom Gewalttätigen ins Gewaltlose kennt überraschenderweise sogar die vom Samurai-Ideal geprägte Tradition Japans: in einer Schlacht darf sich der Herrscher als der »Berg« im Mittelpunkt des Geschehens nicht bewegen; sobald er in Furcht seine feste Stellung verläßt,

»die Kirche will den gezähmten Mann – Priester genannt; die Universität will den domestizierten Mann – Beamter genannt; die Firma will einen, der gut ins Team paßt, und so weiter.«

hat er verloren[115]. Im Rahmen militärischer Taktik ist eine solch starre Kriegsführung als höchst unvorteilhaft zu erachten und einem flexiblen Wechsel von Vordringen und Zurückweichen entsprechend der jeweiligen Gefechtslage weit unterlegen; geistig aber, symbolisch, ist diese Haltung durchaus sinnreich: innere Ruhe und »Unbeweglichkeit« (*ataraxía* in stoischer Bedeutung) ist entscheidend für ein Leben als »Gewinner« oder »Verlierer«.

Freilich, wer die Richtigkeit dieser Haltung erst einmal begriffen hat, braucht nach außen hin gar keine Kriege mehr zu führen. Er hat den »Sieg« über die eigene Angst und die eigene Angriffslust bereits davongetragen; er braucht gar keine Kriege mehr, weder weil er sich bedroht fühlen würde, noch weil er im Gefühl seiner Unterlegenheit anderen mit dem Schwert in der Hand seine Überlegenheit dartun müßte. Er ruht, im Vertrauen auf ein Absolutes, das ihn umgibt, in sich selbst; von daher fühlt er sich unangefochten; er bedarf keiner Gefechte mehr, um sich und anderen noch etwas zu beweisen. Mit seiner Zuneigung heilt er die Verwunschenheit einer Königstochter, und mit seiner Gewaltfreiheit bringt er Frieden in die Welt[116]. Das Schwert aus dem Palast der Prinzessin ist das Symbol nicht des Krieges, sondern einer eindeutigen Entscheidung *zwischen* Krieg und Frieden zugunsten des Friedens. – Wie also antwortet man seinen Gegnern? Das wird sich sogleich zeigen.

2. *Die Gefahr der älteren Brüder oder: Der Widerstand der ewig Gestrigen*

Wie wenig der jüngste Sohn des kranken Königs, für den er das lebensrettende Heilmittel mitbringt, sich um das eigene Wohl besorgt zeigt, offenbart er bereits in dem dringlichen Wunsch, nicht allein, ohne die Brüder, zu seinem Vater zurückkehren zu müssen, – es möchte den Vater verdrießen und traurig stimmen; doch weiß er nicht, was aus ihnen geworden ist, und so bittet er den Zwerg um

115 Das Motiv spielt eine zentrale Rolle in dem Film von AKIRA KUROSAWA (Reg.): Kagemusha – Der Schatten des Krieges, Japan 1980.

116 Zum Zusammenhang von Angst und Krieg vgl. E. DREWERMANN: Nur durch Frieden bewahren wir uns selber, 26–48: Warum Krieg?

Auskunft, wo seine *»zwei Brüder sind.«* Er hätte nicht aufbrechen und nach dem Wasser des Lebens suchen müssen, wenn sie zurückgekehrt wären, - ob sie es inzwischen sind oder ob ihnen etwas Unvorhergesehenes zugestoßen ist, entzieht sich seiner Kenntnis. Und doch kann seine eigene kindliche Bescheidenheit, sein »Kinderich« in Gestalt des Zwerges, ihm leichthin darauf die Antwort geben: sie werden ihrem Hochmut und Stolz zum Opfer gefallen sein, indem sie damit den Fluch des Zwerges schicksalhaft auf sich gezogen haben. Gleichwohl bittet der Prinz den Zwerg, die Verwünschung der Brüder aufzuheben und sie freizulassen, und wirklich: das geschieht auch, allerdings nur für den Moment; die innere Wandlung zu ihrer Befreiung ist damit keinesfalls schon gegeben; und so warnt der Zwerg den dritten Königssohn eindringlich vor seinen beiden Brüdern: *»Hüte dich vor ihnen, sie haben ein böses Herz.«* Diese Feststellung wird im folgenden leider bestätigt; sie definiert in gewissem Sinne bereits auch die Grenze dessen, was an »Erlösung« dem Märchen vom »Wasser des Lebens« als möglich erscheint.

Beeindruckend ist, daß der jüngste durch die Warnung des Zwerges sich im Umgang mit seinen beiden älteren Brüdern nicht im mindesten irritieren läßt. – Ohne auch nur den Hauch von Mißtrauen berichtet er ihnen, was er erreicht hat: *»daß er das Wasser des Lebens gefunden und einen Becher voll mitgenommen«* hat, daß er *»eine schöne Prinzessin erlöst«* hat, die *»ein Jahr lang auf ihn warten«* und dann heiraten wird, so daß er damit auch ihr Reich erhält. Mit keinem Wort denkt er daran, wie diese seine Erfolgsgeschichte auf die an ihrer Erfolgsbesessenheit Gescheiterten wirken muß; freilich, er berichtet ihnen all das auch nicht, um sich ihnen gegenüber hervorzutun, er ist einfach voller Freude, die Brüder wiederzusehen, und entsprechend groß ist seine Arglosigkeit und sein Mitteilungsbedürfnis. Umgekehrt erspart er es dadurch den Brüdern, ihm zu erzählen, wie und warum sie sich in die Klemme geritten haben; er seinerseits erklärt ihnen auch nicht, daß der verächtlich behandelte Zwerg sie verwunschen hat und daß es einzig seine Fürbitte war, der sie ihre Freiheit verdanken. Sie wissen es nicht und werden es auch nicht wissen wollen; dementsprechend haben sie auch keinen Grund, darüber nachzudenken, was sie zu ihrem Beinahe-Unglück selber beigetragen haben. Beides erscheint ihnen als eine unverständliche Zufügung von außen: plötzlich saßen sie in der Klemme, und plötzlich waren sie wieder frei. Um zu verstehen, warum es so kam, müßten sie sich mit ihrem eigenen Verhalten auseinandersetzen; doch eben davon kann keine Rede sein. Sie werden bleiben, wie sie sind.

Dieses Ungleichgewicht von Selbstmitteilung auf seiten des jüngsten und von Verschlossenheit auf seiten seiner Brüder prägt jetzt auch entscheidend den weiteren Gang der Geschichte. Erwarten könnte man, daß eine Aufklärung darüber anstünde, warum ihrer beider Geschick so unterschiedlich sich gestaltet, – für die beiden Älteren könnte und müßte eine solche Auseinandersetzung ihr ganzes Leben ändern. Insbesondere das Thema Hochmut (nebst seinem Hintergrund: dem Minderwertigkeitsgefühl in Verbindung mit einem ständigen Ringen um den ersten Platz) stünde zur Debatte. Unbedingt vonnöten wäre es dabei allerdings auch, daß der jüngste nicht nur entsprechend seiner Wesensart sich so ganz anders verhält als seine Brüder, er müßte dieses sein anderes Verhalten jetzt auch bewußt rechtfertigen und begründen als das einzige, das die tödliche Erkrankung des Vaters zu heilen vermag; seine Existenzweise dürfte nicht länger erscheinen als eine bloße Zufallslaune der Natur, denn sie gewinnt ihre Gültigkeit erst als eine bewußte Entscheidung gegen die »normale« Welt der »Erwachsenen«. Doch ähnlich wie EXUPÉRY seinen »kleinen Prinzen« nur feststellen läßt, wie sonderbar die »großen« Leute in ihrer planetaren Einsamkeit sind, um sie alsdann bedauernd, erstaunt und entsetzt zu verlassen, so unternimmt auch der Prinz im Märchen nichts, um die Lebenseinstellung seiner Brüder zu problematisieren und zu korrigieren. Er ist und verhält sich anders als sie, und der weitere Erzählablauf überzeugt jeden Leser, daß Güte und Menschlichkeit auf seiner Seite stehen; doch diese Andersartigkeit bleibt unversöhnt bis zum Ende erhalten. Wer gehofft hat, der Wunsch des jüngsten Prinzen, gemeinsam mit seinen Brüdern nach Hause zurückzukehren, bedeute auch schon ein engagiertes Bemühen um die innere Integration der Gegensätze, findet im Märchen dafür kaum Anhaltspunkte. Nicht in der Geschichte selber, – im Leser muß die Entscheidung fallen und von ihm auch die Arbeit an sich selber geleistet werden.

Damit erreicht das Märchen nicht die Dynamik einer Leidensgeschichte, wie sie sich im Leben eines wirklichen »Erlösers« in biblischem Format mit Regelmäßigkeit ereignet, doch innerhalb der Erzählgattung eines Märchens kann es sich anders auch nicht gestalten. Die Passionserzählungen der Evangelien legen mit der Darstellung der Aburteilung und Hinrichtung Jesu Zeugnis für den Glauben ab, daß die Verkehrtheit der Welt sich nicht anders umkehren läßt, als indem man den mörderischen Kontrast zwischen der Menschlichkeit des Messias und der Unmenschlichkeit der Welt»ordnung« nur ja recht begreift und das gesamte eigene Leben daraufhin diametral umstellt[117]; ein Märchen kann ebenfalls den Widerspruch zwischen Wunsch und Wirklichkeit offenbar machen, doch geht es ihm nicht darum, diese »Wirklichkeit« antithetisch zu besetzen und konstruktiv durchzuarbeiten, allenfalls lädt es dazu ein, sich dem symbolischen Prozeß zur Erlösung durch Einsicht in die psychologische Problemstellung anzuschließen. Wo es der Religion um Tod und Auferstehung zu tun ist, begnügt die Gattung des Märchens sich mit der »Wahl« zwischen Krankheit und Gesundheit, Unglück und Glück, Mißlingen und Gelingen des (irdischen) Lebens.

a) Die Probe aufs Exempel oder: Rettung aus Kriegsgefahr und Hungersnot

Doch auch wenn der jüngste der drei Königssöhne im Märchen nicht zum äußersten herausgefordert wird, kann er als Retter seines Vaters nicht eher heimfinden, als indem er zuvor mit seinem Schwert und mit dem Brot aus dem Palast der Prinzessin drei Könige und die Bevölkerung ihrer Länder vor einer Katastrophe in Krieg und Hunger bewahrt.

In der Begleitung seiner Brüder stellt es sich in der Tat als eine Entscheidung auf Entweder-Oder dar, wie auf eine solche Herausforderung zu reagieren ist. Nach Art der beiden Brüder müßte der jüng-

117 Vgl. a.a.O., 143–183: »Steck das Schwert weg« (Mt 26,52) oder: Kein Staatsauftrag zum Töten mehr.

ste jetzt sein »Schwert« mit aller Gewalt dazu benutzen, die Heere der Gegner niederzumähen und die Gefallenen auf den Schlachtfeldern wie Ähren in die Scheuern des Schnitters Tod einzubringen; und einem Volk, das hungert, muß sein Herrscher mit allen Mitteln die nötigen Nahrungsmittel herbeischaffen, und sei es durch Raub und kriegerische Gewalt. Doch um den Königsvater von der Todkrankheit eines Denkens in den Kategorien von Macht und Mord zu erretten, ist es unumgänglich, gerade zu diesem üblichen Vorgehen eine alternative, konträre Einstellung einzunehmen.

Eine solche zu finden ist bei einigem Nachdenken eigentlich nicht schwer. Hängen nicht Hunger und Krieg und Krieg und Hunger wie Ursache und Wirkung miteinander zusammen? All den politisch-hochherrschaftlichen Rechtfertigungen von Kriegen zum Trotz, fällt »unser« Rechtsstaat nicht über einen anderen her, um den Menschenrechten zum Durchbruch zu verhelfen oder um humanitären Zielen Genüge zu tun; die endlose Kette der Kriege im Verlauf der menschlichen Geschichte hat gemeinsam mit dem Problem des Hungers den Hauptgrund in der Machtgier der Mächtigen und der Geldgier der Reichen, – die Mehrzahl der Kriege sind Wirtschaftskriege. Allerdings gehen hier Psychologie und Ökonomie ineinander, indem insbesondere das Wirtschaftssystem des Kapitalismus gar nicht anders bestehen kann, als durch seine inneren Widersprüche sich immer schneller und ausgedehnter voranzutreiben: Profitmaximierung als systemimmanenter Zweck aller wirtschaftlichen Transaktionen kann nur zur Spaltung der Gesellschaft und zur Gegnerschaft zwischen Kapitaleignern und Lohnabhängigen führen, und der Verteilungskampf um Ressourcen an Arbeitskräften, Rohstoffen und Absatzmärkten produziert immer wieder neue Kriege[118]; allein die Unsummen an Geld, die in Kriegsvorbereitung für Rüstung ausgegeben werden, fehlen natürlich bei der Lösung der wirklichen Probleme der Welt: für die »Modernisierung« immer mörderischer Waffensysteme kann offenbar gar nicht genug Geld in Milliardengröße investiert werden, während für die Milliarden von Hungernden und Verhun-

118 Vgl. E. DREWERMANN: Von Krieg zu Frieden. Kapital und Christentum, III 231–295: Kriegsgewinnler: Waffenproduzenten, Söldner und Politiker.

gernden niemals genügend Geld zur Verfügung steht. Nicht erst die immensen Zerstörungen der Lebensgrundlage der Bevölkerung des jeweiligen Gegners im Krieg lassen Hunger und Krieg gemeinsam als die apokalyptischen Reiter durch die menschliche Geschichte ziehen, sondern die Permanenz der Kriegsdrohungen und Kriegsvorbereitungen bereits ruiniert das Leben großer Teile der Weltbevölkerung in Armut und Elend. Das Problem ist allseits bekannt (oder sollte es, trotz aller »politisch korrekten« Beschönigungen, zumindest doch sein); was aber läßt sich dagegen tun?

Die Antwort, die der jüngste der drei Königssöhne auf dem Weg zur Rettung seines Vaters von der tödlichen Erkrankung durch sein Königsein findet, ist ebenso einfach wie naheliegend – aus der Sicht der »Zwerge«: der »Kinder« und der »kleinen« Leute jedenfalls. Wenn wir lesen, wie der Prinz jedem der drei bedrohten Könige sein Zauberschwert überreicht, *»damit schlug er die Heere seiner Feinde«*, so legt das zweifellos wieder die Vorstellung des leider »Normalen« nahe: eine Problemlösung von Konflikten sei durch das Töten beliebig vieler »Feinde« zu erreichen. Doch so paßt es weder zu dem Charakter dieses jungen Prinzen als der Verkörperung einer rettenden Umkehr des Üblichen noch auch zu der Abfolge der Maßnahmen, die er trifft. Als erstes nämlich greift er eben nicht zum Schwert, sondern er gibt dem jeweiligen König *»das Brot, womit er sein ganzes Reich speiste und sättigte.«* Primär geht es mithin um die Linderung der Not der leidenden Menschen, nicht um die Unterwerfung kriegerischer Gegner. Wäre es daher nicht denkbar, die Wirkung dieses Zauberschwertes bestünde gar nicht darin, Kriege zu gewinnen, sondern Kriege zu erübrigen? Niemand jedenfalls trägt *mehr* dazu bei, Kriege überflüssig zu machen, als derjenige, der endlich das Problem des Hungers angeht und löst. Wie aber tut das der Prinz?

b) Das Ende des Hungers oder: Von dem biblischen Wunder eines Brotes, das sich vermehrt, indem man es verteilt

Wer den Gebrauch des Schwertes in martialischem Realismus versteht, wird auch die Beseitigung von Hunger bzw. die Beschaffung von Nahrung sich nur so vorstellen können, wie wir sie derzeit »realistischerweise« betreiben: wir müssen mehr produzieren, indem wir genetisch veränderte schädlingsresistente Getreidearten aussäen oder indem wir den Kunstdüngereintrag auf den Böden steigern oder indem wir die agrarisch nutzbaren Anbauflächen durch Abholzung von Wäldern erweitern ... Auf die Wirkung des Wunderbrotes des Prinzen verfällt von den uns regierenden »Königen« offenbar niemand. Dabei hat gerade dieses Märchenmotiv einen langen bereits biblischen Vorlauf in den Geschichten wunderbarer Brotvermehrungen: von einem Brot, das man verteilt und verteilt und das gerade beim Teilen nicht abnimmt.

Das sprechendste Beispiel für ein solches »Wunder« ist nicht unbedingt die Geschichte vom Manna-Wunder des *Moses* (Ex 16,4–5; Num 11,6–9); das »Brot vom Himmel« (Joh 6,31), das Gott Tag für Tag »seinem« Volke in der Wüste zum Aufsammeln schenkte, mußte weder geteilt noch vermehrt werden, es ward in solch großer Menge verstreut, daß niemand Mangel leiden noch sich um die Vorsorge am nächsten Morgen bekümmern mußte.

Anders verhält es sich mit dem »Wunder« der »Brotvermehrung« in der Geschichte von der phönizischen Witwe in Sarepta (1Kg 17,1–16). Zu ihr kam der Prophet *Elias* in den Tagen einer großen Dürre, die Gott über das ganze Land geworfen hatte; Hunger breitete sich aus, und als *Elias* die Witwe um etwas zu essen bat, gab sie zur Antwort, sie habe gerade noch genug, um eine letzte Mahlzeit für sich und ihren Sohn zu bereiten, das wolle sie tun, um danach zu sterben; dennoch teilte sie das Wenige, das ihr geblieben war, mit dem Mann Gottes, und der bedankte sich dadurch, daß der Ölkrug der Witwe und ihr Mehlkästchen niemals mehr leer wurden. Diese heidnische Frau in Phönizien, alleinstehend und mittellos, belehrt in ihrer Menschlichkeit die Menschheit mit ihrem Geheimnis: wer in Güte gibt, verliert nichts, es kommt, was er schenkt, als innerer Reichtum zu ihm zurück, es erhält sich in ihm als sein Charakter, es macht ihn nicht armselig, sondern »selig« im Sinne der Bergpredigt (Mt 5,3–11). – In der deutschen Volksüberlieferung ist das Wunder der Vermehrung von Nahrung (Bier) durch die Legende von dem »getreuen Eckart« bekanntgeworden[119].

Zu einem Lehrstück eigener Art, zu einem »Midrasch« der *Elias*-Legende, entwickelt sich bei *Markus* und bei *Johannes* die Erzählung von der wunderbaren Brotvermehrung durch die Hand Jesu. In Mk 6,32–44 begibt sich Jesus mit seinen Jüngern über den See Gennesareth an eine einsame Stelle, doch die Leute strömen ihm nach, und er hat Mitleid mit ihnen, sind sie doch wie Schafe, die keinen Hirten haben; deshalb spricht er zu ihnen von Gott, allerdings so lange, daß es schon Abend wird. Da schlagen die Jünger ihm vor, er solle die Menge entlassen, auf daß die Leute in den umliegenden Höfen und Dörfern vor Einbruch der Nacht sich noch mit Nahrung versorgen könnten. Jesus aber fordert die Jünger auf: »Gebt ihr ihnen zu essen!« Die freilich stellen sich vor, wie das praktisch zu tun sei: sollen sie für 200 Denare Nahrungsmittel einkaufen? Doch so meint Jesus es nicht. »Wieviele Brote habt ihr?« fragt er sie; »geht und schaut nach.« Das Ergebnis ist rasch ermittelt: ganze fünf Brote und zwei Fische, – das ist alles, was sie haben. Gleichwohl läßt Jesus die Leute sich tischweise im Grase in Gruppen zu 100 und zu 50 Personen lagern; dann nimmt er die Brote und die Fische, richtet das Dankgebet zum Himmel, bricht die Brote und verteilt sie nebst den Fischen an die Jünger zum Weiterverteilen. »Und sie aßen alle und wurden satt. Und sie sammelten die Brocken auf, zwölf Körbe voll, und Reste von den Fischen. Es waren aber 5000 Männer, die da gegessen hatten,« – die Frauen und Kinder nicht mitgezählt.

Ein gleiches ereignet sich bei *Markus* noch einmal in Mk 8,1–9, nur ist hier die Notlage noch dramatischer, denn schon drei Tage lang harren die Leute bei Jesus aus und haben nichts zu essen; Jesus

119 Die aus den Niederlanden stammende Figur ist durch die Ballade von J. W. v. GOETHE: Der getreue Eckart (1815), in: Gedichte, 286–288, bekannt geworden, in der zur Beruhigung verängstigter Kinder das Bier in den Krügen den Eltern so reichlich vorgesetzt wird, daß sie ihre Kinder nicht mit Schelten und Schlägen bestrafen; doch die Vermehrung des Biers in den Krügen endet, als diese die Tat des holden Wundermanns ausplaudern. Die Lektion dort also lautet: »Verplaudern ist schädlich, verschweigen ist gut; / Dann füllt sich das Bier in den Krügen.«

hat Mitleid mit ihnen und mag sie nicht unversorgt wegschicken, – manche kommen von weither und könnten auf dem Heimweg vor Hunger einer Erschöpfung erliegen. Die Jünger wiederum wenden ein, woher sie denn »in der Wüste« Brote auftreiben könnten. Erneut aber fragt Jesus sie, wieviele Brote sie denn selbst bei sich hätten, und als sie antworten: »sieben«, lädt er auch jetzt die Leute ein, sich zu lagern, und weist seine Jünger an, ihre sieben Brote nebst einigen Fischen restlos an die Menge zu verteilen; dann spricht er den Segen darüber, die Leute essen, 4000 Männer an der Zahl; die Überreste der Speisen aber füllen am Ende sieben Körbe.

Die Frage Jesu, die in beiden Fällen das »Wunder« bewirkt, geht nicht, wie bei den Jüngern, auf das Beseitigen eines Mangels, sondern auf das Verteilen dessen, was man in der Hand hat. Wer von dem ausgeht, was ihm fehlt, wird nie genug haben, und seine Hände werden sich umso fester um den eigenen Besitz schließen; wer aber ausgeht von dem, was er besitzt, lernt in der Nähe Jesu zu verteilen, und es wandelt sich der Mangel in Überfluß. Nicht Brot wird da vermehrt, wohl aber die Großzügigkeit des menschlichen Herzens.

Wie so etwas geschieht, macht insbesondere das *Johannes*-Evangelium zum Thema. In Joh 6,5–13 wirkt Jesu das Brotwunder in ausdrücklicher Nähe zum Paschafest: das jüdische Mahl findet seine Interpretation durch die Mahlgemeinschaft Jesu beim Brechen, beim Danksagen und beim Verteilen der Brote und Fische an die Menge der hungrigen Zuhörer und ihrer Kranken. Diesmal allerdings fragt Jesus selber *Philippus*, woher man Brote bekommen könnte, um sie den Leuten zum Essen zu geben; er selbst also richtet die Frage seiner Jünger an seine Jünger, um ihnen ihr »normales« Denken in seiner ganzen Ausweglosigkeit bewußt zu machen. *Philippus* gibt denn auch zur Antwort: »Brot für 200 Denare reicht nicht aus, wenn jeder von ihnen auch nur ein kleines Stück bekommen soll,« – immerhin sind es 5000 Männer, die Jesus gefolgt sind! Stets lautet ja bis heute die Auskunft der »vernünftig« Rechnenden: wir haben nicht genug, um die Not von Hungernden zu beheben, – wir haben anderes zu erledigen, Wichtigeres, uns selber Betreffendes, zu unserer eigenen Vorsorge und Sicherheit. Dann aber verweist *Andreas*, der Bruder des *Petrus*, auf einen kleinen Jungen, der hat fünf Gerstenbrote und zwei Fische bei sich, doch fügt auch er hinzu: »Was ist das für so viele?« Jesus aber läßt erneut die Leute sich lagern, er nimmt die Brote und Fische des Jungen und läßt unter Danksagung sie verteilen, »so viel sie wollten«; alle essen und werden satt, und beim sorgfältigen Einsammeln der Reste – es soll nichts verkommen – füllen sich zwölf Körbe.

Was für ein Wunder ist da geschehen? Erneut geht es nicht um die Vermehrung von Brot, wohl aber um die Verwandlung des menschlichen Herzens. Solange wir als »Erwachsene« denken, werden wir Besitz und Bedarf gegeneinander, rational kalkulierend, verrechnen und zu dem Ergebnis gelangen: »Wir können nichts machen. Wir müssen also auch nichts machen. Es wäre geradezu unverantwortlich, in unserer Lage etwas zur Linderung der Not anderer machen zu wollen.« Basta.

Das Wunder, das alles verändert, ist die Umkehr dieser Erwachsenenlogik in Richtung der Haltung eines kleinen Jungen, der das Wenige, das er bei sich führt und das zu seinem Eigenbedarf auslangen würde, Jesus in die Hand gibt. Ein Kind kann teilen. Es hält nicht fest. Es denkt nicht in den Kategorien von Vorteil und Verlust, es sieht die Menschen und gibt, was es hat. Und es versteht von innen her die Danksagung Jesu. Es weiß (noch), daß alles, was es mitbringt, nicht ihm gehört, sondern ihm geschenkt wurde. Alles, was wir sind, was wir zu haben meinen, was wir tun können, ist ein Geschenk des Himmels zum Weitergeben. Dieses Wunder der Umkehrung unserer Grundeinstellung beendet weltweit den Hunger und macht die Aufnahme von Nahrung zu einer sakramentalen Mahlgemeinschaft, einer »Eucharistie«, griechisch: einer »Danksagung«.

Ein Brot, das man weitergibt und das beim Teilen nicht abnimmt, sondern sich selber vermehrt, macht es zudem vollends überflüssig, zur Beendigung des Hungers auf Erden, nach dem Vorschlag des Teufels bei der Versuchung Jesu (Mt 4,3–4), Steine in Brot zu verwandeln. Tatsächlich können wir chemisch inzwischen aus Steinkohle Butter herstellen, doch das wahre Wunder ereignet sich nicht so, sondern indem das steinharte Herz des Menschen spürt, daß es einzig lebt aus jedem Wort, das aus dem Munde Gottes kommt.

Der Jüngling im Märchen hält ein solches Brot, das, so oft man es teilt, jeden Hunger stillt, als Mitgift aus dem Schloß seiner durch Liebe erlösten schönen Prinzessin in Händen, und er verfügt in seiner Kindlichkeit, Hilfsbereitschaft, Uneigennützigkeit und Großzügigkeit damit entscheidend über das Mittel, ein Grundproblem des menschlichen Daseins: Hunger und Not, aus der Welt zu schaffen.

c) *Ein Schwert zum Schlichten statt zum Schlachten oder: Gewinnen kann man nur den Frieden, keinen Krieg*

Damit verfügt der Prinz zugleich auch über das Mittel, die nicht enden wollende Geißel des Kriegs von den Menschen zu nehmen. Sein siegreiches »Schwert« ist lediglich die andere Seite beziehungsweise die Fortsetzung und Auswirkung seines »Brotes«. Denn der »Hunger« der Menschen verlangt, weit mehr noch als nur nach Brot, vor allem nach Liebe, und eben in deren Mangel liegt der Grund, warum in unserer geschichtlichen »Normalität«, in der Welt *Richard*s *III.*, Frieden nicht sein kann: Der Ungeliebte sucht seine fehlende Anerkennung durch gewonnene Konkurrenzkämpfe auszugleichen; er wird über Leichen gehen, um unter den Lebenden als ruhmreich und groß verehrt zu werden. Doch es gibt kein »Schwert«, es gibt keine noch so ausgeklügelte Bewaffnung und militärische Taktik, die immer wieder – dreimal in unserem Märchen – einem kriegerischem König den Sieg garantiert. Im Gegenteil: »Wer zum Schwerte greift, wird durch das Schwert umkommen«, sagt Jesus bei seiner Verhaftung im Ölberggarten zu seinem Jünger, der mit dem Schwert ihn verteidigen möchte (Mt 26,52). Die Zeit wird und muß kommen, da man begreift, wie recht der chinesische Weise LAOTSE hatte, als er (um 300 v. Chr.) erklärte, man solle einen Sieg auf dem Schlachtfeld mit einer Trauerfeier begehen[120].

120 LAOTSE: Tao te king, Nr. 31, S. 71: »Die Waffen sind unheilvolle Geräte, nicht Geräte für den Edlen … Er siegt, aber er freut sich nicht daran. Wer sich daran freuen wollte, würde sich ja des Menschenmordes freuen … Menschen töten in großer Zahl, das soll man beklagen mit Tränen des Mitleids. Wer im Kampfe gesiegt, der soll wie bei einer Trauerfeier weilen.« Nr. 30, S. 70: »Wo die Heere geweilt haben, wachsen Disteln und Dornen. Hinter den Kämpfen her kommen immer Hungerphasen. Darum sucht der Tüchtige … Entscheidung, ferne von Gewalt.« – Wie allein LAOTSE mit die-

Nicht Achtung, – *Ver*achtung verdient ein Sieger beim Töten von Menschen. Er hat nicht »gewonnen«, er hat sich selbst, seine Menschlichkeit, verloren.

Für eben diese Einsicht steht der Prinz in dem Märchen mit seiner erlösenden Andersartigkeit zu der Haltung der Machtbesitzenden und der Machtbesessenen auf den Thronen der Menschheit. Er weiß, daß man zum Wasser des Lebens nur durch Liebe gelangt, und nur durch Liebe »siegt« man im Krieg: man vermeidet ihn, man beendet ihn, indem man den Bedürfnissen seines Gegners entgegengeht und zu verstehen sucht, aus welchen an sich berechtigten Motiven heraus er zu unserem »Gegner« wurde. Warum meint er uns bekämpfen und aus dem Weg räumen zu müssen? Warum kann er an unserer Seite nicht leben, so daß er uns umzubringen gedenkt? Was bedroht ihn an unserer vermeintlichen Stärke? Erst wenn wir unsere eigene martiali-

ser Einstellung in seiner Zeit (und zu aller Zeit) sich fand, beklagt er Nr. 20, S. 60: »Zwischen ›Gewiß‹ und ›Jawohl‹: was ist da für ein Unterschied? Zwischen ›Gut‹ und ›Böse‹: was ist da für ein Unterschied? Was die Menschen ehren, muß man ehren. (Sc. all diese Unterschiede sind nur sozial bedingte Festlegungen und Konventionen, d. V.). O Einsamkeit, wie lange dauerst Du? Alle Menschen sind so strahlend, als ginge es zum großen Opfer, als stiegen sie im Frühling auf die Türme. Nur ich bin so zögernd, mir ward noch kein Zeichen, wie ein Säugling, der noch nicht lachen kann, unruhig, umgetrieben, als hätte ich keine Heimat. Alle Menschen haben Überfluß; nur ich bin vergessen. Ich habe das Herz eines Toren, so wirr und dunkel. Die Weltmenschen sind hell, ach so hell; nur ich bin wie trübe. Die Weltmenschen sind klug, ach so klug; nur ich bin verschlossen in mir, unruhig, ach, als wie das Meer, wirbelnd, ach, ohne Unterlaß. Alle Menschen haben ihre Zwecke; nur ich bin müßig wie ein Bettler. Ich allein bin anders als die Menschen: doch ich halte es wert, Nahrung zu suchen bei der Mutter« – in einem geistigen Hintergrund der Geborgenheit. – Es ist dieser Kontrast, der sich auch im Märchen notwendigerweise als ein tödlicher Konflikt zwischen dem jüngsten Königssohn und der Welt der Machthaber darstellt. Die Erlösung von der Welt ist nur möglich durch Menschen, die den Zustand des Exils als Schuld begreifen und mit ihrer Existenz in Richtung der ursprünglich gemeinten Wirklichkeit, den die Bibel im Bild des Paradieses darstellt, überwinden in Vertrauen und Güte. – Zu Brot und Schwert als den »Liebeskräften der höheren Welt« meint EDZARD STORCK: Alte und neue Schöpfung in den Märchen der Brüder Grimm, 254, mit Recht: »Die Gaben des Brotes und des Schwertes stillen … geistigen Hunger und seelische Not. Aller äußerer Krieg hat seinen Urstand im inneren Krieg, der im Menschen selbst ausgefochten wird.«

sche Machtentfaltung als ein schändliches, weil schädliches Verhalten begreifen, erlangen wir aus der Hand des Prinzen im Märchen das »Schwert«, das uns in Wahrheit siegreich sein läßt auch über unsere »Feinde«.

Denn nicht zum Schlachten, nur zum Schlichten ist dieses »Schwert« der Prinzessin verwendbar. Das Schwert zum Schlachten sagt: »Der andere ist mein Feind, denn er tut Böses, und er tut Böses, weil er böse ist. Ich muß ihn töten, um das Maß des Bösen in der Welt zu mindern. Je mehr ich von den Bösen töte, desto größer wird die Zahl der Guten.« Das, genau das, wird uns derzeit als Bürgern der »Zeitenwende« von früh bis spät in den »öffentlich rechtlichen« Medien als richtig eingetrichtert. Das »Schwert« zum Schlichten in der Hand des jüngsten Königssohnes indessen fragt: »Wie wurde denn der andere dein Feind, und warum tut er all das, was in deinen Augen böse ist? Er war nicht immer böse; wie kam es, daß er sich jetzt so verhält, daß du nur Böses noch in ihm erkennst? Vor allem: inwiefern und inwieweit warst oder bist du selbst daran beteiligt? Du fürchtest deinen Feind und rüstest dich mit Waffen aus, die ihn, wenn es drauf ankommt, töten können und sollen. Hast du schon einmal bedacht, daß du mit deiner Angst vor ihm ihm Angst machst vor dir selber und daß du ihm damit ganz ähnlich erscheinst wie er dir? ›Ja, aber ich hab' recht!‹ magst du erklären. Wenn du dich da nicht irrst! Ein Mann mit einem Schwert zum Schlachten andrer Menschen kann kein guter Mensch sein. Das ›Schwert‹ des Geistes aber (Eph 6,17) in der Hand des Prinzen, das dem Schlichten dient, vertraut darauf, daß auch der andere, dein Gegner, Krieg und Gewalt nicht will, wenn aber doch, daß er ein *Richard* eigner Prägung ist, dem man beistehen sollte durch Verstehen und den man nicht noch weiter heruntermachen und erniedrigen sollte.«

Das »Schwert« zum Schlichten spricht wie *Paulus* im Brief an die Römer: »Segnet, die euch verfolgen, segnet und verflucht sie nicht. Freut euch mit den Fröhlichen, weinet mit den Weinenden. Seid eines Sinnes miteinander. Trachtet nicht nach hohen Dingen, sondern haltet euch zu den niedrigen. Vergeltet niemandem Böses mit Bösem … Vielmehr wenn deinen Feind hungert, so gib ihm zu essen, dürstet ihn, so gib ihm zu trinken … Laß dich nicht vom Bösen überwinden, sondern überwinde das Böse mit Gutem« (Röm 12,14–21). *Paulus,* der Jesus nie begegnet ist und auch die Jesus-Überlieferung der Evangelien kaum kannte, gestaltet doch aus innerem Erleben im Geiste Jesu die Worte nach, die dieser am Berg der Seligpreisungen an all die Kranken richtete, – man brachte sie zu ihm, daß er sie heile, und er tat es, indem er das »Gesetz« des »Aug' um Auge« ihnen aus dem Herzen nahm: »Ich sage euch, daß ihr nicht widerstehen sollt dem Bösen, sondern: Wenn dich jemand auf die rechte Wange schlägt, so halte ihm auch noch die andere hin. Und wenn jemand mit dir rechten will und dir den Rock nehmen, dem laß auch den Mantel … Gib dem, der dich bittet, und wende dich nicht ab von dem, der etwas von dir borgen will« (Mt 5,39–42).

d) *Die heilende Kraft einer kindlichen Güte oder: Die prompte Mißdeutung als Schwäche*

Wenn wir den Märchenprinzen mit dem Lebenswasser für die Rettung seines Vaters uns so vorstellen: mit einem Brot, das sich vermehrt, wenn es sich teilt, und einem »Schwert«, das nicht verwundet, sondern Wunden schließt, versteht man, worin seine Heilkraft liegt: er kämpft nicht um oder gegen etwas, er ist einfachhin er selbst, – ein großes unschuldiges Kind, das auch im Bösen an das Gute glaubt und das gelernt hat, daß man nur in Demut und in Folgsamkeit dem »Kleinen« gegenüber, in Sanftmut mit den »Löwen« an der Tür zum Eingang des verwunschenen Schlosses unserer Seele und in der Liebe, die befreit von Menschenfurcht und paternalem Zwang, den Weg zum »Lebenswasser« finden kann. Ein solches »Wasserbad« der Gnade, das, wie in der Taufe, alles »reinigt«, indem es auf dem Wort der Güte und Vergebung gründet (Eph 5,26), bedeutet allerdings, wie man nicht oft genug betonen kann, einen Skandal in den Augen der Welt. Sie wird den jüngsten der drei Königssöhne betrachten als zu weich und als zu schwach für dieses Leben, als nicht vorsichtig und mißtrauisch genug, um den Tricks und Finten seiner Konkurrenten rechtzeitig auf die Spur zu kommen, und überhaupt als zu sensibel, um sich in aggressiven Auseinandersetzungen zu behaupten. Wie soll ein derartiger Querdenker und Außenseiter je sich in der Welt, wie sie nun einmal ist, zurechtfinden? – *Die* Frage stellt das Märchen mit dem Motiv der »Überfahrt« von der einen Zone der Wirklichkeit, die im Inneren liegt, in die andere, die im Äußeren sich befindet.

3. Die Überfahrt an das andere Ufer der »Realität« oder: Vom Diebstahl selbst des Lebenswassers zum bloßen Machtgewinn

Auch andere Geschichten arbeiten mit dem Symbol eines solchen »Übersetzens«. *Hänsel* und *Gretel* zum Beispiel, als sie dem »Hexenhaus« entronnen sind, lassen sich von einer weißen Ente über *»ein großes Wasser«* tragen, um zum Hause ihres Vaters zurückzukehren (KHM 15). Auch die drei Königssöhne in unserer Erzählung *»setzten sich auf ein Schiff und fuhren übers Meer«*, um ihrem Vater das ersehnte Wasser des Lebens zu bringen. Der Bericht, wie der jüngste das rettende Elixier erlangt hat, spielte auf der einen Seite des Meeres, im Inneren, Traumähnlichen und Ideellen; jetzt, an der anderen Uferseite, betreten wir die sogenannte »Realität«, in welcher sich die beiden älteren Brüder wie zu Hause fühlen. Noch ist ihr Schiff nicht angelandet, da überlegen sie bereits, was es für sie bedeuten wird, wenn der Vater erfährt: *»Der jüngste hat das Wasser des Lebens gefunden und wir nicht, dafür wird ihm unser Vater das Reich geben, das uns gebührt, und er wird unser Glück wegnehmen.«* Statt sich gemeinsam über das wiedererwachte Lebensglück ihres Vaters zu freuen, schließen sie unter sich eine Koalition aus Neid, Verlogenheit und Machtwillen, indem sie darauf sinnen, den Erfolg des Bruders als ihren eigenen hinzustellen. Sie fühlen sich dabei sogar im Recht: laut Erbgesetz fällt ihnen die Thronnachfolge zu; doch bedenken sie nicht, daß das, was sie zur Ausschaltung des jüngsten – vorübergehend – eint, sie zugleich auf das tödliche entzweien muß. Monarch, Alleinherrscher, König als absoluter Souverän – das kann nur *einer* sein, das läßt sich nicht zur Doppelmonarchie aufteilen; wer Macht will, will sie für sich selbst und kann sie nur erringen, indem er alle andren aus dem Rennen wirft, notfalls indem er sie nach *Richard*-Art ermordet.

Die beiden Ältesten im Märchen verabreden sich, noch ehe sie den Boden des Heimat-Festlands unter ihren Füßen haben, wie sie den jüngsten Prinzen *»verderben«* können; umbringen, ausschalten, unschädlich machen, neutralisieren, annihilieren, eskamotieren – all solche Militärausdrücke benutzen wir, um dem Ungeheuerlichen an Menschenverachtung die Larve des Professionellen aufzusetzen. Doch muß man nicht mit physischer Gewalt erzwingen, was sich intelligent, durch einfachen Betrug, erreichen läßt. Wohl, wer einen Betrogenen am Leben läßt, riskiert, daß dieser früher oder später zu »singen« anfängt und die Lüge aufdeckt; spätestens dann wird man nicht mehr umhinkommen, ihn umzubringen, aber man wird sehen, – alles der Reihe nach.

a) Die Rache machtbesessener Verlierer oder: Die Provokation der Unschuld bei den zu einem Schuldgefühl nicht Fähigen

Folgt man den Überlegungen der beiden ältesten bei ihren Planspielen zur Machtergreifung, kann man nicht übersehen, daß es auch ihnen um weit mehr geht als um einen bloßen Machtgewinn, den sie selbst im Erfolgsfall würden miteinander teilen müssen. Sie sind auch nicht nur neidisch auf ihren so erfolgreichen Bruder, sie werden, wie es wörtlich heißt, »rachsüchtig« gegen ihn. »Rächen« kann man sich nur in dem Gefühl, daß einem schweres Unrecht widerfahren ist und man das Recht auf eigene Faust glaubt wiederherstellen zu müssen, indem man eins zu eins Gleiches vergilt mit Gleichem: der andere soll leiden, so wie ich durch ihn gelitten habe. An dieser Stelle des Märchens ist es nicht länger mehr darum zu tun, wer welche Stellung in Staat und Gesellschaft innehat, hier wird der Gegensatz zweier grundlegend gegensätzlicher Prinzipien ausgetragen: Das »Unrecht«, das den beiden älteren angetan wurde, besteht darin, daß sie sich im Unrecht befinden *sollen*, nur weil sie grad so denken und so handeln, wie es üblicherweise alle Welt ringsum genau so tut.

Da kommt dieser jüngste, ein Mann, der bekanntlich auf »Wichte« hört, und stürzt mit seinem »Erfolg« ihre ganze Welt»ordnung« ein, – *dafür* müssen sie ihn hassen, dafür müssen sie sich selbst und ihm beweisen, daß er unrecht hat und daß er ihnen Unrecht tut, wenn er mit dem Gewinn des Lebenswassers für den Vater ihnen das angestammte *»Glück«* wegnimmt. Ja, schon daß er mit seiner gänzlich anderen Art zu leben und zu handeln so erfolgreich war, muß dringend nachkorrigiert werden, um in der alten Weise weitermachen zu können.

Auch dieser Konflikt hat seine Parallele in den Evangelien, nur dort gesteigert noch als ein Konflikt auf Leben und auf Tod. Auch Jesus bricht mit den Gesetzen dieser Welt und wird dafür gehaßt vom ersten Augenblick an, da er einem Gelähmten im Namen Gottes die Sünden nachläßt. Wer Schuld bedingungslos vergibt, verstößt gegen das Strafgesetz des Staates, und wer es tut in Israel, verfälscht die Vorstellung von einem Gott, der sich am Sinai dem *Moses* offenbarte und ihm seine Gesetze aufgetragen hat, mitsamt den strengen Strafbestimmungen im Falle ihrer Übertretung. In den Augen der Pharisäer ist das, was Jesus mit seinem radikalen Sündennachlaß tut, eine Gotteslästerung; selbst wenn es einen Menschen heilt. Auch die soziale Kompetenz der Gesetzeslehrer in der Auslegung des Gotteswortes gegen die Subversion des Nazareners muß man unangefochten wiederherstellen (Mk 2,1–12). Doch in der Weise wird es Schlag auf Schlag sich fortsetzen: der Mann aus Nazareth ist derart wenig messiastheologisch national gesonnen, daß er, statt den heiligen Boden des einzig dem Volk Israel zugelobten Landes zu verteidigen, sich mit den Kollaborateuren der römischen Besatzer, mit den Zöllnern, an einen Tisch setzt, im Wissen, daß diese für die Heiden Steuern eintreiben und sich durch den Kontakt mit ihnen kultisch verunreinigen; ja, er treibt alles auf die Spitze. Als die Pharisäer ihm sein politisch unkorrektes Gebaren vorhalten, erklärt er, wie er selbst sich sieht: als jemanden, der wie ein Arzt gekommen ist zu den Kranken (Mk 2,13–17). Es kann und wird nicht lange dauern, da beraten die Pharisäer sich mit den Anhängern des *Herodes,* die Vertreter also einer strengen Gesetzesreligion mit den Vertretern eines fast zynischen politischen Pragmatismus, »Jesus umzubringen« (Mk 3,6). Sein oder Nichtsein – das ist hier die Frage, und sie ist, ganz wie bei SHAKE-

SPEARE[121], keine Frage des physischen Überlebens, sondern der persönlichen Identität: Jesus ist es den »Kranken« dieser erlösungsbedürftigen Welt schuldig, bis in den Tod hinein sich zu riskieren, um die Tödlichkeit und den Sadismus einer Welt»ordnung« unter Beweis zu stellen, die durch und durch von Angst und Geltungssucht vergiftet ist.

b) Raub und Lüge als probate Mittel auf dem Weg zur Macht oder: Die Übeltäter geben sich als Wohltäter

Der Prinz im Märchen ist nun allerdings kein solcher Missionar der Welterlösung; man muß ihn nicht ermorden, um zu verhindern, daß sein Wort die ganze Welt zum Einsturz bringt. Mit ihm kann man es sich erlauben, schonender umzugehen, will sagen: Katz-und-Maus zu spielen. – Als erstes müssen die zwei älteren Brüder ihm wegnehmen, was er auf seine Art erworben hat, – das Lebenswasser wird mit der Gesundung ihres Vaters auch ihre eigene Zukunft festlegen. Also: Wer überreicht es ihm? Er oder wir? Entweder – oder! Damit entsteht die neue Frage: wie eignet man sich etwas an, das einem anderen gehört und von dem doch das eigene Schicksal abhängt? Ganz einfach: Man kann durch Raubmord sich den Besitz von fremdem Eigentum verschaffen. So vorzugehen ist weit verbreitet: was ist schon »Eigentum«, wenn nicht etwas, das mit Gewalt erbeutet und mit Gewalt verteidigt wird? Einzig durch Überwältigung kann solch ein *Coup* gelingen. Doch Vorsicht: List und Hinterlist sind ratsamer und klüger als ein brutaler Überfall.

121 Vgl. WILLIAM SHAKESPEARE: Hamlet, Akt III, Szene I, in: Sämtliche Werke, S. 813: »Sein oder Nichtsein, das ist hier die Frage:/ Obs edler im Gemüt, die Pfeil und Schleudern/ Des wütenden Geschicks erdulden oder,/ Sich waffnend gegen eine See von Plagen,/ Durch Widerstand sie enden? Sterben – schlafen –/ Nichts weiter! Und zu wissen, daß ein Schlaf/ Das Herzweh und die tausend Stöße endet,/ Die unsers Fleisches Erbteil, `s ist ein Ziel,/ Aufs innigste zu wünschen. Sterben – schlafen –/ Schlafen! Vielleicht auch träumen!« In Akt II, Szene II, S. 810 erklärt *Hamlet* dem Oberkämmerer *Polonius:* »ja, Herr, ehrlich sein heißt, wie es in dieser Welt hergeht: / Ein Auserwählter unter Zehntausenden sein.«

In einer Welt der Wildheit, im Kriege aller gegen alle, wie THOMAS HOBBES (1588–1679) den Ur- oder Naturzustand beschrieb[122], muß jeder jederzeit auf dem *qui vive* sein, wenn er etwas Erstrebenswertes sich erworben hat. Was ihm selbst als erstrebenswert erscheint, werden auch andere erstreben und ihm abzujagen suchen. Ein Augenblick mangelnder Vigilanz, eine Verlangsamung der Reaktionsgeschwindigkeit, – und fort ist, was man eben noch für sich benutzen wollte. Es geht zu wie beim Taubenfüttern: man wirft ein Brotstück einem Täubchen zu, das hinkt und schwerlich durch den Winter kommen wird; jedoch die anderen Tiere stürzen sich sofort darauf, – nur wer der schnellste ist, wird es bekommen. In dieser Welt gibt es kein Mitleid und kein Recht, hier ist sich jeder selbst der Nächste, hier ist die Selbstdurchsetzung das Gesetz des Überlebens.

Und jetzt noch einmal: in genau dieser Welt sind die zwei älteren Königssöhne heimisch. Sie werden niemals akzeptieren noch realisieren, daß diese ihre Welt unheilbar krank ist, wenn sie sich nicht fundamental verwandelt; sie sind gekränkt, wenn ihnen vorgeführt wird, daß es Dinge gibt, die sie in ihrer Art gerade nicht erreichen können, obwohl sie lebenswichtig sind. Wenn wirklich etwas existiert, das eine Todeskrankheit heilen kann, dann müssen sie's mit allen Mitteln in die eigene Hand bekommen. Daß diese Denkart selbst die Todeskrankheit *ist*, werden sie nie begreifen; sie denken »praktisch« und »konkret« und träumen nicht von irrealen Wünschbarkeiten. Ihr so ganz anderer Bruder bleibt ihnen wesensfremd und unverständlich, in ihren Augen ist er ein zu Unrecht vom Schicksal Begünstigter; jetzt ist es an der Zeit, daß sie das Schicksal korrigieren; und die Gelegenheit dazu wird sicherlich nicht allzu lange auf sich warten lassen.

Menschen schlafen ein Drittel ihres Lebens lang, – die Ausschüttung des Schlafhormons Melatonin ist mit der Einstrahlung des Sonnenlichts im Tagesablauf eng verknüpft. Schon deshalb können Menschen nicht rund um die Uhr wachbleiben, und wenn sie schlafen, sind sie wehrlos. Dieser Umstand bietet pünktlich die Gelegenheit zum Zugriff, – wenn man dem Diebstahl nur noch den Betrug

122 Vgl. THOMAS HOBBES: Leviathan, 1. Teil, 13. Kap., S. 113–116, zum »Krieg aller gegen alle«.

hinzufügt! Gedacht, gemacht: ein wenig warten, bis der jüngste *»eingeschlafen«* ist, – *»da gossen sie das Wasser des Lebens aus dem Becher und nahmen es für sich, ihm aber gossen sie bitteres Meerwasser hinein.«* So wird man ihm die Tour gründlich versalzen. Jetzt freilich heißt es schlau sein. Der jüngste darf vom Diebstahl seines Wassers nicht den Hauch einer Ahnung haben; er muß in bestem Glauben und mit bestem Wollen zum Vater gehen und ihm das Schöpfgefäß nebst Inhalt überreichen; arglos muß er ihm versichern, dies endlich sei das Wasser, das ihn vom Tod erretten werde.

Kaum zu Hause angelangt, geht denn auch alles, wie's die beiden älteren sich vorgesetzt. Der Vater, glücklich, seine Söhne endlich wiederzusehen, und voller Hoffnung, das rettende Medikament in seiner Hand zu halten, trinkt es in der Erwartung baldiger Genesung. Doch wie erschrocken muß er sein, als er das bittere Salzwasser in sich hineinschlürft; statt besser, geht es ihm noch schlechter als zuvor. Ein Lebenswasser kann wohl kaum so wirken. Und das nun ist der rechte Zeitpunkt für den Auftritt der zwei älteren: Sie, die den jüngsten auf das übelste betrogen haben, verklagen ihn bei ihrem Vater auf Betrug: er habe offensichtlich ihn *»vergiften«* und mit dem Vorwand, ihn zu retten, heimtückisch ermorden wollen. Ihr eigenes Tun unterstellen sie ihm und reklamieren die Tat der möglichen Rettung ganz für sich selbst. Auf diese Weise tauschen sie mit dem Wasser zugleich ihre Rollen: er ist der Übeltäter, sie die Wohltäter.

Auch diese Wahrheitsumkehr gehört zum Stil des Machtkampfs inmitten einer so verkehrten auf den Tod erkrankten Welt: stets sind *die anderen* erfüllt von hinterhältigen Attentatsplänen, Umstürzen und Mordabsichten, während man selbst als treuer Diener, rechtzeitiger Retter und ersehnter Helfer in der größten Not sich darstellt; man stiehlt dem anderen, was er geleistet und erworben hat, und gibt es als die eigene Leistung und als wohlverdienten eigenen Erwerb aus. Was beide Brüder ihrem Vater anbieten, ist in der Tat das Lebenswasser, auf das er so lang hat warten müssen; und es wirkt: kaum daß er davon trinkt, kehren ihm die Kräfte wieder, und er *»ward stark und gesund wie in seinen jungen Tagen«*. Seine »Wiedergeburt« also ist geschehen, doch wie man sieht, ganz ungeistig, rein magisch-äußerlich, als das Werk eines unerhörten Betrugs.

Allerdings, wenn man das »Lebenswasser« in seiner symbolischen Bedeutung als Neubeginn der ganzen Existenz im Sinne etwa des christlichen Taufsakramentes zu verstehen sucht, muß man sich eingestehen, daß ein ähnlicher Betrug wie in dem Märchen das gesamte Kirchenchristentum durchzieht. Die Umwandlung der Wirklichkeit der Welt von Tod in Leben kostete Jesus selbst das Leben und kann nur in das eigene Dasein übernommen werden, indem man als Christ zu leben sucht wie Christus selbst. Daraus zurechtgelegt aber hat sich die Christenheit ein Riesenlügenwerk, wonach uns Christus durch den Tod am Kreuz erlöst hat; was er bei Gott dadurch erwirkt hat, soll eine Art von Bankguthaben sein, das er für uns hinterlegt hat und von dem wir nunmehr genußvoll leben können als Couponschneider, durch Abhebung der Zinserträge.

Erneut war es der Däne SÖREN KIERKEGAARD, der diese »Falschmünzerei« der Christenheit in scharfer Form als Selbstbetrug gegeißelt hat: aus der Lebensform des Christus hat man eine christliche Lehre gemacht, die man nur nachsprechen muß und deren Segnungen man teilhaftig wird durch den richtigen Vollzug ihrer sakramentalen Formeln und Formularien. So wird man ein Christ schon durch die Kindertaufe[123], ohne eigenes Dazutun also; man ist in einem christlichen Staat – was für ein verlogenes Unding! – zur Welt gekommen, und so ist man allein schon auf Grund der gesellschaftlichen Umstände ein »Christ« geworden wie alle anderen. Statt die Einheit mit Christus zu existentialisieren, hat man sie naturalisiert; alles kann bleiben, wie es »natürlicherweise« »immer schon« war, nur jetzt mit dem Segen der Kirche. So wird das Lebenswasser durch Raub und Betrug zu einem giftigen Brackwasser. Eine Heilung, wie sie im Märchen der König erfährt, ist so ganz sicher innerlich nicht

123 Vgl. SÖREN KIERKEGAARD: Der Augenblick, S. 234–239: Daß die »Christenheit« von Geschlecht zu Geschlecht eine Gesellschaft von Nichtchristen sei und die Formel, nach der das zugeht; S. 247–250: Daß die besonders im Protestantismus so hoch gepriesene christliche Kindererziehung in einem christlichen Familienleben, christlich, auf einer Lüge, einer reinen Lüge gründet.

zu erlangen. An dieser Stelle bleibt das Märchen ersichtlich ein »Märchen«; wie sich seine Geschichte als Menschheitswunsch in einer menschlichen Existenzform real erfüllt, versucht es nicht mehr als eigenes Thema zu behandeln.

c) *Demütigung und Einschüchterung oder: Wie lassen Staatsverbrechen sich verheimlichen?*

Umso wichtiger ist es, der Spur weiter zu folgen, die das Märchen mit der Kontrastgestalt des jungen Prinzen im unerschütterlichen Glauben an die Liebe selbst gelegt hat. Auch er wird – christusähnlich – einen bitteren Weg ins Leid zu gehen haben, indem seine »Brüder«, stellvertretend für den Rest der Welt, ihn in ihrem Lügengewebe einzuschnüren suchen. Ihr Geschick ist es, daß sie nach außen hin gar nichts tun müssen. Ein wirklich großer Gangster tötet nicht in eigener Person, – er läßt die schmutzige Arbeit andere verrichten; als die größten Gangster aber dürfen diejenigen gelten, die, ohne selbst persönlich in Erscheinung zu treten, die Staatsorgane dahin bringen, in ihrem Sinne tätig zu werden. So hier die beiden älteren Prinzen auf ihrem Weg zur Thronnachfolge: Die Kaltstellung ihres jüngeren Bruders müssen sie nicht selbst betreiben, sie müssen nur mit Geduld darauf warten, daß ihr leichtgläubiger Vater als König die Angelegenheit bald schon selber in die Hand nehmen wird. Bis dahin allerdings müssen sie den jüngsten dahin bringen, daß er die Wahrheit nicht ausplaudert, sondern schweigt wie ein Grab.

Zwei Verfahren benutzen die beiden älteren, um ihr hinterhältiges Ziel zu erreichen: Das eine ist die hohnvolle Demütigung, das andere die massive Einschüchterung durch handfeste Todesdrohungen.

Hohn und Spott vermeinen die beiden älteren nunmehr sich leisten zu können. Obwohl sie selbst nichts erreicht haben, haben sie alles erreicht – durch Lug und Trug. Darin, wirklich, sind sie erfolgreich. Darob können sie triumphieren. Und so geben sie sich das Recht, den zu verachten, den sie so einfach, mit Diebstahl und Lüge, um alles gebracht haben, was er sich redlich erworben hat. Sie schämen sich nicht für ihren Zynismus, sondern rechnen es sich zum Ruhm ihres Siegs an, sagen zu können: *»Du hast zwar das Wasser des*

Lebens gefunden, aber du hast die Mühe gehabt und wir den Lohn.« In der Welt, in der sie leben, ist es nicht ehrenrührig, sondern höchst ehrenwert, in hochmütiger Faulheit erfolgreich zu sein, und der geschickteste Lügner, wenn er nur »clever« genug ist, ans Ziel zu gelangen, wird als Gauner genügend geachtet werden. »So muß man's anfangen«, wird man sagen. »Recht ist, was richtig ist, und richtig ist, was in der Ausrichtung des Handelns zum Erfolg führt. Den haben die beiden eingeheimst. Cool, wie sie das hingekriegt haben.« Die Welt, wie sie ist, hat ihre Meister gefunden. Wahrlich, die beiden verdienen es, König zu werden.

Doch wer das Kartenhaus der Macht auf Lügen baut, muß jeden Windhauch fürchten, der aus dem Munde eines Wissenden und Wahrheitsliebenden zu Wort sich meldet. Gegen diese Gefahr hilft, neben besagter Chuzpe, nur noch die Einschüchterung.

Die Unverschämtheit, sich im Unrecht noch im Recht zu fühlen, gehört bekanntermaßen zum Ganoventum. Wem etwas weggenommen wurde, ist nicht etwa bestohlen worden, es ist ihm gegenüber keine Schuld begangen worden, er selber trägt die Schuld, daß es so kam: er hat nicht aufgepaßt!

Die Wehrlosigkeit eines Schlafenden zu einem Überfall als Nachtangriff zu nutzen, ist eine Militärpraktik und Taktik, die ebenfalls bereits die Bibel kennt (Ri 7,13–22). Und was die Staatenlenker sich erlauben, steht wohl auch denen zu, die ihre Hände nach den Zügeln einer Staatskarosse ausstrecken. – Ganz ruhig schlafen zu können ist schon bei einem Haushund oder einer Hauskatze ein gnädiges Geschenk der Häuslichkeit: Herrchen und Frauchen werden stellvertretend wachsam bleiben. Der tiefe Schlaf von *Menschen* ist eine Domestikationsleistung der Zivilisation und nur in dem Gefühl der Unbedrohtheit möglich, – im Wilden Westen wird das Knacken eines Zweigleins als ein Warnsignal die Wachsamkeit des Leichtschlafs wecken. Doch das macht jetzt den Unterschied: Der Prinz im Märchen fühlte sich im Schlafen nicht bedroht. Er hielt nicht in dem Wildheitszustand einer steten Feindgewärtigung sich auf. Er war, anders gesagt, nicht hinreichend paranoisch, um für das Präsidentenamt eines Politikers sich anzumelden.

Das können seine Brüder zweifelsohne besser. *»Du hättest klüger sein und die Augen aufbehalten sollen«*, erklären sie. Und sie haben noch mehr vor: die Prinzessin, die er durch seine bloße Gegenwart aus der Verwunschenheit erlöst hat, möchten sie zur Heirat nötigen, – so werden sie um ihres Vaters Thron nicht streiten müssen: jeder von ihnen wird bald König sein, der eine in dem Traumschloß, da das Wasser des Lebens entspringt, und das schon übers Jahr, nach einem Zeitplan, der bereits versprochen ist, – der andere, sobald der Vater stirbt. Die Heirat der Prinzessin rangiert auf der Wunschliste beider Möglichkeiten gewiß an erster Stelle, – so aus der Sicht des brüderlichen Gaunerpaares; was die Prinzessin dabei denkt und fühlt, spielt in der Planung dieser Freibeuter der Liebe keine Rolle. Daß sie selbst der Prinzessin gar noch nie begegnet sind, ist ihnen ebenfalls egal, – von ferne, nach Belieben, gedenken sie, über die unbekannte Königstochter zu verfügen. Daß diese ihre Hochzeit dem jüngsten der drei Brüder in Dankbarkeit für seine Wesensart gelobte, verringert nicht die Skrupellosigkeit ihrer Agenda, die sie auszuhecken planen. Und warum auch!

In den Gesellschaftskreisen, denen sie sich zugehörig fühlen, heiratet man primär aus machtpolitischen Erwägungen, – *tu felix Austria nube*, sagten neidisch die kriegerischen Preußen in der Gelehrtensprache ihrer Zeit, auf Lateinisch, von den Habsburgern, als die Tochter der Kaiserin *Maria Theresia*, die 14jährige *Marie Antoinette*, dem französischen König *Ludwig XVI.* in die Ehe gegeben wurde[124]. Persönliches Glück – darauf kommt's nicht an, wenn es um Macht und Geld geht. Innerhalb der Höhe ihres Rangs sind Menschen austauschbar, sie müssen ihre Rolle spielen, – das ist alles. Und auch im bürgerlichen Leben: wer, wenn er eine Ehe eingeht, möchte da nicht gleichfalls eine »gute Partie« machen?

So denken sie alle. Doch gibt es auch seltene Ausnahmen – wie diesen Prinzen, der in Wahrheit der Erlöser der Prinzessin ist. Er wird sich durch die Unverschämtheit seiner schofeligen Brüder nicht irre machen lassen. Er fühlt sich seelenverwandt mit seiner Verlobten;

124 Vgl. STEFAN ZWEIG: Marie Antoinette, S. 76–87: Bildnis eines Königspaares.

er wird nicht glauben, daß sie ihm untreu werden oder ihn vergessen könnte; das Versprechen ihrer Liebe ist bindend, – so denkt er selber, so, weiß er, denkt auch sie. Macht *oder* Liebe – ewig stellt sich diese Frage zur Entscheidung; an ihr entscheidet sich, was wir für Menschen sind.

Doch hält eine Charakterüberzeugung auch jenem Druck der Angst stand, wie ihn die machtbesessenen Königsmenschen in ihrem Wahn nach außen tragen, um sich selber zu entlasten? Die beiden älteren Königssöhne haben allen Grund zu allerlei Formen von Angst, und sie verfügen zur Beruhigung ihrer Angst nur über ein einziges probates Mittel: anderen Angst zu machen mit Drohungen, von denen man leider annehmen muß, daß sie im Fall der Fälle auch wahrgemacht werden. Auf keinen Fall darf der jüngste Bruder dem Vater die Wahrheit verraten. Herablassend verkünden sie, daß ein Sonderling wie er mit seinen »schrägen« Äußerungen ohnehin keinen Glauben in den Ohren ihres Vaters finden werde. Das aber sagen sie nur, um den jüngsten weiter zu demütigen und zu entmutigen; sie selber glauben keinesfalls an ihre eigenen Worte. Drum müssen sie mit massiven Einschüchterungen zusätzlich ihre Sicherheit befestigen: *»wenn du ein einziges Wort sagst, so sollst du … dein Leben verlieren, schweigst du aber, so soll dir's geschenkt sein.«*

d) *Die gottgleichen Herren über Leben und Tod oder: Wie manipuliert man die Macht, daß sie Recht spricht im Hinrichten Unschuldiger?*

Ihr eigenes Leben, glauben sie, hängt gänzlich ab von dem Zugriff zur Macht, – aber das ist der Krankheitszustand ihrer eigenen Existenz, ihre Verzweiflung, die selbst dann nicht enden wird, wenn sie das Königtum bekleiden; der Majestätsmantel würde ihr Unglück nur verhüllen. Doch eben deshalb dehnt ihr Nicht-Leben in gleichem Maß sich aus wie ihre Angst: »Wir wollen nicht, daß du noch lebst, wenn du uns hinderst, unsere Art zu leben fortzusetzen. In deinen Augen mag es als ein Unleben erscheinen, als ein verkehrtes Leben, indem es uns nur als Besitzer königlicher Macht Zufriedenheit und

Selbstachtung verspricht; doch schau dich um: – wer denkt schon so wie du?«

Es ist die negative Energie der Nicht-Identität, des Unlebens der eigenen Existenz, die sich mit Todesdrohungen zu schützen sucht. Das aber muß sie absolut. Die beiden Brüder, die ihr Nichts so deutlich spüren, daß sie's verleugnen und verdrängen müssen, um es nicht stärker noch als derart quälend zu erleben, erklären sich in gottgleicher Entscheidungsmacht als Herren über Tod und Leben: Sie sind es, die befinden, ob ihr Bruder leben darf oder getötet werden muß; sie sind es auch, denen sogar noch Dankbarkeit gebührt, wenn sie gnädig genug sich zeigen, dem jüngsten das Leben zu schenken, statt ihn umzubringen. Daß er noch lebt, verdankt er mithin einzig ihnen, allerdings nur wenn und solang er ihre Gunst verdient durch Wohlverhalten, – er hat den Mund zu halten.

Gleichwohl, ihre Intrige gelingt vorerst besser als geplant. Statt ihren Bruder durch Mord und Totschlag zum Schweigen bringen zu müssen, nimmt ihr Vater aus Enttäuschung und Ärger über den vermeintlichen Giftanschlag seines jüngsten ihnen selber die Arbeit ab. Als höchster Diener im Amt beschreitet er dabei den Rechtsweg. Er hat den Schuldvorwurf der beiden älteren zwar gar nicht erst geprüft, und den jüngsten jetzt noch zu verhören und nachträglich auch um *seine* Darstellung zu bitten, kommt allemal zu spät; statt dessen wird der Hofrat einberufen, um nach dessen Gutdünken ein Urteil zu sprechen, das heißt, das vorgefällte Zornurteil des Königs faktisch zu bestätigen. Und er darf sicher sein: die eigene Empörung schafft ihm ganz von allein die Evidenz der Richtigkeit und der Berechtigung des Schiedspruchs: der jüngste ist des Todes schuldig – wegen Vatermord, wegen Monarchenmord, wegen der schwersten Verbrechen, die politisch wie privat nur denkbar sind. Das Urteil lautet, einmütig, wie man denken darf, *»daß er* (sc. der jüngste) *heimlich sollte erschossen werden«*. Ein solcher Beschluß muß freilich selber im geheimen gefaßt werden und auch förderhin geheim bleiben[125]. Nur: warum muß das

125 Zu der Art der königlichen »Rechtsprechung« bemerkt HANS-JÖRG UTHER: Handbuch zu den »Kinder- und Hausmärchen« der Brüder Grimm, 212: »Schon das Urteil des Königs und seiner Räte, den Jüngsten heimlich zu

so sein, wenn alles doch so rechtschaffen und unbedenklich vor sich geht?

4. *Politische Entscheidungen im dunklen oder: Zwischen Gehorsam und Gewissen*

Politische Beschlüsse und Maßnahmen, die im dunklen erfolgen, machen Verdacht, daß es besondere Gründe gibt, das Tageslicht der Öffentlichkeit zu vermeiden (vgl. Joh 8,12). Immer aber wird man zur Begründung vorschieben, das alles geschehe zur »Sicherheit« der Bevölkerung. Insbesondere alles, was Militär und Rüstung angeht – der gesamte Militärisch-Industrielle-Komplex, die Konstruktion neuer Waffensysteme, die Planungen hybrider Kriegsführung –, alles das bleibt den Blicken der braven Bürger verborgen; der Militärische Abschirmdienst, der Bundesnachrichtendienst, das Bundeskriminalamt – sie alle agieren im verborgenen. … Aus »Sicherheitsgründen« wird sicher demgemäß auch die Hinrichtung des jüngsten Königssohnes beschlossen: ein Attentat auf den König – das könnte Unruhen auslösen; der eigene Sohn als Mörder des Souveräns – das wird Gerüchte aller Art über die Zustände am Hof freisetzen; also besser: alles im geheimen! Vor allem aber darf der jüngste selber von dem Entschluß seines Vaters nicht in Kenntnis gesetzt werden, – er könnte die Flucht ergreifen, er könnte an ein unabhängiges Gericht appellieren und damit das gesamte *Procedere* erschweren, er könnte die Öffentlichkeit mobilisieren …

Wer diesen jüngsten allerdings genügend kennt, weiß nur zu gut, daß er all das gewiß nicht tun wird; es ist nicht seine Art, zu agitieren; er würde allemal geneigt sein anzunehmen, daß seine Unschuld für sich selber spricht. Da könnte er in dieser Welt sich freilich irren, doch selbst das wird ihm lieber sein, als gegen solch ein offenbares

erschießen, ohne seine Version des Hergangs anzuhören, widerspricht gängigen Rechtsvorstellungen, nach denen beide Teile richterliches Gehör finden müssen …, und rückt die einem Herrscher sonst zugewiesene Gerechtigkeit in ein schiefes Licht.« Dann aber meint er: »Der Urteilsspruch dient offenbar nur dazu, die Verschonung des Unschuldigen einzuleiten.« Damit löst er die Ungeheuerlichkeit eines Justizmords auf der Ebene des Erzählten in ein bloßes Stilmittel auf der Ebene der Erzähltechnik auf.

Fehlurteil politisch und polemisch anzukämpfen. Unrecht erleiden sei besser als Unrecht zu tun, meinte der Meister redlicher Lebens- und Gedankenführung, der Grieche SOKRATES[126]. Ihm steht der jüngste der drei Prinzen in brüderlichem Einverständnis sicher näher als seinen eigenen Brüdern.

Die können sich die Hände reiben, weil sie eigenhändig gar nichts mehr zu tun brauchen, um ihren Bruder zu ermorden, nicht einmal, um sein womöglich unliebsames Schwätzen rechtzeitig zum Verstummen zu bringen. Noch sind sie keine Könige, da sind sie schon die Könige des Königs, denn sie beherrschen alles, was er denkt und tut; er, ohne es zu wissen, ist ihr Diener, ihre Puppe, ihr willenloses Werkzeug.

Und doch ist da noch ein Problem, an das in dieser Welt der Macht weder der König noch seine zwei Söhne denken: es gibt in Menschen so etwas wie ein persönliches Gewissen. Im Herzen eines königlichen Angestellten, eines Jägers, lebt es. Heimlich, wie es beschlossen ward, hat man ihm aufgetragen, den jungen Prinzen heimlich zu erschießen, – allein schon diese doppelte Verheimlichung macht diesem Manne offenbar, daß er da etwas tun soll, das in sich unrecht ist. Er tötet Tiere, – das ist sein Beruf; doch Menschen töten, wie ein Scharfrichter, wie ein Soldat, – das war nie seine Aufgabe, das hat er nie getan. Wohl könnte er sich sagen, wie Soldaten es zu tun pflegen: »Befehl ist Befehl« und damit die Verantwortung für sein Handeln an die Befehl ausgebende Instanz, in diesem Falle an den König, delegieren, – aus gutem Grund, wie man gemeinhin annimmt. Hat er das Recht, dem König sich zu widersetzen? Ist er befugt, den Inhalt einer königlichen Order moralisch für ein Unrecht zu erklären? Kann er sich klüger dünken als die Angehörigen des Hofrats? Wie aber, wenn die Skrupel und die Schuldgefühle des Gewissens solche Ausflüchte nicht zulassen? Muß er dann nicht den Jüngling warnen und entkommen lassen?

Vor dieser Frage stehen in den Grimmschen Märchen »Jäger« nicht so selten. *Schneewittchen* überlebt nur, weil der Jäger dort den Tötungs-

126 PLATON: Gorgias, Kap. 63, 507d-509c, in: Sämtliche Werke, I 264–265.

befehl der eifersüchtigen Stiefmutter nicht ausführt (KHM 53)[127]; das »Mädchen ohne Hände« überlebt nur, weil die Schwiegermutter den vom Teufel verdrehten Mordbefehl ihres königlichen Sohnes nicht befolgt (KHM 31)[128]. Kann es am Ende sein, daß man im Ungehorsam gegen den ergangenen Befehl der Obrigkeit in tieferem Verständnis gerade das tut, was sie eigentlich gemeint hat? Es kommt nicht darauf an, was andere sagen, entscheidend ist die leise Stimme unseres eigenen Herzens, die uns als einzige verbindlich sagen kann, wozu wir sind und wer wir sind, und die damit zugleich die Frage stellt, wer eigentlich der andere ist, an dem wir etwas ganz Bestimmtes auszuführen hätten.

Beim König muß am meisten wohl verwundern, daß er den eigenen Sohn hintenherum zum Tod verurteilt, ohne ihn zumindest in ein erstauntes fragendes Gespräch einzubeziehen, ob es denn wirklich zutrifft, daß er, den er bisher so anders kennenlernen durfte, zu einer Tat, wie sie ihm vorgeworfen wird, überhaupt fähig und willens gewesen sein könnte. Ein solches wichtiges Gespräch fiel aus in dem Empfinden zorniger Empörung, – als ob der König seine Söhne niemals in der Unterschiedenheit ihres Charakters zu Gesicht bekommen hätte! Doch eben dieses ausgefallene Gespräch holt sich jetzt nach im Inneren des Jägers.

a) Der innere Dialog eines rechtschaffenen Jägers oder: Das Problem der Unaussprechlichkeit

Er scheint genau zu spüren, daß der jüngste Königssohn das Urteil, das er jetzt an ihm vollstrecken soll, auf keinen Fall verdient hat, und sein Gewissen wirft ihm bereits die Bereitschaft zum Gehorsam gegenüber einem deutlich wahrnehmbaren Fehlurteil energisch vor. Der Jäger fühlt sich schlecht bei dem, was er da tut, als er mit dem noch ahnungslosen Prinzen in den Wald zur Jagd geht, um aus dem

127 Vgl. E. DREWERMANN: Schneewittchen, in: Landschaften der Seele oder: Wie wir Mann und Frau werden. Grimms Märchen tiefenpsychologisch gedeutet, Bd. 4, S. 1–171, 53–72: Der tödliche Neid auf die Jugend.

128 Vgl. E. DREWERMANN: Das Mädchen ohne Hände, in: Landschaften der Seele oder: Was Vertrauen vermag. Grimms Märchen tiefenpsychologisch gedeutet, Bd. 1, 38–53: Die Teufelei der Übertragungsliebe.

Hinterhalt die Büchse auf ihn anzulegen. Die »Trauer«, die Niedergedrücktheit, die innere Verlassenheit von der Instanz, auf deren Zustimmung er mehr noch angewiesen ist als seinerzeit in Kindertagen auf die Zustimmung der Eltern, drückt sich in einer Körpersprache aus, die auch dem Prinzen nicht verborgen bleibt. Dem aber rettet seine Sensibilität das Leben. Was ihm im Umgang mit der Unempfindsamkeit der Brüder zum Verhängnis wurde, bedeutet seine Rettung jetzt im Gegenüber eines anderen Menschen, der noch fühlen kann.

Die Schwierigkeit des Jägers kennen sicher viele auch aus eigener Erfahrung: Man kann, man darf nicht sagen, was so quälend ist. Der Grund der Qual hier ist ein Auftrag, der dem moralischen Empfinden gänzlich widerspricht; davon aber dem Prinzen etwas mitzuteilen ist unmöglich, – es wäre gleichbedeutend mit dem erklärten Nein zu dem Befehl des Königs; eben zu einem solchen Nein aber kann der Jäger sich aus eigener Kraft nicht durchringen. So schließt der Widerspruch zwischen Gehorsam und Gewissen ihn in sich selber ein, – in der totalen Einsamkeit des Unaussprechlichen.

Am Beispiel *Abrahams* hat KIERKEGAARD einen derartigen Zustand der Verschlossenheit einmal als das Dämonische bezeichnet: *Abraham* weiß, daß er weder seiner Frau *Sarah* noch seinem Sohne *Isaak* etwas davon verraten kann, daß Gott von ihm verlangt, den eigenen Sohn zum Opfer darzubringen (Gen 22,1–19); das, was er tun soll, ist nur durchführbar, indem er alle Mitbeteiligten in gewissem Sinne hintergeht, um das schlechterdings Ungeheuerliche vor ihnen zu verbergen. In der Geschichte *Abrahams* ist es freilich kein irdischer König oder Vater, der den Befehl erläßt, sondern der Vater oder König, »der im Himmel ist«; ihm zu gehorchen ist ein religiöser Auftrag, der *Abraham* aus der Gemeinschaft des Moralischen als des für alle Gültigen in radikaler Individualität und Einsamkeit herausreißt; wer so entschlossen ist wie *Abraham*, wird allen anderen zum Rätsel, er muß ihnen erscheinen als von einem bösen Geist Besessener[129].

129 Vgl. SÖREN KIERKEGAARD: Furcht und Zittern, Problem III, S. 75–112. – Nicht ganz verkehrt bezeichnet ROBERT BLY: Eisenhans, 197–198, den entscheidenden Schritt der Entwicklung als den »Weg vom ›Gesetz‹ zur

Was KIERKEGAARD in *»Furcht und Zittern«* damit zeigen wollte, ist der absolute Unterschied zwischen dem Ethischen und dem Religiösen: ethische Forderungen sind für alle gleich, der Einzelne, der sie erfüllt, ist nur ein Exemplar des ethisch Allgemeinen; jemand indessen, der das tut, was Gott ihm gebietet, steht als religiöses Individuum für sich als einzelne Person allein Gott gegenüber als dem Unbedingten in Person.

b) Einfühlung öffnet den Mund oder: Nur Vergebung erlaubt Wahrheit

Der Jäger hier im Märchen steht vor einem gänzlich anderen Problem, das als Wertantagonismus im Moralischen auftritt. Wie immer er sich entscheidet: für das Treuegelöbnis vor dem König oder für die Verweigerung des Tötungsbefehls zugunsten der Bewahrung eines jungen Lebens, – moralisch wird er schuldig werden. Den Ausschlag in dem Dilemma gibt die mitfühlende Frage des Prinzen, was dem Jäger fehle, daß er so traurig sei. *»Ich kann's nicht sagen und soll es doch* (sc. tun, d. V.)«, antwortet dieser. Damit hat die Aussprache über das Unaussprechliche nun allerdings begonnen, ja, die Worte des Jägers enthalten bereits eine Andeutung, daß es um etwas geht, das er dem Prinzen deshalb nicht verraten darf, weil es ihn selbst betrifft. Genau so versteht der junge Königssohn denn auch den Inhalt des ihm nicht Mitzuteilenden, – es handelt sich um etwas sehr schwer Schuldhaftes ihm selber gegenüber, jedoch, was immer es auch sei, er werde es ihm *»verzeihen«*. Voll erfaßt hat er, daß es schwere Schuldgefühle wegen

›Legende‹ ... Die Legende steht für das Feuchte, Sumpfige, das Wilde und Ungezähmte. Im Vergleich zum trockenen Gesetz sind die Legenden wäßrig. Man braucht zwanzig Jahre, um das Gesetz zu verstehen, und dann ein ganzes Leben, um von dort zur Legende zu gelangen.« Was BLY dabei vorschwebt, ist der Gegensatz von *Dionysos* und *Apoll* in der griechischen Mythologie: »Die ethische Philosophie verlangt nach *Apollon*, nach Moralität und Vollkommenheit. Das heidnische Wesen verlangt nach Zerreißen und Ekstase.« (A. a. O., 303) Der wirkliche Kontrast aber ist nicht mythologisch, sondern theologisch zu beschreiben, und er ist das geheime Thema der Lebenserneuerung in unserem Märchen: der paulinische Kontrast von Gesetz und Gnade, der Gegensatz von Gesellschaft und Gott, der notwendige Widerspruch von »Vernunft« und »Glaube«.

einer gegen ihn persönlich gerichteten Auftragshandlung sein müssen, die den Jäger derart quälen, und er verrät seine tiefe Menschlichkeit ihm gegenüber, indem er im vorhinein ihm seine totale und unbedingte Vergebungsbereitschaft zusichert.

In der Psychoanalyse gilt es als fundamentale Behandlungsregel, die Äußerungen eines Klienten nicht zu bewerten oder moralisch zu verurteilen; es ist nur möglich, die inwendig ablaufende Bewertungsmechanik seines Überichs außer Kraft zu setzen, um sein Ich zu einem eigenen Urteilsvermögen zu befähigen, wenn man jede bevormundende Manipulation von außen einstellt. Schon diese Haltung einzunehmen bedeutet menschlich viel. Was jedoch der Prinz hier verspricht, geht weit darüber hinaus, – es bleibt nicht bei einer neutral-freundlichen Zuwendung stehen, sondern es versucht in größter Selbstlosigkeit dem anderen in seiner seelischen Notlage zu helfen. Dabei ahnt der Prinz wohl, daß er bei dem Unaussprechlichen, das der Jäger tun soll, selber gemeint sein wird; und doch sieht er vollkommen von sich selber ab; er fühlt sich nicht bedroht, er dringt nicht in den Jäger ein, daß er ihm sein Geheimnis lüfte; einzig verspricht er, egal worum es sich da handle, ihn zu verstehen und nicht zu verurteilen.

c) Man kann niemanden töten, dem man sich anvertraut, oder: Der Mut zur eigenen Verantwortung

Dadurch allerdings ändert sich für den Jäger die Lage entscheidend: jetzt darf er sprechen, jetzt braucht er vor dem Prinzen nichts mehr zu verstecken; doch wenn er sagt, was ihn bedrückt, muß er mit diesem Eingeständnis, wie er fühlt, dann nicht zugleich auch einstehen für das, was er selbst will? Und kann er jetzt noch wollen, was er soll? Kann er jemanden hinterhältig töten, der ihm mit solch einem Vertrauen und mit solchem Wohlwollen begegnet? Unmöglich! – Es ist nicht sicher, ob der Jäger je eine Begründung für den königlichen Mordbefehl erhalten hat. Wenn er, vielleicht vom Hörensagen, mitgeteilt bekam, der Prinz habe aus purer Machtgier seinen eigenen schon auf den Tod erkrankten Vater zusätzlich vergiften wollen, um ihn so rasch wie möglich aus dem Weg zu räumen, sieht er jetzt einen

Mann vor sich, der so ganz anders ist als unter hochgestellten Potentaten üblich; wenn diesen alles zuzutrauen ist, dann von allem diesem nichts! Was immer man von ihm auch munkeln mag, – er widerlegt es durch sein Wesen, nicht mit Worten. Unter Klagen gesteht ihm jetzt denn auch der Jäger, warum er mit ihm unterwegs ist: *»Ach«*, entfährt es ihm stöhnend, *»ich soll Euch erschießen, der König hat mir's befohlen.«*

Das ist nicht die Mitteilung eines Entschlusses, das ist im Gegenteil die qualvolle Äußerung eines unentscheidbaren Zwiespalts. Gleichwohl hört der Prinz nicht zu Unrecht aus der Unentschlossenheit des Jägers die Möglichkeit heraus, daß er der königlichen Weisung, statt seinem eigenen Gewissen, folgen könnte, und fleht den Diensthabenden seines Vaters an: *»Lieber Jäger, laß mich leben.«* Diese Anrede freilich bezeugt bereits, wie nahe die beiden persönlich sich mittlerweile gekommen sind, und so bittet der Prinz den Jäger darum, entsprechend dieser gewachsenen Beziehung nun auch zu handeln. Jemand der »lieb« ist, tötet nicht einen Geliebten oder Liebenden.

Warum dann aber noch die an sich überflüssige »Bestechung« durch ein kostbares Geschenk? Auch hierbei handelt es sich um ein typisches Motiv. In dem Märchen »Die zwei Brüder« (KHM 60)[130] zum Beispiel bittet ein jedes der Tiere, auf welches abzugsbereit schon das Gewehr gerichtet ist, den Jäger darum, er möge es am Leben lassen, verbunden mit der Zusage, ihm zwei Junge dafür zu geben. Das ist eine an sich faire Abmachung: Leben gegen Leben. Der Jäger, der nicht tötet, »schenkt« seinem potentiellen Opfer das Leben, ähnlich »herrschend« über Leben und Tod wie die zwei Brüder des Prinzen, für die allerdings sogar Menschen nichts anderes sind als jagdbare Beute; die Rettung der eigenen Lebenszukunft kann bei einem derartigen Deal, Leben gegen Leben zu tauschen, mit dem Versprechen zustande kommen, für das *»geschenkte«* Leben verdoppelt zukünftiges

130 Vgl. E. DREWERMANN: Die zwei Brüder, in: Landschaften der Seele oder: Wie wir Mann und Frau werden. Grimms Märchen tiefenpsychologisch gedeutet, Bd. 4, S. 173–389, S. 216–243: »Lieber Jäger, laß mich leben« oder: Die Erziehung der Gefühle.

Leben zu *»schenken«*, – eine *»win-win-situation«* für beide Vertragspartner also.

d) *Der Kleidertausch oder: Selbstbestimmung und Menschlichkeit um den Preis der Täuschung unmenschlicher Fremdbestimmung*

Die Vereinbarung hier zwischen dem Prinzen und dem Jäger indessen ist deutlich anderer Art. Was, muß man sich fragen, soll ein Jäger mit einem *»königlichen Kleid«* anfangen? Er wird es niemals tragen können, ohne daß man ihn sogleich erstaunt befragen wird, woher er es bekommen habe. »Der König hat es mit geschenkt, nachdem sein Sohn verstorben war.« Wer käme bei einer solchen Auskunft wohl nicht augenblicks ins Grübeln? »Real« mag es dem Königssohn von Vorteil sein, wenn er fortan *incognito* in Jägerkleidung sich im Wald versteckt hält, um nach Ablauf des versprochenen Jahres in Gestalt der Prinzessin sich dem einzigen Menschen zu erkennen zu geben, für den es sich lohnt, in einer solchen Welt, wie sie sich hier zeigt, am Leben zu bleiben.

Der Jäger selbst aber tauscht die Kleidung nicht ein, um damit vor anderen zu prunken. Die königliche Gewandung, die ihm geschenkt wird, wenn er den Prinzen am Leben läßt, markiert vielmehr innerlich die entscheidende Verwandlung seiner Persönlichkeit von einem weisungsabhängigen Diener zu einem gewissensgehorsamen Freigeist. Er geht *»gerne«* auf den Tausch ein, denn, sagt er, *»ich hätte doch nicht auf Euch schießen können.«* Das wußte er gefühlsmäßig wohl schon all die Zeit auch vorher; jetzt aber fühlt er es nicht nur, jetzt wagt er es zu denken. Jetzt zieht er nicht nur eine »königliche Kleidung« über, jetzt wird er aus Überzeugung geistig zu einem Souverän in eigener Entscheidung. *Er* ist jetzt »König« in allem, was ihn selbst betrifft. Der König selber mag auch weiterhin in dem Gewand seiner Majestät seinen Palast durchschreiten, – im Herzen dieses Jägers hat er aufgehört, »König« als absoluter Herrscher noch zu sein. Innerlich hat der Jäger ihn entthront, nicht freilich um an seiner Stelle über andre zu bestimmen, wie es die beiden älteren Königssöhne sich erhoffen, sondern um das Prinzip der Fremdbestimmung in seiner eigenen Person durch das Prinzip der Selbstbestimmung zu ersetzen.

Gefühl, Gewissen und Gebot sind jetzt in Selbstidentität in ihm vereint.

Dies hohe Gut kann allerdings im Falle dieses Jägers nur mit einer schweren Hypothek erworben werden: er muß dem König wahrheitswidrig sagen, er habe seinen Auftrag ausgeführt. – Der König ist kein »König« mehr; doch gibt das auch schon die Erlaubnis, ihn in einem wesentlichen Punkt der Machterhaltung anzulügen? Natürlich nicht. Andererseits trägt jetzt der Jäger auch Verantwortung für jenes Leben, das er durch Befehlsverweigerung gerettet hat. Würde er am Hof die Wahrheit sagen, würde er zudem mit Sicherheit sich selbst gefährden: auf Widersetzlichkeit bei einer königlichen Order, die auf Leben und Tod lautet, droht die Verurteilung zur Todesstrafe. Wer »vor dem Feind« nicht tötet, muß getötet werden, – so bei Soldaten »im Dienst«, so gewiß bei einem Jäger, der in einen solch speziellen »Dienst« genommen wird. Schon um selber am Leben zu bleiben, muß der Jäger die Nicht-Ausführung des ergangenen Erschießungsbefehls verheimlichen. Darüber hinaus würde er zudem mit der Wahrheit auch das Leben des Prinzen gefährden, den er soeben verschont hat: Mit Spezialkräften und Sonder-Eingreif-Kommandos würde man nach ihm fahnden, bis man ihn gefunden hätte, und dann drohte erneut seine heimliche Erschießung.

In einer Welt, die so sich ausnimmt wie im Herrschaftsbereich solcher »Könige«, ist Lügen oft genug die einzige Art, der Wahrheit eine Überlebenschance zu schaffen. Diese Erkenntnis ist nicht gerade neu: von einem *»mundus, qui vult decipi«*[131], von einer Welt, die – in der eigenen Verlogenheit – geradezu belogen werden will, sprachen

131 Der Satz wird zurückgeführt auf PLINIUS D. J.: Briefe, VI 16: An Tacitus, S. 181–187. Die Formulierung *mundus vult decipi – decipiatur*: die Welt will betrogen werden, – soll sie betrogen werden, wird mit PETRONIUS in Verbindung gebracht. Vgl.: Das Gastmahl des Trimalchio. Eumolpos, der Dichter und Sänger, S. 103: »Volk und Väter sind käuflich. Gold allein ist der Herrscher.« Wie die »verlogene Welt« aussieht, beschreibt SENECA: An Lucilius. Briefe über Ethik, Schriften Bd. 3, Brief 47, S. 361–375, am Beispiel der Sklaverei. – MARIE-LOUISE VON FRANZ: Erlösungsmotive im Märchen, S. 107, verweist auf den Konflikt zwischen der *Persona*, der »Maske, die wir der Welt zeigen«, und der »nackten Wahrheit« unserer »Persönlichkeit«. »Kleider,« meint sie, »sind ... der Persona zuzuordnen ... Wir kleiden uns,

bereits die Alten Römer. Verstehen kann man diesen Standpunkt. Man vermeidet damit, ein Martyrer zu werden. Freilich ändert man auf diese Weise sicher nicht das Lügenwerk der Welt, man spinnt im Gegenteil das Netz der Lügen weiter: man redet sich dabei sogar womöglich vor, sich für die besseren Zeiten einer besseren Zukunft aufzusparen. Als ein Gesandter in fremdem Land muß man nach Meinung von Herrn *Keuner* bei BERTOLT BRECHT »Verbrechern schmeicheln ..., um sein Ziel zu erreichen«.[132] Das mag für »Diplomatie« gelten, doch so wird man kein Wahrheitszeuge, so macht man sich lediglich vor, bereits der Bürge und der Bürger einer besseren Zeit zu sein, für die man nur jetzt noch nicht einzustehen braucht, um sie desto sicherer später dann selbst noch zu erleben. Christlich ist solch ein Denken nicht, doch Märchen dürfen solche Hoffnung hegen.

5. *Der Anfang einer neuen Welt oder: Von einem Königreich der Liebe*

Denn es kann wirklich sogar selbst in dieser Welt der Machtgier und der Lüge nach der Devise »ein Jeder ist sich selbst der Nächste« und »rette sich, wer kann« noch anders kommen, weil es anderes doch auch gibt: Dankbarkeit zum Beispiel. Bis sie sich meldet, mag es manchmal lange dauern, so daß man schon vermeint, die Zeit habe das Gras darüber wachsen lassen, doch brauchte es womöglich nur ein wenig Zeit, bis daß die Saat aufging und nach einer Weile nunmehr ihre Früchte trägt. Das Brot, das sich beim Teilen selbst vermehrt, das »Schwert«, das Kriege schlichtet und den »Sieg« im Friedenschließen findet, die Gaben, die in den Konflikten dreier Könige den Weg zur Rettung wiesen, erzeigen ihre segensreiche Wirkung nun schließlich auch zugunsten des beinahe mutwillig dahingerafften Königssohns. Das Märchen vom »Wasser des Lebens« beschwört uns an dieser Stelle förmlich, daran zu glauben, daß Wahrheit sich

wie wir uns der gesellschaftlichen Umgebung zeigen möchten ... So verschleiern Kleider oft die wahre Persönlichkeit.«

132 BERTOLT BRECHT: Geschichten von Herrn Keuner, in: Kalendergeschichten, 110–111.

allein in einer Haltung tiefer Dankbarkeit in dieser Welt entdecken läßt, nicht in Gefühlen jedenfalls von Mißtrauen, Haß und Verbitterung; was man *dabei* herausbekommt, gibt es gewiß wohl alles auch, doch »die« Wahrheit, als eine Überzeugung, von der und mit der sich menschlich leben ließe, findet sich so nicht.

Was jetzt im Märchen tatsächlich geschieht, ist nicht mehr und nicht weniger als die Bestätigung der endgültigen Rettung dieses auf den Tod erkrankten Königs. Solange er seinen beiden älteren Söhnen derart Glauben schenken mochte, daß er sich außerstande zeigte, die wahre Heilkraft seiner Krankheit in dem Wesen seines jüngsten zu erkennen, blieb er gefangen in der Krankheit, an der sie allesamt in der verleugneten Verzweiflung ihrer falschen Icheinstellung litten. Zwar kann sein rechter Sohn in seiner Seltsamkeit und Andersartigkeit zu der Genesung seines Vaters jetzt persönlich nichts mehr beitragen, doch das muß er auch nicht. Er hat das Lebenswasser ihm gebracht, und davon mag der König magisch trinken, so viel er und so oft er will; wirklich erretten kann ihn nur die geistige Umkehr seiner ganzen Denkungsart. Und *die* ergibt sich aus der späten Ernte dessen, was sein Sohn längst schon gesät und in der Haltung seiner Menschlichkeit und Güte in die Welt getragen hat. Die »Brotvermehrung« geht in Gestalt der Dankbarkeit ihrer ursprünglichen Empfänger weiter, und sie bringt jetzt den wahren Sachverhalt, wie man das Lebenswasser findet und hat finden können, an den Tag.

6. Die Schätze der Dankbarkeit oder: Vom Ende einer falschen Sicherheit im Aburteilen anderer

Jene drei Könige nämlich, denen der Prinz in ihrer Not mit seiner Mitgift aus dem Schloß der schönen Prinzessin hatte helfen können, schicken *»dem alten König drei Wagen mit Gold und Edelsteinen für seinen jüngsten Sohn«*, und dieses Übermaß kostbarer Dankbarkeit macht endlich auch den Vater nachdenklich und aufmerksam für den in Wahrheit unschätzbaren Wert des jüngsten seiner Söhne. Sein Blick in die Welt wird dadurch ein anderer; er wird womöglich doch ein wenig skeptisch gegenüber den Aussagen der beiden ältesten; die Verschiebung seines Wertblicks erlaubt ihm nach und nach, Menschen richtiger wahrzunehmen und besser kennenzulernen, und so stürzt er sein erlassenes Urteil jetzt vollkommen um. Erst noch als Frage, dann als Gewißheit tritt die Einsicht an ihn heran, daß es ein Fehler war, seinen jüngsten zum Tode zu verurteilen. Nichts von den Vorwürfen und Unterstellungen seiner beiden ältesten Söhne kann zutreffen, wenn unabhängig voneinander drei Könige Grund finden, seinem jüngsten als Wohltäter zu danken. In allem muß er sich geirrt haben.

Schon diese Einsicht kann erschreckend sein: Wie falsch war man selbst, wenn man derart falsch die Wirklichkeit von Welt und Mensch hat aburteilen können! Doch schlimmer noch: man hat irrigerweise einen völlig Unschuldigen zum Tod verurteilt und hinrichten lassen. – Nach 1945 hat die BRD-West die Todesstrafe per Gesetz eben deshalb abgeschafft, weil Menschen sich irren können, im Falle einer Hinrichtung aber ihren Irrtum nicht mehr zu korrigieren vermögen, – endliche Menschen dürfen keine endgültigen Urteile fällen[133]. Man versteht nur zu gut das Entsetzen und den bitteren Schmerz der allzu späten Reue, mit dem es dem König leid tut, seinen jüngsten Sohn haben töten zu lassen. Er muß seine beiden ältesten nicht nachträglich noch vernehmen und erstmals kritisch verhören lassen; auch so arbeitet in ihm das Bedauern schmerzhaft weiter. Freilich, er sagt nicht: »Ich bin irrtümlich zum Mörder meines Sohnes geworden.« Das wäre das Geständnis einer Wahrheit, die er sich im Amt kaum leisten kann. So setzt er das »Geheimnis« um das rätselhafte Verschwinden seines Jüngsten weiter fort, – der Fortbestand der politischen »Ordnung« scheint ihm nach wie vor wichtiger als eine öffentliche Aufklärung des wirklichen Geschehens.

7. Die Last der Schuld und ihre Erlösung oder: Von der heilenden Kraft der Vergebung als Totalumkehr des Daseins

Ehrlich glauben aber darf man diesem König das Leid über seine so schwere und nicht mehr wiedergutzumachende Fehlentscheidung. Plötzlich entringt sich ihm der Wunsch: *»Wäre er* (sc. mein Sohn,

133 Vgl. E. DREWERMANN: Richtet nicht, III 523–536: An Vergebung glauben lernen.

d. V.) *noch am Leben«* und die Klage: *»wie tut mir's so leid, daß ich ihn habe töten lassen.«* Damit ist es heraus, – nicht als Geständnis, aber als eine quasi unfreiwillige Mitteilung, hervorgepreßt unter schwerem seelischem Leid, stärker sogar jetzt als die taktischen Überlegungen königlicher Machtverwaltung.

Wie man sich fühlt, wenn man irrtümlich jemandem das Leben genommen hat, kann man auch als einfacher Bürger sich vorstellen, etwa bei einem schweren Autounfall: man hat, nehmen wir an, bei tief stehender Sonne die Ampelschaltung einer Kreuzung falsch interpretiert und im Gegenlicht den Helligkeitsunterschied zwischen Rot und Grün nicht richtig wahrgenommen; das führte dazu, einem von der rechten Seite kommenden Auto mit hoher Geschwindigkeit die Vorfahrt zu nehmen, – es kam zu einem furchtbaren Crash mit tödlichem Ausgang. Moralisch liegt keinerlei Fehlverhalten vor, wenngleich juristisch eine Haftbarkeit besteht, die von der gesetzlich verpflichtend eingegangenen Versicherung gedeckt werden wird; innerlich aber werden die Vorwürfe über lange Zeit gewiß nicht nachlassen: was hat man gemacht, was hätte man anders machen können, was anders machen müssen? Der Druck der Schuldgefühle hört nicht auf. Dabei handelt es sich »nur« um einen Irrtum, nicht um einen eigenen Willensentschluß.

Bei dem König im Märchen indessen verhält es sich genau in diesem Punkt weit schlimmer. Wohl, er hat falschen Informationen geglaubt, *das* war sein Irrtum; aber auf Grund seines Glaubens an die falschen Informationen seiner beiden älteren Söhne ist er in Zorn geraten, und in seinem Ärger hat er gewünscht und gewollt, was er in seinem Urteil dem jüngsten angetan hat. Damit zu leben ist fast unerträglich schwer; dieser König hat etwas vollkommen Falsches *gewollt;* er hat jemanden hinrichten lassen, um Rache zu nehmen; er hat sich geirrt in dem Wesen und Verhalten seines eigenen Sohnes, der allein mit seiner Art fähig war, das rettende Wasser des Lebens für ihn zu finden und herbeizuholen …

Mit einer solchen Schuldenlast kann kein Mensch leben; selbst mit Reue und Bußopfern ist sie nicht abzutragen oder wieder gutzumachen. Der König befindet sich in einer *Grenzsituation,* für die es keine Lösungen mit moralischen oder juridischen Verfahrensweisen innerhalb des Endlichen mehr gibt; nur von jenseits der Grenze her, aus dem Unendlichen, kann eine Lösung kommen, die eine *Er*lösung bedeutet. Sie ist die Quintessenz der Heilung von der Krankheit der Verzweiflung in jener königlichen Daseinsform, die zu sich selbst im Mißverhältnis steht, weil sie sich ganz und gar im Endlichen vergräbt.

Die Not, in welcher sich der König jetzt befindet, zeigt ihn an seiner Grenze angekommen; mit eigenen Möglichkeiten existiert definitiv kein Ausweg mehr. Das Heilmittel des »Lebenswassers« ist, wie in der christlichen Taufe, die Totalvergebung aller Schuld durch die Totalumkehr der ganzen krankmachenden Daseinsausrichtung: das Herrschen über Menschen ist verkehrt, das Richten über Menschen ist verkehrt, Kriegsrecht und Strafrecht bessern nicht die Welt, sie sind nur die sich stets verschlimmernden Symptome ihrer tödlichen Erkrankung. Die *Therapie* kann nur bestehen im Verzicht auf Machtansprüche und in der vorsichtigen, demütigen Fähigkeit zum Hinhören, Verstehen und Begleiten anderer Menschen auf dem Wege zu sich selber und zu ihrer Freiheit; sie gründet in der Einsicht, daß »Schuld« nicht freiwillig begangen, sondern von Ursachen gesteuert wird, die ohne ein bewußtes Wissen oder Wollen in das Unheil treiben, – *sie*, nicht das »Böse«, das daraus entsteht, sollten im Durcharbeiten der Zusammenhänge, begleitet von dem Zuspruch der Vergebung, abgetragen werden; die Antwort auf das »Böse« besteht nicht in den Attitüden martialischer Gewalt in Straf- und Abschreckungsmaßnahmen, die allesamt niemanden »bessern« oder abhalten vom »Bösen«, sondern in der geduldigen Begleitung und Nachreifung all der Fehlidentifikationen und Entwicklungsblockaden, die eine echte Selbstwerdung bislang behinderten. All das ist, christlich ausgedrückt, die Rettung und Erlösung unseres Daseins aus absoluter Gnade[134].

Erst jetzt, vor diesem Hintergrund, wird in gesamtem Umfang deutlich, was die Wirkung dieses Lebenswassers ausmacht und

134 A.a.O., III 805–814: Reparieren oder heilen.

warum nur jemand wie der jüngste Königssohn es seinem Vater bringen konnte. Die Haltung, die ihn leitete, dem Jäger, gleich was er ihm sagen werde, selbst das Schlimmste zu vergeben, ist die eigentliche Grundlage unseres Lebens. Fehlbare, endliche Wesen, die wir sind, vermögen wir uns selbst nur zu ertragen in einem unfehlbaren und unendlichen Erbarmen, das die Armseligkeit und Armut unseres Daseins liebevoll in seinen Armen hält. Diesen Grund wiederzuentdecken ist die Neugeburt, die Krankenheilung, die Auferstehung aus dem Tod von Schuld und Sünde, die im Taufsymbol des Lebenswassers sich vollzieht, eine Metamorphose unseres Daseins wie die Umwandlung einer Raupe zu einem Schmetterling.

Der junge Prinz vermittelt diese Wahrheit nicht in Worten und in offen ausgetragenen Konflikten, doch er lebt aus ihr und gibt sie weiter wie das Brot, das sich beim Teilen selbst vermehrt, und wie das Schwert, das zwischen kämpfenden Parteien schlichtet. Durch seine Zusage im voraus, dem Jäger alles zu vergeben, was er ihm mitzuteilen habe, öffnete er diesem, wie ein Beichtvater es tun sollte, den Mund im Mut zur Wahrheit; er schenkte ihm damit die Entscheidungsstärke eigener Unabhängigkeit im Widerspruch zu einer ausdrücklichen Anordnung des Königs; mit seinem Einfühlungsvermögen in die »Traurigkeit« und innere Zerrissenheit des Jägers zwischen Gewissen und Gehorsam verhalf er diesem zu der Freiheit eines in Eigenverantwortung gelebten Lebens und rettete damit auch zugleich sich selbst das Überleben. Und diese »Brotvermehrung« ungeteilter Menschlichkeit in dem Verteilen von Verstehen und von Güte erreicht nun auch den König in seiner tiefen Traurigkeit über das Unrecht seines zornigen und gnadenlosen Hinrichtungsbefehls. Ihn selbst berührt nun die Gnade, die sein Sohn schon vorbereitete, indem er seinen Auftragsmörder in Gestalt des Jägers gnädig stimmte und zur Schonung anhielt.

8. Die »Gnade« eines »Königs« oder: von »Gnadenakten« und von einem Leben aus Gnade

Was da sich ohne königliches Wissen in dem Gewissen seines Jägers als Entscheidung für das Leben durchsetzte, ist jetzt ineins die Diagnose und die Therapie der königlichen Todkrankheit: ein mitleidloser Machtwille tötet nicht nur, er entstammt selbst der Tödlichkeit tiefer Verzweiflung, und diese Einsicht, die als Grenzerfahrung einer Erschütterung des ganzen Daseinsaufbaus gleichkommt, leitet nun über zu der Dankbarkeit, das Leben selber als Geschenk lauterer Güte ansehen zu können und annehmen zu dürfen. Es wird zum größten Glück des Königs, daß das Verbrechen, das er willentlich befahl, im Gegenwillen seines Jägers Gott sei Dank verhindert wurde. Sein Sohn – *»er lebt noch«*, spricht der Jäger, *»ich konnte es nicht übers Herz bringen, Euren Befehl auszuführen.«* Die Schuldenlast, die sich erdrückend schwer gleich einem Mühlstein auf das Herz des Königs gelegt hatte, hebt sich hinweg. Und froh verkündet *er »in allen Reichen …, sein Sohn dürfte wiederkommen und sollte in Gnaden aufgenommen werden.«*

Die »Gnade«, von der jetzt freilich die Rede geht, ist eine andere als jene göttliche, die eben noch gemeint war; »in Gnaden aufnehmen« bedeutet zwar auch, daß der König willens ist, den jüngsten vorbehaltlos wieder bei sich zuzulassen und sämtliche Vorwürfe gegen ihn zu revidieren; doch dieser königliche »Gnadenakt« umgeht das offene Schuldeingeständnis für die Fehlverurteilung des Sohnes; die »Gnade«, die der König hier verkündet, läßt nach wie vor die Öffentlichkeit in dem Glauben, der Prinz müsse denn doch wohl eine Schuld auf sich geladen haben, die allerdings der König jetzt in seiner Groß- und Langmut zu vergeben bereit stehe. Die »Gnade«, die der König für sich selber dringend nötig hätte, verleiht er sichtbar vor den Augen aller seinem Sohn, auf daß er selbst nicht länger mehr als jähzornig und grausam dasteht, sondern diesen fatalen Eindruck in die freundliche Erscheinung eines versöhnlichen Vaters und hochherzigen Regenten umzuwandeln vermag. Eine wirkliche innere Wandlung des Königs ist das noch nicht, doch verrät es zumindest schon einmal die Ahnung davon, was richtig zu tun wäre, und offen läßt es die Erwartung, was hier nach außen hin zur Schau getragen werde, arbeite sich als Überzeugung auch ins Innere noch vor.

In jedem Fall gebietet es die Vorsicht, den Gnadengesten all der Großen dieser Erde eher zu mißtrauen als darob in Freude auszubrechen: eine Begnadigung, die den Begnadigten in seinem alten Schuldvorwurf verbleiben läßt und die den wahrhaft Schuldigen als großzügig erscheinen lassen soll, erfüllt ineins den Tatbestand politischer Diplomatie und Heuchelei; sie ist denn auch mehr eine Aussöhnung des Königs mit dem Volk, an das sie adressiert ist, als eine wirkliche Versöhnung mit dem Sohn.

9. *Dasein in Einsamkeit und Widerspruch oder: Wie lebt sich's im Vertrauen auf ein Wiedersehn?*

Tatsächlich spricht es für sich selber, daß die Verkündigung des königlichen Gnadenaktes alle Welt erreicht, nur nicht denjenigen, der eigentlich gemeint ist: den Sohn selber; wohl darf der Prinz an den Hof laut Erklärung wiederkommen, doch erfährt er davon nichts. Hat er aus Furcht vor seinem Vater sich im Wald zu tief verkrochen? Oder hält er den Rückkehrruf des Vaters für das, was er sicher auch ist: für eine Form geschickter Selbstdarstellung oder gar für eine bloße neuerliche Finte?

Solche Erwägungen wären politisch durchaus angebracht, doch sind sie unpassend zum Wesen dieses jungen Mannes. Als er dem Jäger von Vergebung sprach, war seine Botschaft nicht politisch, sondern ganz und gar persönlich für ihn selbst bestimmt. Wie aber lebt der Prinz jetzt in Waldeinsamkeit und Angst, verraten von dem eigenen Vater und hintergangen und betrogen von den eigenen Brüdern, – inmitten einer Welt, die ihn ganz offensichtlich nur als Widerspruch und Störenfried betrachtet und die ihn lieber los sein will als leben ließe? Was ist zu tun in einer Welt, die eher der Verleumdung machtgieriger Lügen Glauben schenkt, als daß sie auf die Wahrheit hören würde?

Man möchte meinen, der junge Königssohn wäre verbittert und enttäuscht durch all das, was ihm angetan ward, er stellte sich von Grund auf selbst in Frage und schmollte jetzt in Selbstisolation und Menschenscheu verzweifelt vor sich hin; doch all das tut er gerade nicht. Er bleibt sich selbst und seinem Wesen treu. Er hält sich durch, so wie er ist. Religiös müßte man sagen: er zieht sich in den »Wald«, ins eigene Unbewußte, zurück als wie in eine Kathedrale Gottes, darin er Einkehr hält und im Gebet sich festmacht. Wie im Psalm 118,6 könnte er sprechen: »Wenn Gott für mich ist, was kann ein Mensch mir dann tun?« Er ist mit sich in Einklang, und er ruht in einer Zuversicht, die sich von den Intrigen und den Machenschaften dieser Welt nicht länger mehr erschüttern läßt. Und es ist diese Haltung, die auf die Verzweiflung an der Ungeborgenheit der Welt die eigentliche religiöse Antwort gibt.

Das Märchen freilich weiß noch und erzählt von einer weiteren Hoffnung, die den Prinzen trägt: von jener einen einzigen Erfahrung, die er bei jener schönen Königstochter machen durfte, als er sie selbst von der Verwunschenheit erlöste und sie ihm zeigte, wo das Lebenswasser aufzufinden sei. Daß sie ihm übers Jahr die Hochzeit zugesagt hat, macht ihm die Einsamkeit im »Walde« zu einer Zweisamkeit der Liebe und verkürzt die Wartezeit in träumender Vorfreude auf die schon absehbare Einhaltung des ein für allemal gegebenen Versprechens.

In seinen Meditationen über »Jesus Menschensohn« hat der libanesische Philosoph und Dichter KHALIL GIBRAN (1883–1931) die ewig gültigen Worte eines jeden wahrhaft Liebenden an seine Geliebte formuliert, – als eine Zusage Jesu an *Maria Magdalena:* »Du hast viele Liebhaber, Miriam! Aber nur ich liebe dich. Die anderen Männer suchen sich selbst, indem sie dich lieben. Ich liebe dich um deinetwillen. Die anderen sehen in dir eine Schönheit, die schneller vergeht als ihre Jahre. Ich aber sehe in dir eine Schönheit, die niemals welken wird. Und noch im Herbst ihrer Jahre wird sie sich nicht zu fürchten brauchen, in den Spiegel zu sehen, denn sie wird nicht gedemütigt werden. Ich allein liebe, was in dir ist und was man nicht sieht.«[135]

So spricht und denkt ein jeder Liebender, – wir sagten: er werde zum PLATONiker. Denn er sieht die Schönheit der Geliebten in dem Abglanz ihres Wesens, und für die Griechen galt das Wesen als etwas zeitlos Bleibendes, stets Gegenwärtiges und Unzerstörbares; jedwede Liebe, die gelingt, wird deshalb zu einem Versprechen ewiger Gemein-

135 KHALIL GIBRAN: Jesus Menschensohn, 17–18.

samkeit, ja, sie ist in sich selber die Verheißung von Unsterblichkeit; in ihr fühlt man das Göttliche ganz nahe, als das alles Durchdringende, als das Verbindende und das Erfüllende. Liebe ist das Empfinden einer seelischen Verwandtschaft, die immer schon bestand, doch jetzt in der Begegnung in die Zeit eintritt und sich spontan im Augenblick entdeckt, wie eine Sternschnuppe, die nach der langen Reise eines Meteors mit ihrer Energie die Elektronenhüllen von den atomaren Kernen löst, so daß deren Wiedervereinigung die ganze Bahn als eine lange Lichtspur strahlen läßt. Man sagt, daß Wünsche, die beim Anblick einer Sternschnuppe geäußert werden – am passendsten zwischen dem 13. und 14. August beim Schauer der Meteoriten aus dem Sternbild Perseus –, in Erfüllung gingen. – So dürfen wir den Prinzen uns bei seinem Warten auf den Ablauf seiner Hochzeitsfrist vorstellen: den Blick gewandt zum Himmel und die Sterne wie die Tage im Kalender zählend, und jeden Lichtschein, der vom Himmel fällt, betrachtend als den Sendboten und Gruß seiner Geliebten, – ganz ohne Wehmut, ohne Trauer. Was hätte er noch in der Welt verloren, wo er doch sie gefunden hat! Dies Glück hat er mit sich genommen, und es bleibt ihm treu wie die Geliebte selbst. Was aber tut in Treue sie?

B. Was ist eine erprobte Liebe oder: Kriterien der inneren Wahrhaftigkeit

Auch sie müßte nur einfach warten, daß, wenn die Zeit verstrichen, er zu ihr zurückkehrt; statt dessen aber trägt sie ihren Leuten eine Probe auf: sie sollten als den rechten nur denjenigen zu ihr einlassen, der *»geradewegs zu ihr geritten käme«*. Traut sie sich nicht zu, daß sie bei den womöglich zahlreichen Brautwerbern, die um ihre Hand anhalten werden, nach Ablauf eines Jahres den Jüngling wiedererkennt, und deshalb eine zusätzliche Sicherheit benötigt? Das klingt absurd und kann wohl so auch nicht gemeint sein. Was aber hat es überhaupt mit dieser Wartezeit dann auf sich?

1. *Der Faktor Zeit oder: Von Warten und Geduld im Wissen um das Wesen des geliebten Partners*

Vor gar nicht langer Zeit war es auch bei bürgerlichen Trauungen noch üblich – und kirchlich sogar vorgeschrieben –, daß in gewissem Zeitabstand ein zweimaliges Aufgebot öffentlich ausgeschrieben wurde; man wollte so verhindern, daß bestimmte Ehehinderungsgründe erst nach der Hochzeit bekannt würden, wie Bigamie, Täuschung in der persönlichen Identität, im sozialen Status, in der Herkunft, in wichtigen Angaben zum bisherigen Lebenslauf, – es sollte alles seine Ordnung haben und Zeit bleiben zum Nachdenken. Solche Gesichtspunkte sollten bei einer Königshochzeit keine Rolle spielen, – da dient die Vorlaufzeit der Einstimmung des Volkes auf ein Großereignis. Daß man jedoch, wie die Prinzessin hier, sich einem Einzelnen verspricht und dann sich ein Jahr Zeit läßt, andere Bewerber zuzulassen, mutet, gelinde gesagt, seltsam an, es sei denn, all die rituellen Regelungen wären erneut symbolisch zu verstehen: Keinen außer dem einen wird die Prinzessin auch nur zu Gesicht bekommen wollen. Die Wartezeit ist auch für sie solch eine Zeit der inneren Konzentration und Klärung des bereits Entschiedenen, und all die lediglich dem Protokoll am Hof geschuldeten Bewerbungen haben für sie nur einen Zweck: die Einzigartigkeit des Einen öffentlich zu unterstreichen. Die »Probe« der Prinzessin dient nicht der Auswahl eines noch zu Findenden, sondern der sicheren Bestätigung des längst Gefundenen.

Denn auch die ehedem verwunschene Königstochter hat in dem Prinzen auf der Suche nach dem Lebenswasser nicht nur den einen Mann erkannt, der fähig war, *ihr* Wesen zu erfassen, – in gleichem Maß erkannte sie auch ihn, *sein* Wesen, ganz. Ja, er war anders als die andren alle, er war ihr Widerspruch, ihre Provokation, nicht weil er's wollte, einfach weil er's war. Nur deshalb, weil er so war, wie er war, verwandelte allein schon seine Gegenwart den Abgrund der Gefangenschaft, in welcher sie selbst hatte leben müssen, in einen Ort verheißungsvoller Freiheit. Die Welt, in die man sie hineingelockt und hinter ihr verschlossen hatte, war bis dahin ihr als die einzig mögliche erschienen; wie es war, mußte es sein, – das *tina*-Prinzip herrschte über sie: *there is no alternative*. Er aber war der lebende Beweis, daß es auch anders ging; er war die lang gesuchte und kaum noch geglaubte alternative Umkehrung all der selbstauferlegten Zwänge aus Gier, Gewalt und Grausamkeit. Auch für sie war er der Neuanfang, nach dem er bisher für den eigenen Vater suchte.

Ein wichtiger zentraler Zug in seinem Wesen muß ihr vor allem aufgefallen sein: die Gleichmut gegenüber allem, was aller Welt so wichtig scheint. Was andre von ihm dachten oder sagten, – ihm war es unwichtig, er wollte keinen Ruhm. Was andere vor ihm an Positionen sich erkämpften und erkletterten, – ihn trieb es nicht zu einem gleichen Handeln an, ihm lag nicht an dem Stolz der Parvenus und Karrieristen. Was andre mehr als er besaßen, tangierte ihn nicht im geringsten, – ihm war an Geld und Reichtum nicht gelegen. Und eben diese Andersartigkeit in allem half der Prinzessin selber, anders zu werden, als sie bisher zu sein hatte. Unmöglich war es für sie vorstellbar, daß er in diesem Punkt, der doch sein Wesen war, sich hätte ändern können oder ändern wollen. Sie also wartete darauf, ihm wiederzubegegnen als dem Vertrauten, dem sie trauen und sich anvertrauen durfte – in deutlichem Kontrast und Unterschied zu allen andern.

2. *Von Vaterbindung im Motiv der Preisjungfrau oder: Wirklich liebenswert ist jemand, der aus Verwunschenheit befreit*

Oft in Erzählungen von Mythen und von Märchen begegnet das Motiv der »Preisjungfrau«[136]: der Vater einer heiratsfähigen und wohl bereits auch heiratswilligen Tochter stellt dem Brautwerber eine Auf-

136 Vgl. W. HEILIGENDORF: Braut und Bräutigam, in: L. Mackensen (Hrsg.): Handwörterbuch des deutschen Märchens, I 302–306: »Durch die Lösung einer schwierigen Aufgabe … erringt sich der Held seine Braut. … Bei all diesen Beispielen handelt es sich beim Erringen der Braut um eine einfache Tatsächlichkeit. Der Preis war gestellt, die Helden eifern danach, ihn zu erlangen, und tragen so die Handlung zu ihrem gesetzten Zielpunkt. Liebeserklärungen, eine tiefere Motivierung, warum sich das Paar nun zusammenfügt, oder Erklärungen zur gegenseitigen Einstellung der Brautleute gibt es hierbei nicht.« – Das trifft insofern zu, als Märchen keine Novellen oder Romane sind; die Motivation ihrer Akteure läßt sich psychoanalytisch aber aus der Symbolik und Dynamik des Handlungsablaufs unschwer ermit-

gabe, an der er physisch (im Kampf gegen gefährliche Tiere) oder geistig (beim Lösen von kaum zu lösenden Rätseln) aller Voraussicht nach scheitern wird (und insgeheim auch scheitern soll). Im Falle der Prinzessin in unserem Märchen aber liegen die Dinge gründlich anders. Ein Vater tritt in der Geschichte selbst nicht in Erscheinung, – wir könnten nur vermuten, daß ihre eigentümliche Verwunschenheit mit ihrer Bindung an gerade diesen König, ihren Vater, in Zusammenhang zu sehen ist; dann aber, sagten wir, litte sie wohl an der gleichen Krankheit wie der Vater ihres Retters. Mit dieser Hypothese allerdings verstehen wir jetzt jene sonderbare »Probe« der Prinzessin, die sie den Brautwerbern zur Vorbedingung auferlegt.

Die Königstochter, dürfen wir jetzt denken, ist in dem goldenen Käfig einer vornehmen royalen Hofhaltung zur Welt gekommen, prädestiniert für Luxus, Reichtum und zur Schau gestelltes Glück, – es war das Leben einer Ballerina nach den festgelegten Tanzschritten des Hofes, beachtet und beobachtet von einem breiten Publikum, dessen Benotung das Gesetz des Handelns vorschrieb. Dieser Prinzessin fehlte scheinbar gar nichts, – außer sie sich selber. Ihre »Verwunschenheit« bestand vermutlich unter diesen Umständen in der Vorwegerfüllung aller Wünsche, die sie nicht selber hatte, doch zu haben hatte. Sie mußte irgendwann beginnen, sich von dem Unleben des vorgelebten Existierens abzusetzen, doch dafür schob man sie ins Abseits und sah in ihrem Freiheitswillen einen bösen Geist, der sie ins Unglück trieb. »Wie kann man nur so töricht sein, das Glück von Geld und Ansehen und Macht gering zu achten, – für was eigentlich? Für nichts! Nur für sich selbst.« – So dachten alle, und so machten sie es ihr zum Vorwurf. Was Wunder, daß sie nur jemanden lieben konnte, dem diese ganze Welt so fremd war, wie sie es ihr selbst zunehmend geworden war. Und so verfiel sie jetzt auf diese ihre sonderbare, ihr selber ganz vernünftig scheinende, doch aller Welt grotesk anmutende Idee.

Nichts wird in Kreisen, die an Üppigkeit gewohnt sind, so hoch geschätzt wie Gold. Als Edelmetall geht es keine chemische Verbin-

teln. – Zur Breite des Motivs vgl. E. DREWERMANN: Grenzgänger, 256–304: Perseus und Andromeda oder: Von wechselseitiger Erlösung.

dung ein mit Sauerstoff, – es rostet nicht wie Eisen; schon deshalb hält man es für wertbeständig, mehr als gewisse Geldpapiere, denen die Bank beliebige Wertziffern aufdruckt[137]. Die Hochachtung für Gold geht, jedenfalls in unserer »Kultur«, so weit, daß man sogar den Menschen, den man liebt, als »goldwert« tituliert. Die goldige Idee der Königstochter in dem Märchen möchte gerade danach fragen: Ist wirklich dir das Gold der letzte Wertmaßstab, nach dem du alles andere bemißt, so daß es keinen höheren Vergleichsmaßstab mehr für dich gibt als eben Gold und du sogar den Menschen, der dir am meisten wert ist, mit Gold in seinem Marktwert gleichsetzt? Deutest damit nicht auch du womöglich an, daß dir die Liebe selber käuflich ist? Wen also willst du heiraten: mich als Person oder den Titel der Prinzessin? Und was versprichst du dir von mir an meiner Seite? Die Einheit unserer Wesensart oder die Aussicht auf Gewinn?

a) Was zählt als wahrer Wert? oder: Vom Lobgesang der Liebe

Um diese Frage eindeutig zu klären, läßt die Prinzessin *»eine Straße vor ihrem Schloß machen, die war ganz golden und glänzend.«* – Wie reich, sollen die Brautwerber bewundernd anerkennen, muß jemand sein, daß er sogar die Straßen seines Reiches mit Gold bepflastern kann? Doch wer so denkt, wird Gold wie einen Fetisch ansehen, den man nicht durch Unachtsamkeit berühren und entehren darf; obwohl Gold als Äquivalent für jeden Warenwert bei An- und Verkauf auf dem Markt durch viele Hände geht, gilt es im Grunde wie etwas ganz Heiliges, als etwas Unberührbares. Seine Kostbarkeit umgibt es mit der Erhabenheit eines Tabus. Doch nun: wie wird jemand, der sich dem Schloß dieser Prinzessin nähern möchte, sich verhalten? Wird er das Gold, das auf der Straße liegt, so heilig halten, daß er sich nicht getraut, es zu betreten? Dann wird er ehrfurchtsvoll nach links oder nach rechts ausweichen und neben der Straße gehend an das Schloß gelangen wollen. Dann aber kommt er in den Augen der Prinzessin für eine Hochzeit mit ihr gerade nicht in Frage! Der

137 Vgl. E. DREWERMANN: Von Krieg zu Frieden. Kapital und Christentum, III 66–68: Geld, Gesellschaft und Gewalt. Vgl. auch: Kapital und Christentum, I 314–323, zum Goldstandard des Dollars.

Mann, dem sie ihr Herz bereitstünde zu schenken, kann nur ein Mensch sein, der so denkt wie ihr Erlöser. Von dem glaubt sie zu wissen: er wird, ganz anders als sie alle, sich aus Gold nichts machen, er wird es nicht beachten, sein Inneres wird vielmehr ganz erfüllt sein von dem Wunsch, sie endlich und für immer an sein Herz drücken zu dürfen.

Die Einstellung des Retters der Prinzessin zu Gold und Geld ist wesentlich *erlösend* auch insofern, als sie der christlichen Umkehrforderung vollkommen folgt, wenn etwa im Jakobus-Brief gerade der äußere Reichtum als das in seiner Vergänglichkeit bitter Enttäuschende hingestellt wird: »Also nun denn, ihr Reichen«, heißt es da, »weint und heult über das Elend, das über euch kommen wird. Euer Reichtum ist verfault, euere Kleider von Motten zerfressen. Euer Gold und Silber ist verrostet, und ihr Rost wird gegen euch Zeugnis geben und wird euer Fleisch fressen wie Feuer … Ihr habt geschlemmt auf Erden und gepraßt und eure Herzen gemästet zum Schlachttag« (Jak 5,1–5).

Eine solche Warnung vor der Vergänglichkeit auch und gerade des Goldes ist indessen nur *ein* Grund, zu lernen, wie man auf Gold tritt. Weit wichtiger ist die Verheißung der Unsterblichkeit, die in der Liebe spürbar wird. Sie überwindet alle Grenzen, auch die der Zeit, wie die Prinzessin und der Prinz sich gerade jetzt beweisen, und ebenso die Endlichkeit des Irdischen; sie geht über die Erde mit dem Blick zum Himmel; von Schwierigkeiten wie dem Diebstahl und Verrat der eigenen Brüder oder sogar von dem Todesurteil seines eigenen Vaters läßt der Prinz sich nicht zurückschrecken. Die Liebe selber ist bedingungslos, und sie verlangt Bedingungslosigkeit.

»Wenn die Liebe dir winkt, folge ihr«, schreibt KHALIL GIBRAN in seinem »Propheten«: »Sind ihre Wege auch schwer und steil. / Und wenn ihre Flügel dich umhüllen, gib dich ihr hin, / Auch wenn das unterm Gefieder versteckte Schwert dich verwunden kann. / Und wenn sie zu dir spricht, glaube an sie, / Auch wenn ihre Stimme deine Träume zerschmettern kann, wie der Nordwind den Garten verwüstet. / Denn so, wie die Liebe dich krönt, kreuzigt sie dich. / So wie sie dich wachsen läßt, beschneidet sie dich. / So wie sie emporsteigt zu deinen Höhen und die zartesten Zweige liebkost, die in der Sonne zittern, / Steigt sie hinab zu deinen Wurzeln und erschüttert sie in ihrer Erdgebundenheit. / Wie Korngarben sammelt sie dich um sich … / Und dann weiht sie dich ihrem Heiligen Feuer, damit du Heiliges Brot wirst für Gottes Heiliges Mahl … / Liebe gibt nichts als sich selbst und nimmt nichts als von sich selbst. / Liebe besitzt nicht, noch lässt sie sich besitzen; / Denn die Liebe genügt der Liebe … Und glaube nicht, du kannst den Lauf der Liebe lenken, denn die Liebe, wenn sie dich für würdig hält, lenkt deinen Lauf. / Liebe hat keinen anderen Wunsch, als sich zu erfüllen. / Aber wenn du liebst und Wünsche haben musst, sollst du dir dies wünschen: / Zu schmelzen und wie ein plätschernder Bach zu sein, der seine Melodie der Nacht singt. / Den Schmerz allzu vieler Zärtlichkeit zu kennen. / Vom eigenen Verstehen der Liebe verwundet zu sein; / Und willig und freudig zu bluten. / Bei der Morgenröte mit beflügeltem Herzen zu erwachen und für einen weiteren Tag des Lebens dankzusagen; / Zur Mittagszeit zu ruhen und über die Verzückung der Liebe nachzusinnen; / Am Abend mit Dankbarkeit heimzukehren; / Und dann einzuschlafen mit einem Gebet für den Geliebten im Herzen und einem Lobgesang auf den Lippen.«[138]

b) Eine nur vorgetäuschte Liebe tritt jedesmal daneben oder: Vom Selbstverrat der Habgier

In seiner liebevollen Grundhaltung hat der jüngste der drei Prinzen all das bereits erfahren und bringt es jetzt als einen Schatz aus eigener Erfahrung der Geliebten zum Geschenk bei ihrem Wiedersehen. Freilich, der junge Prinz war, wie wir hörten, in seiner Arglosigkeit und Gutmütigkeit so unvorsichtig gewesen, den beiden älteren Brüdern offen heraus von der Liebe der Prinzessin zu erzählen und auch davon, daß sie ihn übers Jahr heiraten und an ihrer Seite zum König machen wolle. Kaum daß sie das erfuhren, stand ihr Entschluß schon fest, dem jüngsten nebst dem Lebenswasser auch die Prinzessin wegzunehmen.

138 KHALIL GIBRAN: Der Prophet, S. 14–17: Von der Liebe.

Nun, da der Zeitraum des versprochenen Jahres sich zum Ende neigt, macht sich der älteste der Brüder zwischenzeitlich bereits auf den Weg, *»zur Königstochter zu gehen und sich für ihren Erlöser auszugeben, da bekäme er sie zur Gemahlin und das Reich daneben.«* So ist sein Plan, doch kommt es, wie es kommen muß und wie die Königstochter es sich ausgedacht hat: ein Mann, der anscheinend nicht weiß, was Liebe ist, sondern der selbst in einer Hochzeit nur eine günstige Gelegenheit erblickt, an Geld und Macht heranzukommen, mag seinem jüngsten Bruder von Aussehen so ähnlich scheinen, wie wenn er dessen eineiiger Zwilling wäre, – an seinem Gebaren wird die Königstochter unfehlbar erkennen, daß er ihr Retter nicht sein kann und als ihr Partner sicher nicht in Frage kommt. – Wie also wird der älteste der Söhne sich verhalten?

Auch er bleibt sich auf seine Weise treu: er handelt gerade so, wie die Prinzessin es zwar für »normal«, doch für sich selbst inakzeptabel findet. Kaum kommt er an *»die schöne goldene Straße«*, da findet er es *»jammerschade«*, darauf zu reiten, und lenkt sein Pferd zur rechten Straßenseite ab. Doch damit demonstriert er nur die Habmachtideale, die ihm heilig sind. Auch die Prinzessin will er »haben«, – und eben deshalb ist sie nicht zu haben. Seine Besitzgier scheitert an dem Unvermögen einer menschlichen Beziehung; das Nichtigkeitsgefühl des Ichs, das um sich greift, um sich mit allem vollzustopfen, was ihm selber fehlt, vernichtet alles Zarte, Sanftmütige, Leise, darin es seine Wahrheit wiederfinden und empfinden könnte. Die »großen« Leute sind nicht groß, sie sind sehr unglücklich und leiden an der Selbstverachtung, in Wahrheit klein und zu gering zu sein.

Und dieses Unglück holt die beiden ältesten der Söhne jenes sterbenskranken Königs, als dessen Retter sie sich eingelogen haben, jetzt auf dem Weg zu ihrem Glück endgültig ein, – dem zweiten wird's nicht anders gehen als dem ersten, nur daß er links sich von der goldenen Straße hält statt rechts: es macht im Spiegelbild nicht den geringsten Unterschied. Der »goldene« Weg zum Glück der Liebe läßt sich nur begehen, indem man die Verlockung seines Glanzes nicht beachtet und, wie ohne es zu merken, darüberhin geht. Gott und das Glück, die Liebe und das Leben, unsere Wirklichkeit und unser Wesen – alles hängt davon ab, daß wir die geistige Gesinnung wahrer Größe rechtzeitig begreifen.

Am 24. September 1901 schrieb R. M. RILKE in seinem »Stundenbuch«, angesichts des Sinnverlustes und der Selbstzerstörung der Welt, die er wie drohend vor sich sah und an der wir bis heute weiterbasteln, von unserem Götzendienst des Goldes Gott sich selbst zum Troste diese Zeilen:

Du mußt nicht bangen, Gott, Sie sagen *mein*
zu allen Dingen, die geduldig sind.
Sie sind wie Wind, der an die Zweige streift
und sagt: *mein* Baum.

Sie merken kaum,
wie alles glüht, was ihre Hand ergreift, –
so daß sie's auch an seinem letzten Saum
nicht halten könnten ohne zu verbrennen.

Sie sagen *mein*, wie manchmal einer gern
den Fürsten Freund nennt im Gespräch mit Bauern,
wenn dieser Fürst sehr groß ist und – sehr fern.
Sie sagen *mein* von ihren fremden Mauern
und kennen gar nicht ihres Hauses Herrn.
Sie sagen *mein* und nennen das Besitz,
wenn jedes Ding sich schließt, dem sie sich nahn,
so wie ein abgeschmackter Charlatan
vielleicht die Sonne sein nennt und den Blitz.
So sagen sie: mein Leben, meine Frau,
mein Hund, mein Kind, und wissen doch genau,
daß alles: Leben, Frau und Hund und Kind
fremde Gebilde sind, daran sie blind
mit ihren ausgestreckten Händen stoßen.
Gewißheit freilich ist das nur den Großen,
die sich nach Augen sehnen. Denn die Andern
wollens nicht hören, daß ihr armes Wandern

mit keinem Dinge rings zusammenhängt,
daß sie, von ihrer Habe fortgedrängt,
nicht anerkannt von ihrem Eigentume
das Weib so wenig *haben* wie die Blume,
die eines fremden Lebens ist für alle[139].

c) *Der Weg zu der Geliebten oder: Wie man auf Gold zu treten lernt*

Ein solcher Wissender und wahrhaft »Großer« ist ganz allein der jüngste der drei Prinzen. Er will nicht »groß« sein, er drängt sich nicht auf; er macht sich auf, als die versprochene Zeit abgelaufen ist, gehorsam und geduldig, *»aus dem Wald fort zu seiner Liebsten«* zu gehen, um *»bei ihr sein Leid* (zu) *vergessen.«* In all der Einsamkeit seines Exils bot ihre Nähe ihm den Halt zum Ausharren und der Gedanke an sie seinen Trost. Nun endlich! Endlich! Die goldene Straße nimmt er gar nicht wahr, – die Sehnsucht trägt ihn wie ein lauer Wind hinüber; er ist schon bei ihr, während er noch auf dem Wege ist zu ihr. Gold ist egal, und »haben« kann man gar nichts; was wir einander sind und wir einander geben, ist eine nur geliehene Habe, ein Geschenk, etwas zum Weitergeben, wie das Brot im Schloß der Königstochter, von dem wir leben, indem wir's mit andern teilen. In dieses Schloß kehrt er zurück als in sein wirkliches Zuhause. Er, wissend, daß ihm nichts gehört, gehört da hin. Dort ist sein Königreich, weil seine Königin darin regiert, die Herrin seines Herzens.

Und so empfängt sie *»ihn mit Freuden«*, und sie sagt, *»er wäre ihr Erlöser und der Herr des Königreichs.«* Auch sie legt ihm ihr Herz zu Füßen. Beide sind und sehen sich in ihrer Liebe als die eigentlichen Königskinder, einander rettend und einander tröstend – und miteinander lebend in dem Königreich, das den Exilzustand des Daseins endet. Das »Reich« ist nicht mehr eine kaum zu glaubende Verheißung inmitten unserer babylonischen Gefangenschaft, jetzt ist es die lebendige Erfahrung des Geschenks des Himmels, das die Liebe ist.

139 RAINER MARIA RILKE: Das Stunden-Buch. 2. Buch: Das Buch von der Pilgerschaft, in: Sämtliche Werke, I 337–338.

So denn ward zwischen der Prinzessin und dem Prinzen *»Hochzeit gehalten mit großer Glückseligkeit.«*

Damit könnten »Zaubermärchen« allemal ihr schönes Ende finden, ein »Erlösungsmärchen« aber wie die Geschichte vom »Wasser des Lebens« darf das Problem nicht unbeendet stehen lassen, das ursächlich den Auszug und die Heimkehr des jungen Königsohnes motivierte: die tödliche Erkrankung seines Vaters und dessen zwiespältige Haltung nach dem Betrugsmanöver seiner beiden Brüder.

Wie oft in psychotherapeutischen Beratungsstunden bildet die Bindung an den Vater mit all ihren Ambivalenzen das Hauptthema der Suche nach sich selber zwischen neurotischer Erkrankung und vertrauensvoller Nachreifung. Der jüngste der drei Söhne konnte sein Wesen nur entwickeln im Widerspruch zum Willen seines Vaters: dessen Königsein, auch wenn es nicht schon das Format *Richards III.* streifte, war in sich selbst in seinen Augen jene »Krankheit zum Tode«, die als Fehleinstellung zu sich selber die Züge von Verzweiflung an sich trägt; daß ausgerechnet die aus Not geborene Alternativentwicklung des jüngsten schließlich die Möglichkeit zur Daseinsumkehr in Gestalt des taufähnlichen Lebenswassers mit sich brachte, war nicht allein für die Beteiligten höchst überraschend, es bot zugleich den Anlaß für die Brüder, den Jüngling zu bekämpfen und ihren Vater dafür einzuspannen: stets wehrt das Alte sich gegen den Wandel einer radikalen Umkehr. Wie aber soll man sich die geistige Entwicklung dieses jüngsten in der Sanftheit des Protestes denken?

»Mein Vater hat mich nie wirklich verstanden,« hört man in Therapiestunden nicht selten klagen. »Er dachte so, wie alle dachten und noch denken. Ich aber wehrte mich gegen sein martialisches Machogehabe. Ich will und kann in einer Welt nicht leben, wo man als König scheinbar in der Pflicht steht, junge Leute anzuwerben, die Menschen töten müssen, nur um seine Macht zu stützen. Mit solchen Ansichten ward ich ihm unbequem und ärgerlich. Stolz war er auf meine Brüder, – die unterstützten ihn, die wollten sein wie er, die lebten in denselben Lügen, die er sich selber glauben machte. Es kam dahin, daß ich vor meinem Vater fliehen mußte. Er fühlte sich von dem, was ich als Korrektur zur Aufhellung seiner uneingestandenen

Verzweiflung mitbrachte, eher vergiftet als geheilt; er fühlte sich erst wieder richtig als der Alte, wenn meine Brüder ihn in seiner alten Art bestärkten. So glaubte ich mich sicher, daß mein Vater mich tödlich dafür haßte, daß ich eigene Wege ging, die mich von ihm entfernten und die er für ganz und gar verkehrt hielt, weil sie seine Art, das Leben anzugehen und anzufassen, von Grund auf umzukehren drohten. Am Ende zog ich mich tief in mich selbst zurück und sehnte mich nach einer Frau, die fühlte wie ich selbst, – die ich, die mich verstehen könnte.«

Lebensgeschichten einzelner Personen weichen in vielem voneinander ab, – und doch können sie so sein wie ein Märchen, das bildhaft und symbolisch bestimmte typische Problemfelder beschreibt und dazu einlädt, sich in diesen wiederzuerkennen. Klassisch ist insbesondere das immer wieder auftauchende Drama von Eltern, denen ihr Kind vorwirft, sie hätten es verstoßen, oder die dem Kind vorwerfen, es hätte sie stets feindselig bekämpft und schließlich undankbar im Stich gelassen. In einer angestrengten Mischung aus Verärgerung und Reue zieht sich solch ein Konflikt oft wortlos viele Jahre in die Länge, keine Partei versteht die andere, jede beharrt auf ihrem Standpunkt, und man weiß nicht, was man tun kann, den Konflikt zu lösen. Doch einen klugen Kommentar dazu liefert am Ende unser Märchen selbst, – sein »Lebenswasser« heilt bis in die Wurzel.

d) Die Versöhnung mit dem Vater im Spiegel des Glücks oder: Von dem Zusammenbruch des Rechthabens

Am wichtigsten: erst in dem Zustand *»großer Glückseligkeit«*, in dem wir den jungen Prinzen bei seiner Hochzeit soeben zurückgelassen haben, erzählt ihm die Prinzessin, was sie all die Zeit schon weiß: *»daß sein Vater ihn zu sich entboten und ihm verziehen hätte.«* Nachdem er mit sich selbst im reinen ist, kann ihm nun auch die Nacharbeit seines Verhältnisses zu seinem Vater zugemutet werden. Oder was auf dasselbe hinausläuft: einzig im Umraum von Vertrauen und Geborgenheit lassen sich die Verletzungen von Mißtrauen und von Verstoßensein zu völliger Versöhnung umkehren. Dabei sind die Voraussetzungen freilich günstiger, als es gewöhnlich wohl der Fall ist: der

Vater hat nach Auskunft der Prinzessin seinen Irrtum eingesehen und ist bemüht, ihn wieder gutzumachen, – der Sohn muß nur noch seine ausgestreckte Hand ergreifen. Dies »nur noch« allerdings hat es nicht selten in sich: die alten schmerzhaften Infragestellungen werden nicht einfach aufhören noch nachzuwirken: Wie überwindet man das Bild von einem Vater, der imstande war, einen heimtückischen Mordanschlag vorzubereiten? Wie soll man ihm die Blindheit nachsehen, mit der er seine Söhne völlig falsch beurteilte?

Zum Glück haben wir den Prinzen als jemanden kennengelernt, dem Gedanken an Rache und Vergeltung völlig fremd sind. Spontan also begibt er sich zu seinem Vater, um dessen Angebot zu würdigen. Dann aber wiederholt sich das Entscheidende: Mit seiner Zusage vollkommener Vergebung konnte seinerzeit der Prinz die Zunge des königlichen Jägers lösen und ihn zum Sprechen bringen; jetzt, da er weiß, daß ihm der Vater alles, was geschah, *»verziehen«* hat, ist es an ihm, dem Vater zu verzeihen. Doch da liegt eine Schwierigkeit. Was denn hätte der Vater seinem Sohn wohl zu verzeihen, es sei denn, er glaubt immer noch den Lügen und Verleumdungen der beiden Brüder? Und das tut er zumindest noch zum Teil, denn lediglich die Dankbarkeit jener drei Könige hat ihn zum Umdenken veranlaßt. Was wirklich sich ereignet hat, weiß er noch immer nicht und will es wohl auch so genau nicht wissen. Der Jäger jedenfalls hat ihm nur mitgeteilt, daß er seinen ergangenen Befehl nicht ausgeführt hat und daß der Prinz noch lebt. Der wiederum hat offensichtlich nicht den Jäger aufgeklärt über den mutmaßlichen Grund des väterlichen Hinrichtungsentscheids; denn dann hätte er die ganze Schlechtigkeit der Brüder vor diesem Jäger ausgebreitet, und so vorzugehen entspricht überhaupt nicht seinem Wesen; zudem hätte es zu gar nichts geführt: er selber konnte nicht zum Vater gehen, um seine beiden Brüder vor Gericht zu bringen, – ihm blieb nur übrig, das Geheimnis seiner Schonung durch den Jäger mitzunehmen, als er in den Wald floh, und sich ruhig zu verhalten. Er hat zu dem, was seine Brüder ihm getan, in allem alle Zeit geschwiegen.

Daraus aber ergibt sich etwas sehr Bemerkenswertes für das Verhalten dieses Königs, seines Vaters: Daß er dem Sohn vergibt, selbst wenn er ihm tatsächlich einen Mordanschlag noch immer zutraut, zeigt überdeutlich jetzt, daß er seinen jüngsten Sohn tatsächlich liebt, mehr sogar als sein eigenes Leben.

Damit jedoch zerbricht das ganze Machtgebilde seines Königseins; jetzt endlich wird dem Sohne klar, wie sein Vater wirklich zu ihm steht; es bleibt nur, daß er seinem Vater nachträglich erklärt, was wirklich sich ereignet hat: *Er* war es, der das Lebenswasser ihm besorgt hat, aus einem »Schloß«, da seine Liebste wohnt; denn nur in einem solchen Schloß der Güte läßt sich »das Wasser des Lebens« als ein Symbol von Neuanfang und wahrem Leben finden; niemals vor allem hat er seinen Vater trösten wollen, um dessen Thron sich anzueignen, – all das sind lediglich krankhafte Projektionen seiner Brüder, die diesbezüglich allzu viel von ihrem alten sterbenskranken Vater in ihr eigenes Leben übernommen haben. – Wenn jemals eine solche Aussprache zustande kommt, dann wirklich sind die Spannungen gelöst, die Mißverständnisse beseitigt und deren Folgen ausgeräumt. Von Herzen möchte man jedwedem Leser dieses Märchens wünschen, daß ihm im Fall der Fälle etwas Vergleichbares geschenkt sei und geschehen möge.

3. Die Botschaft der Brüder als Ausdruck von Verzweiflung oder: Statt der üblichen Bestrafung eine Heimholung aus dem Exil

Vergessen aber darf man nicht die unerläßliche Bedingung, unter der das alles möglich wird: die Unbedingtheit von Gnade und Vergebung. Sie bleibt in Gültigkeit sogar im Umgang mit den beiden Brüdern. Denn als der König hört, wie er tatsächlich zu dem Lebenswasser kam, wie bösartig dann seine beiden ältesten dem jüngsten Sohne mitgespielt und auch ihn selbst in ihrem Lügennetz gefangen haben, da will er sie bestrafen, empört und zornig wiederum, ganz so, wie er vormals den jüngsten hinzurichten dachte. Doch dazu kommt es nicht. Die beiden Missetäter haben sich bereits *»aufs Meer gesetzt«* und sind davongesegelt, und natürlich: *»sie kamen ihr Lebtag nicht wieder.«*

Werden sie also anderswo weitermachen? Verdankt sich ihre gelungene Flucht nur der Tatsache, daß es vor 200 Jahren, als dieses Märchen aufgezeichnet wurde, noch kein Interpol gab und noch keine zwischenstaatlichen Auslieferungsabkommen bei überführten und gefährlichen Gesetzesbrechern?

Das Märchen erzählt gerade nicht, wie sonst üblich, von einer grausamen und strengen Strafe, die zum Beispiel *Schneewittchen*s Stiefmutter ereilt, als sie in glühenden Pantoffeln sich zu Tode tanzen muß (KHM 53), oder die Stiefmutter von *»Brüderchen und Schwesterchen«* (KHM 11), die als Hexe *»jammervoll«* verbrannt wird, während ihre Tochter wilden Tieren anheimfällt. Indem die Geschichte vom »Wasser des Lebens« darauf verzichtet, zur Genugtuung des Gerechtigkeitsgefühls von einer ähnlich strengen Strafe der älteren Prinzen zu berichten, folgt es zumindest andeutungsweise genau der »Umkehr«, die es der gesamten Daseinseinstellung im Übergang von »Tod« zu »Leben« lehren und vermitteln möchte[140]. Es geht nicht um die oft erstaunliche Geschicklichkeit, mit der sich echte Gauner rechtzeitig der wohlverdienten Strafe zu entziehen wissen, es findet vielmehr keine Strafe statt, weil mit drakonischen Maßnahmen gegen das sogenannte »Böse« hilfreich nicht viel auszurichten ist. Die Milde, die der jüngste der drei Königssöhne als Lebenswasser seinem kranken Vater mitbrachte, wird Einzug halten sicherlich in das noch unentdeckte Königreich der von ihm selbst erlösten Königstochter.

Will man das Märchen seiner ganzen Anlage entsprechend zu Ende weitererzählen, so würde es sich wohl so fortsetzen, daß diese beiden Brüder in dem Reiche ihres jüngsten Zuflucht nähmen und, angesteckt von dem Gedanken der Vergebung, in sich gingen, bis daß sie zur Versöhnung mit ihm fähig würden[141]. Wenn wir im Vaterun-

140 Selbst die Seefahrt der älteren Prinzen wäre als Form nicht einer Flucht, sondern einer tödlichen Bestrafung vorstellbar. In KHM 16 (Die drei Schlangenblätter) z. B. läßt der Herrscher die Tochter und ihre Helfershelfer »in einem durchlöcherten Schiff auf dem Meere« aussetzen, daß sie ohne Gnade den Tod finden. Vgl. HANS-JÖRG UTHER: Handbuch zu den »Kinder- und Hausmärchen« der Brüder Grimm, 38.

141 Es ist dem Geist des Märchens nicht entsprechend, mit seinem Abschluß sich zufriedenzugeben, den EDZARD STORCK: Alte und neue Schöpfung in

ser darum beten: »Dein Reich komme« (Mt 6,10), so würde es im Königreich dieser Prinzessin und des Prinzen Wirklichkeit annehmen in der Aussöhnung von Menschen wie den beiden argen Söhnen mit ihrem Vater und mit ihrem Bruder.

Vorausgesetzt dazu ist allerdings ein einsichtiges und versöhnliches Gespräch zwischen den Brüdern, das man sich sinngemäß in etwa so vorstellen könnte wie eine Bitte, Aufnahme zu finden in dem Königreich der Königin und ihres Bruders: »Wir sind«, würden die beiden älteren dem jüngsten sagen, »so aufgewachsen, wie man am Königshofe uns als Thronfolger gewünscht hat: rational, kalkulierend, machtorientiert, pragmatisch-utilitaristisch, mit einem Wort: gefühlskalt, egoistisch, mitleidlos, dem eigenen Vorteil folgend. Du kamst mit deiner Art uns stets als Mahnung vor, so dürften wir nicht sein. Dabei hielten wir dich für unfähig und fehlgeleitet, für viel zu feinfühlig, verträumt und nachdenklich, – wir haßten dich als Schwächling, um uns selbst als stark und liebenswert zu fühlen. Vor allem wenn wir deutlich merkten, daß es falsch war, was wir machten, suchten wir stets die Schuld bei anderen; wir bildeten uns ein, das Recht zu haben, ständig recht zu haben. Wir wollten herrschen nur für unsere Unfehlbarkeit und Allmacht. Du hättest zu uns sagen können, was du wolltest, – wir hätten von dir keine Lehre angenommen. Erst als wir selbst am eigenen Leib die Krankheit unseres Vaters spüren mußten, indem vor unsren Augen die ganze Welt aus Leidenschaft und Lüge, Geld und Gier, aus Lust und List, aus Macht und Machenschaften, wie wir sie als Kinder schon verinnerlichen mußten und als Erwachsene nach außen hin verteidigt haben, zusammenbrach und uns als unleidlich verstieß, da dämmerte uns langsam, was du wolltest und woraus du lebtest, ja wir merkten, daß wir selber davon lebten und anders gar nicht leben konnten. – Deshalb sind wir

Märchen der Brüder Grimm, 255, korrekt in den Worten wiedergibt: »Die beiden Brüder ... können sich nicht in der Ebene der Christuskräfte behaupten; sie werden aus ihr verwiesen, das heißt, sie richten sich selbst.« Eben diesen Mechanismus der Selbstverurteilung aber gilt es durch eine bedingungslose Annahme außer Kraft zu setzen. Als die Zusammenfassung des »Lebensgeheimnisses« bezeichnet RUDOLF MEYER: Die Weisheit der deutschen Volksmärchen, 44, die »Liebesfähigkeit der Seele«.

zu dir gekommen, in dein Reich und in das Reich deiner Prinzessin, die wir früher selbst besitzen wollten und um deren Gunst wir jetzt anhalten. Wir können euch nur alle für alles, was wir waren und verbrochen haben, um Verzeihung bitten. Wir sind an unsrem Vater, an dir, an uns selber, an deiner Königin, an allem, was mit uns zu tun bekam, schuldig geworden, weil alles in und an uns falsch war. Wir müssen ganz von vorn beginnen. Wir haben nicht verdient, daß jemand uns vergibt. Und doch: gib uns zu trinken von dem Lebenswasser, mit dem du unseren Vater heilen konntest. Heile du alles, was wir sind, in deiner Art, im Vorlauf zu vergeben.«

Ein solches Flehen um Gnade greift, wenn es, wie hier im Märchen, sich an Menschen wendet, weit über das hinaus, was unter Menschen sich realisieren läßt; im letzten ist es ein Gebet wie es der Psalm 103 ausformuliert, von dem man denken darf, daß Jesus ganz und gar in diesem Sinne dachte und gelebt hat. Dort wird ein Gott gepriesen, »der all deine Sünde vergibt …, der dein Leben erlöst vom Verderben und dich zum König erhebt in seiner Gnade und Güte … Er handelt nicht mit uns nach unseren Sünden und vergilt uns nicht nach unsrem Vergehen. Denn so hoch der Himmel über der Erde, so erhaben waltet seine Gnade über alle, die ihm vertrauen. Und so fern der Morgen vom Abend, so weit entfernt er von uns unsere Fehler. Wie sich ein Vater voller Verständnis kümmert um seine Kinder, so kümmert sich Gott um alle, die ihm vertrauen.«

Wenn wir auftauchen als Wiedergeborene aus dem Wasser des Lebens, so sehen wir uns in dieser Weise: mit den Augen des Himmels – als Kinder der Liebe – im Königreich Gottes.

Bibliographie

AISCHYLOS: Perser, in: Tragödien, griechisch-deutsch, übers. v. Oskar Werner, hg. von Bernhard Zimmermann, Düsseldorf-Zürich [6]2005 (Sammlung Tusculum), S. 7–77

MARIANNE BALTENSPERGER: Hades-Fahrt Christi: Der Auferstandene befreit Adam und Eva mit den Patriarchen aus der Vorhölle, in: Peter Jezler: Himmel – Hölle – Fegefeuer. Das Jenseits im Mittelalter. Eine Ausstellung des Schweizerischen Landesmuseums in Zusammenarbeit mit dem Schnütgen Museum und der Mittelalterabteilung des Wallraf-Richartz-Museums der Stadt Köln, Zürich (Schweizerisches Landesmuseum) 1994, Kat. Nr. 142, S. 354

LUCIANO BERTI: Botticelli, in: Rolf Linnenkamp (Koordinator und Chefredakteur): Kindlers Malerei-Lexikon in 15 Bänden, München, Neuausgabe 1985, S. 97–106

BRUNO BETTELHEIM: The Uses of Enchantment, New York 1975; dt.: Kinder brauchen Märchen, übers. v. Liselotte Mickel und Brigitte Weitbrecht, Stuttgart 1977

JOSEPHINE BILZ: Menschliche Reifung im Sinnbild (1943), in: Wilhelm Laiblin (Hg.): Märchenforschung und Tiefenpsychologie, Darmstadt (Wege der Forschung, Bd. 102) 1975, S. 161–186

SIBYLLE BIRKHÄUSER-OERI: Die Mutter im Märchen. Deutung der Problematik des Mütterlichen und des Mutterkomplexes am Beispiel bekannter Märchen, hg. v. Marie-Louise von Franz, Stuttgart (»psychologisch gesehen« 28/29, hg. v. Hildegund Fischle-Carl) 1976, [7]1983

Die Blümlein (I Fioretti) des heiligen FRANZ VON ASSISI, aus dem Italienischen, nach der Ausgabe der Tipografia Metastasio, Assisi 1901, von Rudolf G. Binding, Frankfurt a. M. (insel Tb.) 1973; auch in: Franz von Assisi: Die Werke. Sonnengesang, Testament, Ordensregeln, Briefe. – Die Blümlein, übers. v. Wolfram von den Steinen und Max Kirschstein. Mit einem Essay »Zum Verständnis der Werke« und einer Bibliographie von Wolfram von den Steinen, Hamburg (rk 34, italienische Literatur, Bd. 1) 1958, S. 57–148

ROBERT BLY: Iron John. A Book About Men, Addison-Wesley 1990; dt.: Eisenhans. Ein Buch über Männer, übers. v. Ulrike Wasel u. Klaus Timmermann, München 1991

BERTOLT BRECHT: Geschichten vom Herrn Keuner, in: Kalendergeschichten, Hamburg (rororo 10077) 1953, [52]2002, S. 102–117

MARTIN BUBER: Die Erzählungen der Chassidim (1949), in: Werke in drei Bänden, 3. Bd.: Schriften zum Chassidismus, München-Heidelberg 1963, S. 69–712

ALBERT CAMUS: L'envers et l'endroit (Algerien 1935–1936); dt.: Licht und Schatten, übers. v. Guido G. Meister, in: Literarische Essays, Hamburg 1959, S. 7–74

ALBERT CAMUS: L'Exil et le Royaume, Paris 1957; dt.: Das Exil und das Reich. Gesammelte Erzählungen, übers. v. Guido G. Meister, (Hamburg 1966 unter dem Titel: Jonas oder Der Künstler bei der Arbeit) Hamburg (rororo 00168) 2023

THOMAS VON CELANO: Leben und Wunder des heiligen Franziskus von Assisi. Einführung, Übersetzung, Anmerkungen von Engelbert Grau, Werl (Franziskanische Quellenschriften, Bd. 5) [4](neu bearb.) 1988

ULF DIEDERICHS (Hg.): Nordische Nibelungen. Die Sagas von den Völsungen, von Ragnar Lodbrok und Hrolf Kraki, aus dem Altnordischen übertragen von Paul Herrmann, Nachwort v. Ulf Diederichs, München (Diederichs Gelbe Reihe 54) 1985, [2]1993

EUGEN DREWERMANN: Strukturen des Bösen. Die jahwistische Urgeschichte in exegetischer, psychoanalytischer und philosophischer Sicht, 3 Bde., Paderborn 1977–1978; Bd. 1, [2]1979, erw. durch ein Vorwort: Die Ergänzungsbedürftigkeit der historisch-kritischen Exegese; [3]1981, erg. durch ein Nachwort: Von dem Geschenk des Lebens oder: Das Welt- und Menschenbild der Paradieserzählung des Jahwisten (Gen. 2,4b-25), S. 356–413

EUGEN DREWERMANN: Tiefenpsychologie und Exegese, Bd. 1: Die Wahrheit der Formen. Traum, Mythos, Märchen und Legende, Olten 1984, [8]1990; Bd. 2: Die Wahrheit der Werke und der Worte. Wunder, Vision, Weissagung, Apokalypse, Geschichte, Gleichnis, Olten 1985, [6]1990

EUGEN DREWERMANN: Das Markus-Evangelium. Bilder von Erlösung, 2 Bde., Olten-Freiburg 1988; Düsseldorf-Zürich [6]2003

EUGEN DREWERMANN: Das Matthäus-Evangelium. Bilder von Erfüllung, 3 Bde., Olten- Freiburg 1992–1995

EUGEN DREWERMANN: Das Lukas-Evangelium. Bilder erinnerter Zukunft, 2 Bde., Düsseldorf 2009

EUGEN DREWERMANN: Das Johannes-Evangelium. Bilder einer neuen Welt, 2 Bde., Düsseldorf 2003

EUGEN DREWERMANN: Die Apostelgeschichte. Wege zur Menschlichkeit, Ostfildern 2011

EUGEN DREWERMANN: Das Mädchen ohne Hände. Märchen Nr. 31 aus der Grimmschen Sammlung, Zürich-Düsseldorf (1981) [13]1999; in: Landschaften der Seele oder: Was Vertrauen vermag. Grimms Märchen tiefenpsychologisch gedeutet, Bd. 1, Ostfildern 2015, [3]2023, S. 1–61

EUGEN DREWERMANN: Brüderchen und Schwesterchen. Märchen Nr. 11 aus der Grimmschen Sammlung, Olten – Freiburg 1990, [4]1992; in: Landschaften der Seele oder: Was Vertrauen vermag. Grimms Märchen tiefenpsychologisch gedeutet, Bd. 1, Ostfildern 2015, [3]2023, S. 251–403

EUGEN DREWERMANN: Schneeweißchen und Rosenrot. Märchen Nr. 161 aus der Grimmschen Sammlung, Olten – Freiburg 1983, in: Landschaften der Seele oder: Wie uns die Liebe verzaubert. Grimms Märchen tiefenpsychologisch gedeutet, Bd. 2, Ostfildern 2015, [2]2020, S. 99–169

EUGEN DREWERMANN: Der goldene Vogel. Märchen Nr. 57 aus der Grimmschen Sammlung, Solothurn – Düsseldorf 1982, [9]1993, in: Landschaften der Seele oder: Wie uns die Liebe verzaubert. Grimms Märchen tiefenpsychologisch gedeutet, Bd. 2, Ostfildern 2015, [2]2020, S. 171–314

EUGEN DREWERMANN: Aschenputtel. Märchen Nr. 21 aus der Grimmschen Sammlung, Solothurn – Düsseldorf 1993, in: Landschaften der Seele oder:

Wie man die Angst überwindet. Grimms Märchen tiefenpsychologisch gedeutet, Bd. 3, Ostfildern 2015, S. 109–162

EUGEN DREWERMANN: Schneewittchen. Märchen Nr. 53 aus der Grimmschen Sammlung, Zürich – Düsseldorf 1997; in: Landschaften der Seele oder: Wie wir Mann und Frau werden. Grimms Märchen tiefenpsychologisch gedeutet, Bd. 4, Ostfildern 2015, S. 1–171

EUGEN DREWERMANN: Die zwei Brüder. Märchen Nr. 60 aus der Grimmschen Sammlung, Solothurn – Düsseldorf 1995; in: Landschaften der Seele oder: Wie wir Mann und Frau werden. Grimms Märchen tiefenpsychologisch gedeutet, Bd. 4, Ostfildern 2015, S. 173–389

EUGEN DREWERMANN: Das Eigentliche ist unsichtbar. Der Kleine Prinz tiefenpsychologisch gedeutet, (Freiburg-Basel-Wien 1984, mit Batikbildern von Ingritt Neuhaus), Freiburg-Basel-Wien (Herder Spektrum, 4068) [20]2005

EUGEN DREWERMANN: Grenzgänger. Rebellen, Frevler und Heroen in antiken Mythen, Ostfildern 2015

EUGEN DREWERMANN: … und es geschah so. Die moderne Biologie und die Frage nach Gott, Zürich – Düsseldorf (Glauben in Freiheit, Bd. 3: Religion und Naturwissenschaft, 3. Teil: Biologie und Theologie) 1999

EUGEN DREWERMANN: Atem des Lebens. Die moderne Neurologie und die Frage nach Gott, Bd. 1: Das Gehirn. Grundlagen und Erkenntnisse der Hirnforschung, Düsseldorf (Glauben in Freiheit Bd. 3: Religion und Naturwissenschaft, 4. Teil: Neurologie und Theologie) Düsseldorf 2006; Bd. 2: Die Seele. Zwischen Angst und Vertrauen, Ostfildern 2007

EUGEN DREWERMANN: Wendepunkte oder: Was eigentlich besagt das Christentum?, Ostfildern [2]2014

EUGEN DREWERMANN: Kapital und Christentum, 3 Bde., 1. Bd.: Geld, Gesellschaft und Gewalt. Faire Preise, Faire Löhne, Fairer Handel, Ostfildern 2016; 2. Bd.: Finanzkapitalismus, Ostfildern 2017; 3. Bd.: Von Krieg zu Frieden, Ostfildern 2017

EUGEN DREWERMANN: Richtet nicht! Strafrecht und Christentum, Bd. 1: Vergangene Gegenwart, Ostfildern 2020; Bd. 2: Gerichtsvorstellungen vom Mittelalter bis zur Neuzeit, Ostfildern 2021; Bd. 3: Von der Gegenwart zur Zukunft, Ostfildern 2023

EUGEN DREWERMANN: Nur durch Frieden bewahren wir uns selber. Die Bergpredigt als Zeitenwende, Ostfildern 2023

WILL DURANT: The Story of Civilization. VI. The Reformation I-II, New York 1957; dt.: Das Zeitalter der Reformation, in: Will und Ariel Durant: Kulturgeschichte der Menschheit, Bd. 9, übers. v. Eduard Thorsch und Margit Lang, Frankfurt-Berlin-Wien (Ullstein Nr. 36109) 1982

MIRCEA ELIADE: Forgerons et Alchimistes, Paris 1956, Chicago [2]1976; dt.: Schmiede und Alchemisten, aus dem Franz. übers. v. Emma von Pelet, bearb. und ergänzt nach der neuesten französischen Auflage von Rudolf Homann, Stuttgart [2]1980

MIRCEA ELIADE: The Quest, Chicago, Illinois 1969; dt.: Die Sehnsucht nach dem Ursprung. Von den Quellen der Humanität, übers. v. Hella Bronold, Wien 1975

Endlich Totenruhe. 530 Jahre nach seinem Ableben wird *Richard III.* in Leicester bestattet, in: Westfalenblatt, 26.3.2015

EURIPIDES: Alkestis, in: Ausgewählte Tragödien in zwei Bänden, griechisch-deutsch, aus dem Griechischen übers. v. Dietrich Ebener, hg. von Bernhard Zimmermann, (Berlin-Weimar ²1979), Mannheim (Sammlung Tusculum) 2010, Bd. 1, S. 39–133

ANTOINE DE SAINT-EXUPÉRY: Le Petit Prince (1943); dt.: Der Kleine Prinz, mit den Zeichnungen des Verfassers, übers. v. Grete u. Josef Leitgeb, in: Gesammelte Schriften in drei Bänden, München (dtv 1959) 1978, I 489–579

SÁNDOR FERENCZI: Versuch einer Genitaltheorie (1924), in: Schriften zur Psychoanalyse, 2 Bde., hg. v. Michael Bálint, Frankfurt a. M. 1970–1972, II 317–400

STEPHEN FREARS (Reg.): The Lost King, GB 2022; Philippa Langley wird gespielt von Sally Hawkins.

MARIE-LOUISE VON FRANZ: Zahl und Zeit. Psychologische Überlegungen zu einer Annäherung von Tiefenpsychologie und Physik, (Stuttgart 1970) Frankfurt a. M. (suhrkamp taschenbuch 602) 1980

MARIE-LOUISE VON FRANZ: The Feminine in Fairy Tales, New York 1974; dt.: Das Weibliche im Märchen, übers. v. Jutta von Graevenitz, Stuttgart (»psychologisch gesehen« 32, hg. v. Hildegund Fischle-Carl) 1980

MARIE-LOUISE VON FRANZ: Erlösungsmotive im Märchen, (München 1980) München (Knaur Tb. 4018) 1991

SIGMUND FREUD: Zur Einführung des Narzißmus (1914), in: Gesammelte Werke, Bd. X, London 1946, 137–170

SIGMUND FREUD: Jenseits des Lustprinzips (1920), in: Gesammelte Werke, Bd. XIII, London 1940, S. 1–69

RUDOLF GEIGER: Märchenkunde. Mensch und Schicksal im Spiegel der Grimmschen Märchen, Stuttgart 1982

KHALIL GIBRAN: The Prophet, New York 1923; dt.: Der Prophet, aus dem Englischen übers. v. Karin Graf, (Olten 1973), Düsseldorf ⁵2008

KHALIL GIBRAN: Jesus – The Son of Man. His Words and His Deeds. As told and recorded By those who knew Him, New York 1928; dt.: Jesus Menschensohn. Seine Worte und Taten berichtet von Menschen, die ihn kannten, aus dem Englischen übertragen von Ursula Assaf-Nowak, Olten 1988

JOHANN WOLFGANG VON GOETHE: Gedichte, (Goethes Werke, Bd. I, Hamburger Ausgabe: Bd. I-IX, Hamburg 1948–1969), textkritisch durchgesehen und kommentiert von Erich Trunz, München ¹⁰1974

MICHAEL GRANT – JOHN HAZEL: Who's Who in Classical Mythology, London 1973; dt.: Lexikon der antiken Mythen und Gestalten, übers. v. Holger Fließbach, dt. Redaktion Caroline Creutzer, München (dtv 3181) 1980, ⁴1986

RAINER HANNIG: Die Sprache der Pharaonen (2800–950 v. Chr.). Großes Handwörterbuch Ägyptisch-Deutsch, Mainz (Kulturgeschichte der antiken Welt, Bd. 64) 1995

MARIA HÄUSL: »In der Wüste sind Wasser hervorgebrochen und Flüsse in der Steppe«. Wasser im Heiligen Land und in den Schriften der Bibel – eine Einführung, in: Welt und Umwelt der Bibel, 4/2023, S. 8–14

W. HEILIGENDORF: Braut und Bräutigam, in: Lutz Mackensen (Hg.): Handwörterbuch des deutschen Märchens, 1. Bd., Berlin-Leipzig 1930–1933, S. 302–306

ERNEST HEMINGWAY: In our Time, 1932; dt.: In unserer Zeit. 15 Stories, übers. v. Annemarie Horschitz-Horst, Hamburg (rororo 278) 1958

HERODOT: Historien, griech.-deutsch, hg. v. Josef Feix, 2 Bde., Düsseldorf 2001, ^{7}2006

THOMAS HOBBES: Leviathan or the Matter, Forme and Power of a Commonwealth Ecclesiasticall and Civil, London 1561; dt.: Leviathan. Erster und zweiter Teil. Übersetzung von Jacob Peter Mayer, Nachwort von Malte Diesselhorst, Stuttgart (RUB 8348) 1970, bibliographisch ergänzt 1980

HOMER: Ilias. Neue Übersetzung, Nachwort und Register von Roland Hampe, Stuttgart 1979

BRUNO JÖCKEL: Das Reifungserlebnis im Märchen (1948), in: Wilhelm Laiblin (Hg.): Märchenforschung und Tiefenpsychologie, Darmstadt (Wege der Forschung, Bd. 102) 1975, S. 195–211

CARL GUSTAV JUNG: Psychologische Typen (1921), in: Gesammelte Werke, Bd. VI: Psychologische Typen, 9., revidierte Auflage, Olten 1971

CARL GUSTAV JUNG: Über die Energetik der Seele (1928), in: Gesammelte Werke, Bd. VIII: Die Dynamik des Unbewußten, Olten 1971, S. 1–73

CARL GUSTAV JUNG: Der Begriff des kollektiven Unbewußten (1936), in: Gesammelte Werke, IX. Bd., 1. Halbband: Die Archetypen und das kollektive Unbewußte, Olten-Freiburg 1976, S. 53–87

CARL GUSTAV JUNG: Zur Psychologie des Kindarchetypus (1951), in: Gesammelte Werke, IX. Bd., 1. Halbband: Die Archetypen und das kollektive Unbewußte, Olten-Freiburg 1976, S. 163–195

CARL GUSTAV JUNG: Zur Phänomenologie des Geistes im Märchen (1945), in: Gesammelte Werke, IX. Bd., 1. Halbband: Die Archetypen und das kollektive Unbewußte, Olten-Freiburg 1976, S. 221–269

CARL GUSTAV JUNG: Was Indien uns lehren kann, (New York 1939: What India Can Teach Us, in: Asia, 39,2), in: Gesammelte Werke, Bd. X: Zivilisation im Übergang, Olten-Freiburg 1974, S. 575–580

CARL GUSTAV JUNG: Versuch einer psychologischen Deutung des Trinitätsdogmas (1948), in: Gesammelte Werke, Bd. XI: Zur Psychologie westlicher und östlicher Religion, Olten 1971, S. 119–218

CARL GUSTAV JUNG: Das Wandlungssymbol in der Messe (2 Vorlesungen an der Eranos-Tagung 1941), in: Gesammelte Werke, Bd. XI: Zur Psychologie westlicher und östlicher Religion, Olten 1971, S. 219–323

CARL GUSTAV JUNG: Antwort auf Hiob (1952/1961), in: Gesammelte Werke, XI. Bd.: Zur Psychologie westlicher und östlicher Religion, Olten 1971, ^{2}1973, S. 385–506

CARL GUSTAV JUNG: Mysterium Conjunctionis. Untersuchungen über die Trennung und Zusammensetzung der seelischen Gegensätze in der Alchemie, unter Mitarbeit von Marie-Luise von Franz, in: Gesammelte Werke, Bd. XIV, 1. u. 2. Teil, Olten-Freiburg 1968

CARL GUSTAV JUNG: Die Ehe als psychologische Beziehung (1925), in: Gesammelte Werke, XVII. Bd., Olten-Freiburg 1972, S. 213–227

FRANZ KAFKA: Das Schloß, Berlin 1935; Frankfurt a. M. (Fischer Tb. 900) 1968

URSULA KÄSTNER: Perseus und Andromeda, in: Annika Backe-Dahmen – Ursula Kästner – Agnes Schwarzmaier: Von Göttern und Menschen. Bilder auf griechischen Vasen, mit Fotos von Johannes Laurentius und Ingrid Geske, Antikensammlung – Staatliche Museen Berlin 2010, S. 26–27

KARL KERÉNYI: Der göttliche Arzt. Studien über Asklepios und seine Kultstätten, Darmstadt 1956
KARL KERÉNYI: Die Mythologie der Griechen. Bd. 1: Die Götter- und Menschheitsgeschichten. Bd. 2: Die Heroen-Geschichten, München (dtv 1345; 1348) 1966
KARL KERÉNYI: Ist die griechische Religion Erlösungsreligion? (1968), in: Antike Religion, München-Wien 1971, S. 250–259
SÖREN KIERKEGAARD: Furcht und Zittern. Dialektische Lyrik, von Johannes de Silentio, Kopenhagen 1843, übers. aus dem Dänischen und mit Kommentar versehen von Liselotte Richter, in: Werke III (rk 89) Hamburg 1961
SÖREN KIERKEGAARD: Die Krankheit zum Tode. Eine christliche psychologische Entwicklung zur Erbauung und Erweckung, von Anti- Climacus, Kopenhagen 1849, übers. aus dem Dänischen und mit Kommentar versehen von Liselotte Richter, in: Werke V (rk 113), Hamburg 1962
SÖREN KIERKEGAARD: Der Augenblick. Aufsätze und Schriften des letzten Streits, 1854–1855, übers. von Hayo Gerdes, in: Gesammelte Werke und Tagebücher, Bd. 24, Simmerath (Grevenberg Verlag) 2004
LUDWIG KLAGES: Der Geist als Widersacher der Seele. Erstes bis viertes Buch, mit einer Einleitung von Albert Schuberth, 3 Bde., [3]1953, in: Sämtliche Werke, hg. von Ernst Frauchinger, Gerhard Funke, Karl J. Groffmann, Robert Heiss u. Hans Eggert Schröder, Bd. 1, Philosophie 1, Bonn [2]1981
AKIRA KUROSAWA (Reg.): Kagemusha – Der Schatten des Kriegers, Japan 1980
WILHELM LAIBLIN: Symbolik der Wandlung im Märchen (1956), in: Wilhelm Laiblin (Hg.): Märchenforschung und Tiefenpsychologie, Darmstadt (Wege der Forschung, Bd. 102) 1975, S. 345–374
GÜNTER LANGE: Märchen aus der Sicht eines Religionspädagogen, in: Gott im Märchen, Kassel (Veröffentlichungen der Europäischen Märchengesellschaft, Bd. 2) 1982, S. 39–51
LAOTSE: Tao te king. Das Buch des Alten vom Sinn und Leben, aus dem Chinesischen übertragen und erläutert von Richard Wilhelm, (Tsingtau 1910) Düsseldorf-Köln [11]1957
FRIEDEL LENZ: Bildsprache der Märchen, Stuttgart 1971, [4]1980
IVAR LISSNER: Wir alle suchen das Paradies. Die Jenseitsvorstellungen des Menschen. Ein Vermächtnis, Frankfurt-Berlin-Wien (Ullstein 3329) 1977
MICHAEL MEADE: Men and the Water of Life. Initiation and the Tempering of Men, San Francisco 1993; dt.: Die Männer und das Wasser des Lebens. Wege zur Männlichkeit, übers. v. Dagmar Hartmann, München-Leipzig 1993
REINHOLD MERKELBACH: Mithras, Königstein 1984
RUDOLF MEYER: Die Weisheit der deutschen Volksmärchen, Stuttgart 1981
ROBERT MOORE – DOUGLAS GILLETTE: King. Warrior. Magician. Lover. Rediscovering the Archetypes of the Mature Masculine, San Francisco-New York 1990; dt.: König, Krieger, Magier, Liebhaber. Die Stärken des Mannes, übers. v. Thomas Poppe, München 1992
EDMUND MUDRAK (Hg.): Die Sagen der Germanen. I. Nordische Götter- und Heldensagen, Reutlingen 1961; II. Deutsche Heldensagen, Reutlingen 1955
ERICH NEUMANN: Das Kind. Struktur und Dynamik der werdenden Persönlichkeit, Fellbach (»psychologisch gesehen« 36, hg. v. Hildegund Fischle-Carl) [2]1980

FRIEDRICH NIETZSCHE: Der Wille zur Macht. Versuch einer Umwertung aller Werte (1887), ausgewählt und geordnet von Peter Gast, unter Mitwirkung von Elisabeth Förster-Nietzsche, mit einem Nachwort von Alfred Baeumler, Stuttgart (Kröner Tb. 78) 1964

PUBLIUS OVIDIUS NASO: Metamorphosen. In deutsche Hexameter übertragen u. hg. v. Erich Rösch, lat.-dt., mit einer Einleitung von Niklas Holzberg, München [11](überarb.) 1988

PETRONIUS: Das Gastmahl des Trimalchio. Eumolpos, der Dichter und Sänger, übertragen und erläutert von Georg Dorminger, München (GGTb. 646) 1960

PLATON: Gorgias, in: Sämtliche Werke, Bd. 1, in der Übersetzung von Friedrich Schleiermacher, mit der Stephanus-Nummerierung hg. v. Walter F. Otto, Ernesto Grassi, Gert Plamböck, Hamburg (Rowohlts Klassiker, Griechische Philosophie 1) 1957, S. 196–283

PLATON: Symposion, in: Sämtliche Werke, in der Übersetzung von Friedrich Schleiermacher, mit der Stephanus-Nummerierung hg. v. Walter F. Otto – Ernesto Grassi – Gert Plamböck, Bd. 2: Menon, Hippias I, Euthydemos, Menoxenos, Kratylos, Lysis, Symposion, Hamburg (rk 14) 1957, S. 203–250

PLINIUS DER JÜNGERE (GAIUS PLINIUS CAECILIUS SECUNDUS): Briefe. Auswahlausgabe, lat.-dt. Auf der Grundlage der Ausgabe von Helmut Kasten neu übers. u. hg. v. Rainer Nickel, Düsseldorf-Zürich 2000

RAINER MARIA RILKE: Frühe Gedichte (1909), in: Sämtliche Werke, hg. vom Rilke-Archiv in Verbindung mit Ruth Sieber-Rilke besorgt durch Ernst Zinn, 1. Bd., Frankfurt a. M. 1955, S. 143–200

RAINER MARIA RILKE: Das Stunden-Buch. 3 Bücher: 1. Buch: Das Buch vom mönchischen Leben (1899); 2. Buch: Das Buch von der Pilgerschaft (1901); 3. Buch: Das Buch von der Armut und vom Tode (1903), in: Sämtliche Werke, hg. vom Rilke-Archiv in Verbindung mit Ruth Sieber-Rilke besorgt durch Ernst Zinn, 1. Bd., Frankfurt a. M. 1955, S. 251–301; 303–340; 341–366

RAINER MARIA RILKE: Die Aufzeichnungen des Malte Laurids Brigge (Leipzig 1910), in: Sämtliche Werke, hg. vom Rilke-Archiv in Verbindung mit Ruth Sieber-Rilke besorgt durch Ernst Zinn, 6. Bd., Frankfurt a. M. 1966, S. 705–966

HOLGER RÖMERS: Armer Richard. Der missverstandene Richard III. und eine seiner Verehrerinnen – Stephen Frears' Film »The Lost King«, in: junge Welt, 6. Okt. 2023, Nr. 232, Feuilleton, S. 10

GEORG RÖWEKAMP: »Tauft in lebendigem Wasser«. Die Entstehung der Taufe im frühen Christentum, in: Welt und Umwelt der Bibel, 4/2023, S. 46–53

JEAN-PAUL SARTRE: L'être et le néant. Essai d'ontologie phénoménologique, Paris 1943; dt.: Das Sein und das Nichts. Versuch einer phänomenologischen Ontologie, übers. v. Justus Streller – Karl August Ott – Alexa Wagner, Hamburg 1952; 1. vollständige Ausgabe Hamburg 1962

FELIX SCHEIDWEILER: Nikodemusevangelium. Pilatusakten und Höllenfahrt Christi, in: Edgar Hennecke: Neutestamentliche Apokryphen in deutscher Übersetzung, 3. völlig neubearbeitete Auflage, hg. von Wilhelm Schneemelcher, 1. Bd.: Evangelien, Tübingen 1959, S. 330–358

WALTER SCHERF: Lexikon der Zaubermärchen, Stuttgart (Kröners Tb. Bd. 472) 1982

HEINRICH SCHLIER: Der Brief an die Galater, Göttingen 1949, [12](neubearbeitet) (Kritisch-exegetischer Kommentar über das Neue Testament, 7. Abt., 12. Aufl.) 1962

L. ANNAEUS SENECA: Ad Lucilium. Epistulae morales – An Lucilius. Briefe über Ethik, übers., eingeleitet und mit Anmerkungen versehen von Manfred Rosenbach, in: Philosophische Schriften, lat.-dt., 3. Bd.: Briefe 1–69, 4. Bd.: Briefe 70–124, lat. Text von François Préchac, Darmstadt 1980, 1984

WILLIAM SHAKESPEARE: The Merchant of Venice, 1600; dt.: Der Kaufmann von Venedig, übers. v. August Wilhelm Schlegel, in: Sämtliche Werke, Wiesbaden (R. Löwit) o.J., S. 165–187

WILLIAM SHAKESPEARE: The Tragedy of King Richard III., 1597; dt.: König Richard III., übers. v. August Wilhelm Schlegel, in: Sämtliche Werke, Wiesbaden (R. Löwit) o.J., S. 489–516

WILLIAM SHAKESPEARE: The tragicall Historie of Hamlet, Prince of Denmarke, London 1604; dt.: Hamlet. Prinz von Dänemark, übers. v. August Wilhelm Schlegel, in: Sämtliche Werke, Wiesbaden (R. Löwit) o.J., S. 800–830

WERNER SPIES: Picasso. Pastelle, Zeichnungen, Aquarelle. Ausstellung und Katalog, (Veröffentlichung der Kunsthalle Tübingen, hg. v. Götz Adriani), Stuttgart 1986

EDZARD STORCK: Alte und neue Schöpfung in den Märchen der Brüder Grimm, Bietigheim/Württemberg 1977

PETER STRIEDER (Text) – ENRICO SEGRÈ (Gestaltung): Albrecht Dürer, (Milano 1976) Wiesbaden 1977

LEOPOLD SZONDI: Triebpathologie. 1. Bd.: Elemente der exakten Triebpsychologie und Triebpsychiatrie, Bern 1952

WOLFGANG TEICHERT: Gärten. Paradiesische Kulturen, Stuttgart 1986

PAUL TILLICH: Die neue Wirklichkeit (Auswahl aus: In der Tiefe ist Wahrheit (The Shaking of the Foundations), Religiöse Reden, 1. Folge, übers. v. Renate Albrecht u. Gertraut Stöber, hg. v. August Rathmann; Das Neue Sein – The New Being, übers. v. Maria Rhine u. Gertraud Stöber, München (dtv 70) 1962

HANS-JÖRG UTHER: Handbuch zu den »Kinder- und Hausmärchen« der Brüder Grimm. Entstehung – Wirkung – Interpretation, Berlin-Boston [2](vollständig überarbeitet) 2013

ROLAND DE VAUX: Les Institutions de L'Ancien Testament, Paris 1958–1960; dt.: Das Alte Testament und seine Lebensordnungen. 1. Bd.: Fortleben des Nomadentums. Gestalt des Familienlebens. Einrichtungen und Gesetze des Volkes, übers. v. Lothar Hollerbach; 2. Bd.: Heer und Kriegswesen. Die religiösen Lebensordnungen, übers. v. Ulrich Schütz, Freiburg-Basel-Wien 1962, [2](durchges.) 1964

FRANZ VONESSEN: Der wahre König. Die Idee des Menschen im Spiegel des Märchens, in: Vom Menschenbild im Märchen, hg. v. Jürgen Janning, Heino Gehrts und Herbert Ossowski im Auftrag der Europäischen Märchengesellschaft, Kassel 1980, S. 9–38

JACOBUS DE VORAGINE: Die Legenda aurea (1263–1273), aus dem Lateinischen übersetzt von Richard Benz, Heidelberg [8]1975

WILHELM WÄGNER: Nordisch-germanische Götter- und Heldensagen, Leipzig 1934

STEFAN ZWEIG: Marie Antoinette. Bildnis eines mittleren Charakters, (Leipzig 1932) Frankfurt a. M. (Fischer Tb. 2220) 1980

Bildnachweis und Bildlegenden

Tafel 1

ALBRECHT DÜRER: Ritter Tod und Teufel, Kupferstich 24,4 cm × 18,9 cm. Foto: Wikimedia Commons

Der Kupferstich stammt, wie unten links vermerkt, aus dem Jahre 1513, verbunden mit dem Monogramm (AD) und dem Buchstaben S für *salus* (Heil). Solches aber darf der dargestellte Ritter kaum erwarten. Ganz in Eisen gepanzert, nur das Helmvisier hochgezogen, ein Langschwert umgegürtet und eine Lanze über der Rechten geschultert, reitet er trutzig auf seinem Pferd durch eine felsige Landschaft, die in der Ferne von einer Burg gekrönt wird. Von diesem Emblem seines Rittertums hat er in seiner Lage Hilfe mitnichten zu erwarten; einzig seine ritterliche Gesinnung schafft ihm den Mut, sich in Begleitung seines Jagdhundes in diese Welt voller Gefahren hineinzuwagen. Ein strahlender Held ist er nicht, allenfalls jemand, der diszipliniert seine Angst meistert und sich vom Weg nicht abbringen läßt. In die Quere kommt ihm, ebenfalls auf einem Pferd reitend, der Tod, das Stundenglas hochhaltend und wie mitleidig fragend von unten her den Ritter anschauend: deine Zeit läuft ab, scheint er zu sagen. Bestätigt wird diese Feststellung durch den Totenschädel, der am Boden liegt und über den das Roß des Ritters beim nächsten Schritt wird hinweggehen müssen, genauso wie bereits über einen Kinderschädel, der, wie auf Steinen gebettet, den Boden bedeckt. Der Tod trägt Bockshörner, wie von alters her der Gott *Pan,* der das animalische Dasein verkörpert: unwiderruflich ist dieses vom Tode bestimmt. Der Schrecken, den das Wissen darum auslöst, könnte von dem Teufel genutzt werden, der, ebenfalls mit einem Speer bewaffnet, mit Horn und Krone auf seinem Raubtierkopf, im Rücken des Ritters als lästiger Begleiter sich aufhält. Wird es möglich sein, in dieser Pose des schwerbewaffneten Ritters und doch schutzlosen Menschen fortzufahren? – Das Märchen verneint diese Frage.

Tafel 2

Perseus befreit *Andromeda* von der Bedrohung durch das Seeungeheuer (*ketos*). Korinthische Bauchamphore, Ton, schwarzfigurig (2. Viertel 6. Jh. v. Chr.), Höhe 34,8 cm, Umfang 72 cm, Inventar-Nr.: F 1652, Fundort: Cerveteri/Caere (Italien), Standort: Antikensammlung, Staatliche Museen zu Berlin. Foto: © bpk-images / Antikensammlung, SMB / Ingrid Geske

Die Tötung des Drachens ist in zahlreichen Mythen, Märchen und Sagen die Vorbedingung, um eine Jungfrau aus der Gefährdung durch ein monströses Untier zu retten. URSULA KÄSTNER: Perseus und Andromeda, in: Von Göttern und Menschen, S. 26–27, beschreibt die dargestellte Szene so: »In der Mitte steht in Ausfallstellung *Perseus* mit Flügelschuhen, knappem Wams und Reisehut (*petasos*). An seinem Arm hängt eine prall gefüllte Tasche, die vermutlich das Medusenhaupt enthält. Als Waffen hält er runde Steine in den Händen, von denen ein Vorrat zwischen seinen Beinen aufgehäuft ist. Er schleudert sie mit ausholenden Bewegungen dem Ungeheuer entgegen, dessen Kopf mit hundeartiger Schnauze am linken Bildrand zu sehen ist. Wellen vor dem Fuß des *Perseus* geben das Meer an. Rechts steht *Andromeda*, im langen roten Gewand und wendet dem Helden ihren Kopf zu. Ihre angewinkelten Arme deuten vielleicht die Fesselung an. Andererseits hält auch sie in den Händen Steine.« Damit könnte angedeutet sein, daß sie an ihrer Befreiung aktiv mithilft, im Unterschied zu der Darstellung, die OVID: Metamorphosen, IV 706–739, S. 147–148, in der Geschichte von dem Helden, dem Drachen und der Jungfrau gibt; bei ihm verhält *Andromeda* sich ganz passiv. Die korinthische Amphore kommt dem GRIMMschen Märchen insofern näher, als die Erlösung der Jungfrau nicht ohne deren Mitwirkung zustande kommen wird, indem psychologisch der Held in ihr zugleich sich selber erlöst. Vgl. E. DRE-

WERMANN: Grenzgänger, 294–304: Die Tötung des Drachens, 256–304: Perseus und Andromeda, S. 294.

Tafel 3

PABLO PICASSO: Der Minotaurus, Paris 1933, Gouache, Pastell, Farbstift, Feder und Tusche, 340 mm × 514 mm, Musée des Beaux-Arts de Dijon, Donation Gromville.

Die Corrida, der spanische Stierkampf, die »Tauromachie« griechisch, ist eines der wichtigsten Themen im Werke PICASSOS; vor allem der Angriff des Stiers gegen das Pferd erscheint auf den Darstellungen als ein Kampf des Bösen gegen das Gute. Indem PICASSO das Bild des Stiers auf das mythische Motiv des kretischen Minotaurus ausdehnt, rückt die Auseinandersetzung zwischen Mann und Frau in den Mittelpunkt, hielt das Untier doch die *Minos*tochter *Ariadne* in dem Labyrinth von Knossos gefangen; erst *Theseus* konnte sie befreien, indem er den Minotaurus mit dem Schwert tötete. Vgl. MICHAEL GRANT – JOHN HAZEL: Lexikon der antiken Mythen und Gestalten, 398–406: Theseus, S. 402–403. Doch nicht diese Kampfszene faszinierte PICASSO, sondern die Konfrontation des Minotaurus als Bild des Mannes mit der Frau, wobei nicht immer, wie auf diesem Bild, die Frau als Opfer männlicher Gewalt erscheint, sondern – entsprechend den persönlichen Erfahrungen des Malers mit seiner Gemahlin *Olga* – der Minotaurus als das melancholisch dreinblikkende Opfer der Frau dargestellt wird oder beide – in Anlehnung an das Zusammenleben mit der Geliebten *Marie-Thérèse Walter* – einander in wilder Umarmung umschlungen halten. In diesem Sinne ist die verwunschene Prinzessin des Märchens keine *Ariadne* in den Fängen eines Ungeheuers, die durch den Gewaltstreich eines kriegerischen Helden befreit werden mußte, sondern eine Frau, die durch die Liebe eines Mannes erlöst werden möchte, der das Gegenbild zu der Figur eines patriarchalen »Königs« verkörpert.

Tafel 4

MEISTER VON ST. LAURENZ: Christus in der Vorhölle. Passionsaltar, Die Große Passion (Ausschnitt), 1425–1432: Öl auf Holz, Goldgrund mit Randpunzierung, 90 cm × 56 cm. Wallraf-Richartz-Museum Köln. Foto: © Rheinisches Bildarchiv Köln, rba_c007092

Dargestellt ist, wie Jesus, die wehende Fahne der Auferstehung mit der rechten Hand festhaltend, seine linke Hand *Adam* reicht, um ihn aus der (Vor)Hölle herauszuführen; die als ein riesiger schwarzer Schlund ihr Maul geöffnet hat. Auch *Eva* streckt ihrem Retter die Hand entgegen. Die Bedeutung der Bildaussage bliebe verengt, wenn man in *Adam* und *Eva* bloße Einzelpersonen erblicken wollte. Die »Sünde«, die sie begangen haben, betrifft alle Menschen, – »Adam« ist hebräisch »der Mensch« und »Eva« »das Leben«; ihre Erlösung ist die Erlösung aller. Zur Umkehr eines Daseins in Verbannung und Verzweiflung hat *Johannes der Täufer* aufgerufen, der bärtig zwischen den Vertretern bzw. den Wesensgestalten der Menschheit die ausgestreckte Hand Jesu ergreift. Seine »Taufe zur Vergebung der Sünden« (Mk 1,4) sollte den Menschen das »Wasser des Lebens« als Wiedergeburt und Neuanfang ihres Daseins ermöglichen; im Sieg Jesu über »Sünde« und »Tod«, über das Unleben in Angst und Selbstverfehlung, vollendet sich die Heilung der tödlichen Erkrankung aller durch das Entgegenkommen Jesu, in dem Gott seine Hand einem jeden entgegenstreckt, um ihn aus dem Ort der Verlorenheit zurückzuholen. Als Bild eines wahren »Königs« taucht *David* auf, erkennbar an Krone und Harfe.

Als erstes sei Jesus nach seinem Tode in die »Hölle« zu den »Verdammten« hinabgestiegen, berichten die »Pilatusakten«; vgl. F. SCHEIDWEILER: Nikodemusevangelium. Pilatusakten und Höllenfahrt Christi, in: Edgar Hennecke – Wilhelm Schneemelcher: Neutestamentliche Apokryphen, 1. Bd.: Evangelien, 330–358, S. 348–353: Höllenfahrt Christi. Demnach belehrte *Johannes d. T.* die Toten in der Unterwelt, daß der menschgewordene Sohn Gottes unter die Erde steigen werde, um mit heiligem Öle *Adam* zu salben und ihn und seine Nachkommen mit Wasser und heiligem Geiste zu taufen.

Hades schreit auf, als er erfährt, daß all die gefesselten Toten von ihren Banden erlöst werden, wenn »der König der Herrlichkeit« Einzug hält: »Wir werden besiegt, wehe uns!« ruft er. »Aber wer bist du,« fährt er Jesus an, »der du solche Macht und Gewalt hast! Und wer bist du, der du ohne Sünde hierhin gekommen bist! Der du klein erscheinst und (sc. eben deshalb! d. V.) Großes vermagst, der du niedrig bist und (sc. gerade dadurch, d. V.) hoch, Knecht und Herr, Krieger (sc. durch Sanftmut, d. V.) und König (sc. der Herzen, d. V.), Gewalthaber über Tote und Lebendige! Ans Kreuz wurdest du genagelt und ins Grab gelegt, und eben erst frei geworden, hast du unsere ganze Macht zerbrochen« (S. 351, Kap. XXII 1).

Auf dem Altarbild des Meisters der Kölner Pfarrkirche St. Laurentius schreitet Jesus zu den erlösungsbedürftigen Menschen über ein kreuzförmig angeordnetes Brett hinab, das unter sich einen Teufel niederdrückt, der ohnmächtig am Boden liegt; am rechten unteren Bildrand sucht ein anderer, ganz rot gezeichnet, seinen gehörnten Kopf mit entsetztem Gesicht nach rückwärts der Ankunft Christi zugewandt, unter dem Schutz eines vorgehaltenen Schildes seiner Entmachtung zu entkommen. Während im Nikodemusevangelium *Satan* und *Hades* miteinander über das Geschehene streiten (S. 350, Kap. XX), erklärt *David*, daß er bereits vorausgesehen habe, daß die »Herrscher« (der irdischen Welt) ihre »Tore öffnen« müßten (Ps 24,7), und *Jesaja* erklärt, er habe geweissagt: »Die Toten werden auferstehen« (Jes 26,19), – eine Ankündigung, die *Paulus* in 1 Kor 15,55 als erfüllt bezeichnet.

Register

Autoren

Personen aus Mythos und Geschichte